認知科学講座 **4**

横澤一彦 編

心をとらえる
フレームワーク
の展開

東京大学出版会

Cognitive Science 4: New Frameworks for Understanding Mind

Kazuhiko YOKOSAWA, Editor

University of Tokyo Press, 2022

ISBN 978-4-13-015204-4

「認知科学講座」刊行にあたって

　認知科学とは，心と知性を科学的・学際的に探究する学問である．認知科学の萌芽は1950年代，そして開花を始めたのは70年代と言える．日本でも1980年代に満開・結実の時を迎えた．こうした第一世代が着実に知見を重ねる中，1990年代，その土壌に新たな種子がまかれることとなり，この種子は21世紀になり第二世代の認知科学として果実を生み出した．その結果，知性はそれまでに考えられてきたものとは大きく異なる姿を見せることになった．大きな変化は「身体」「脳」「社会」の三つにまとめられるように思われる．これらはいずれも伝統的な認知科学の枠組みの中で中核を占めるものではなかったが，現代の認知科学を支える柱となっている．

　伝統的な立場からは単なる情報の入口と出口と見なされていた「身体」は，現代認知科学では知性の重要なパートナーであることが明らかになっている．また，人間が行うような高度な認知を支える脳活動を探ることは長らく困難であったが，新たなテクノロジーにより，それを詳細なレベルでとらえることができるようになった．その結果，「脳」の各部位，そのネットワークの驚異的な働きが解明されるようになった．一方，われわれの心は身体，脳にとどまるわけではない．われわれはモノ，ヒトのネットワーク，すなわち「社会」の中で，様々な調整を行いつつ，日々の生活を巧みに営んでいる．したがって，社会は進化，発達を通して，われわれの心の中に深く組み込まれている．こうした心の本源的社会性は，様々なアプローチによってあらわになってきた．身体，脳，社会への注目に基づく変化が起こり始めてから数十年が経過する中で，さらにその先を見据えた，つまり第三世代の認知科学構築のためのフレームワーク，方法論の提案も活発になってきた．

　このような動向を踏まえ，本講座は第1巻「心と身体」，第2巻「心と脳」，

第3巻「心と社会」，第4巻「心をとらえるフレームワークの展開」という構成となった．各巻では，そのテーマの中で最も根源的であり，かつ最もアクティブに研究が展開している領域を章として配置した．加えてテクノロジーとのかかわり，哲学的な検討も重要であると考え，これらの分野の研究者による章も置かれている．

　現代認知科学のこうした発展，展開を，認知科学はもちろん，関連諸分野の研究者，学生，大学院生の方々と共有したいと考え，本講座を企画した．読者の方々がこれを通して新たな人間像，知性観を知るとともに，さらなる発展に向けたパートナーとなってくれることを期待する．

　　2022年9月

編集委員一同

序　第三世代の認知科学の可能性

横澤一彦

　誤解がないように改めて確認しておくと，第1巻から第3巻までが第二世代の認知科学を扱い，第4巻のみが第三世代の認知科学を扱っているわけではないことは，明確に指摘しておく必要があるだろう．第1巻から第3巻までで扱っている研究テーマは，たしかに第二世代と言われる認知科学の主要なキーワードになっていた「身体」「脳」「社会」であるが，それらの研究成果が蓄積され，花開こうとする現時点で，これまでの経緯を確認しつつ，次の世代に継続して発展させる研究展開の可能性を探るという試みがそれぞれの巻で取り上げられている．そのような意味で，「身体」「脳」「社会」が今後も認知科学の主要なテーマであり続けることに疑問の余地はない．ただし，継続的な研究テーマでの展開だけではなく，萌芽的な研究を拾い上げ，その先にある新たな潮流を第4巻では提示してみたい．

　したがって，「認知科学講座」全4巻の最終巻として，この第4巻『心をとらえるフレームワークの展開』を加えることが必要だと考えたのは，他の3巻からあふれた残り物を拾い集めるような趣旨では決してない．当初より，第1巻の身体性認知科学，第2巻の認知神経科学，第3巻の状況・社会・文化などとの関係性，いわば様々な環境における認知科学という，各巻のまとまったテーマの中に押し込めて掲載するよりも，それぞれの研究分野を先導する研究者がリーダーシップを発揮して取り組み，第三世代の認知科学として新たな潮流となりうる萌芽的な研究群を独立させ，自由に執筆された各章を並置するようにしながら一つの巻としてまとめることで，認知科学の新たな可能性を探ろうという企画であった．そのような意味で，お引き受けいただいた執筆者の皆さんはいずれも，国内外を問わず，当該研究分野の推進においてリーダーシップを発揮されている，現時点で考えうる最高の陣容となった．

さて，「身体」「脳」「社会」が認知科学の第二世代を表す代表的キーワードであるとすれば，その先にある第三世代の認知科学を考える時，理論的基盤をも明らかにするような，新たな個別のキーワードとともに各章を順不同で並べる予定であったので，第4巻の各章の掲載順に深い意味合いがあるわけではない．ただ，だからと言って乱雑に並べたわけでもなく，それらを俯瞰して眺めてみると，茫洋としつつも確かな潮流が存在し，認知科学全般にかかわる新たな可能性が見えてくるようなしかけをさせてもらった．それについては，各章の簡単な紹介をしてから，改めて述べることにしたい．

　まずは，以下に本巻の構成に沿って，各章を順に紹介していくことにする．
　第1章では，外的世界は瞬時に正確に認識されていると誤解しがちであるが，多くの場合，詳細を見ているように錯覚しているだけで，身体表象と環境との相互作用によって表象が形成されていて，基本的に調和のとれた，つじつまの合った外的世界が構成されている認知過程を，統合的認知として取り上げる．効率的な情報処理システムにわれわれの日常的な行動が支えられていることを，主に行動実験によって明らかにすることの重要性を主張している．統合的認知は，アリストテレスやイマヌエル・カントの共通感覚を淵源にさかのぼることができる一方，身体，時間と空間など，これまでの人間論，芸術論における多くの重要な問題が，統合的認知においても主たる研究テーマであることを明らかにしている．
　第2章では，脳内表象を世界に映し出す心の働きをプロジェクションと呼び，プロジェクションの働きによって，行為をする人の前に意味を含むプロジェクティッド・リアリティとして立ち現れると考えると，知覚過程から，フェティシズム，宗教などの現象までを統一的に扱うことができるという，新たなとらえ方が根本になっている．プロジェクション科学として，こうした心の働き，それに基づく行動を研究することで，新たな研究展開となるであろう研究テーマ群を提案している．たとえば，自己と他者，情報技術，進化などとの関連を論じることで，自己の成立や，VRにおける没入感，人類進化にもプロジェクションという概念が深く関係していることを明らかにしており，プロジェクション科学の興味深い展開例が示されている．

　第3章では，内受容感覚を脳と身体の双方向的な相互作用ととらえ，そのメカニズムとして予測的処理を設定することによって，知覚，運動，認知，恒常性維持，感情，意思決定などの広範な認知科学的な現象を統合的に理解しようとする試みを紹介している．内受容感覚は身体内部の感覚を意味し，心拍や血圧などの身体内部の生理的状態が意識的に知覚されたものであるが，最近ではこの概念が拡張され，無意識的に身体の状態を監視し，柔軟に身体状態を変容させる制御の過程，すなわち脳の予測的処理により，自己を制御するという脳の統一原理から創発されるという主張とともに，そのメカニズムを説明する計算論モデルを紹介している．

　第4章では，カントの思想を受け継いだヘルマン・フォン・ヘルムホルツが考えた物理量である自由エネルギーを取り上げ，人間を含む動物が推論マシーンであると考え，環境の状態を推論するために感覚世界をモデル化し，感覚の予測を行い，その予測を行動によって実現するという考え方に基づく脳の大統一理論である，自由エネルギー原理を紹介している．自由エネルギー原理によれば，自由エネルギー最小化によって外的環境の状態が推論され，知覚に至るのであるが，これは人間を含む動物が，外界と能動的に相互作用することによって能動的推論をしていることになり，知覚のみならず，注意や運動も説明することができるという主張に特徴がある．

　第5章では，関係性による対象の特徴づけや，特定の関係性を制約とした処理を記述する圏論について，認知科学研究に利用するために基礎的な概念から説明を始め，認知科学への応用可能性，特に意識や知覚など「現実世界」の問題のモデル化への適用可能性について，具体的に比喩理解と多義図形の理解などの研究を事例として取り上げ，解説している．認知モデル自体に圏論の概念を組み込んだり，認知モデルの発想や構築に圏論を用いたりするという提案がなされ，圏論の特徴である，関係性や抽象化の表現の豊かさ，制約の強さを使いこなすことによって，認知科学的研究において有用となると主張している．

　第6章では，人間が自らの身体を用いた環境との相互作用や，他者との言語を始めとした記号を用いた相互作用を通して，認知発達と環境適応を続けるダイナミクスのモデル化により，人間の自律的な発達を表現しようとする，記号創発ロボティクスと呼ぶアプローチが紹介されている．環境との絶え間ない相

互作用の中で認知が形成されていくことこそが本質と位置づけており，環境を
モデルの中に取り込むために，センサ・モータ系を持った身体としてのロボッ
トを用いた，構成論的研究でもある．より複合的な認知システムを構成するた
めの，全脳確率的生成モデルなどにも言及している．

　第7章では，高度な汎用人工知能の実現を目指す全脳アーキテクチャ・アプ
ローチが紹介されるが，計算機能を人間の脳という物理的実体に対して寄り添
ったかたちで理解することが，認知機能を理解するためにも重要であるという
認識のもとで進められている．神経科学の進展も背景として，脳は，よく定義
された機能を持つ機械学習器を組み合わせることで目的を達成しており，この
原理をまねて汎用の知能機械を構築可能であるという中心仮説，すなわち，脳
神経回路は機能モジュールのネットワークに分解しうるという準分解可能性を
仮定している．このようなアプローチが，脳の計算機能に対する理解の共有を
促進する可能性にも言及している．

　ここまで各章の内容を簡単に紹介したが，第1章から第7章までのそれぞれ
は，統合的認知，プロジェクション，内受容感覚，自由エネルギー，圏論，記
号創発，準分解可能性という，心をとらえるために必要な独自のフレームワー
クを提供していることは理解していただけたのではないかと思われる．しかし
ながら，いずれの章でも，従来のカントなどの哲学研究やウィリアム・ジェー
ムズに端を発する心理学研究，脳機能計測に基づく脳科学研究などの歴史的な
経緯を踏まえており，認知科学研究において古典的な研究テーマとも言える，
知覚や言語発達，思考などの問題に取り組もうとしている点は共通しているこ
とにも気づかせてくれる．冒頭に，本巻を俯瞰して眺めてみると，認知科学全
般にかかわる第三世代の潮流が見えてくるようなしかけをしたと大げさに書い
てしまったが，7章立ての本巻は，第1章と第2章は行動実験から新たに見え
てくる心理現象，第3章と第4章は脳と身体の相互作用，第5章は圏論という
数学的枠組み，第6章と第7章は機能モジュールに基づく構成論にかかわる章
群として，四つに大分類できる．行動，相互作用，数学的枠組み，構成論は，
認知科学の古典的な研究にも共通したキーワードだったに違いないし，いずれ
も奇をてらったアプローチではないことは明白である．にもかかわらず，いず
れのフレームワークも新たな潮流として期待されているのは，現状では萌芽的

な研究にとどまっているとはいえ，深い洞察に基づいた提案であり，認知の本質に迫る新たな可能性を感じさせてくれるからに違いない．

　本巻は，第1章から第7章まで順番に読み進んでいただく必要もないし，興味ある章だけ，あるいは前述のような大分類された章の組み合わせだけを読んでいただいてもかまわないだろう．しかしながら，全体として読み進んでいただくことで（もっと言えば，他の3巻とも読み比べていただくことで），認知科学研究の現状と今後の展開方向について理解するとともに，認知科学という広範な学問分野の新たな発展可能性という未来を感じ取っていただくのも，おもしろいに違いない．

目　次

「認知科学講座」刊行にあたって　i

序　第三世代の認知科学の可能性 ……………………………… 横澤一彦　iii

第1章　統合的認知 ………………………………………… 横澤一彦　1

1　はじめに　1
2　統合的認知の特徴　3
3　統合的認知研究の展開　14
4　おわりに　28

第2章　プロジェクション科学 ……………………………… 鈴木宏昭　35

1　はじめに　35
2　背　景　36
3　プロジェクションの概念とメカニズム　42
4　プロジェクション科学の展開　54
5　おわりに　62

第3章　内受容感覚の予測的処理 …………………………… 大平英樹　69

1　はじめに　69
2　予測的処理の理論　70
3　内受容感覚への拡張　76
4　内受容感覚の神経基盤──解剖学的知見　82
5　島の予測的処理に関する神経生理学的知見　87
6　内受容感覚・意思決定・感情の計算論モデル　91
7　検討されるべき課題　97
8　おわりに　101

第4章　自由エネルギー原理
　　　──ホメオスタシス維持によるあらゆる脳機能の実現 ……… 乾　敏郎　109

　1　はじめに──自由エネルギー原理とは何か　109

　2　自由エネルギー最小化と知覚・運動循環　112

　3　なぜ確率なのか，どんな確率が知識として必要なのか　116

　4　ベイズ推論から自己の存在を証明する脳へ　118

　5　予測誤差最小化と精度制御　119

　6　注意機能と自閉症モデル　121

　7　注意のもう一つの機能とワーキングメモリ　123

　8　運動実行のメカニズム　124

　9　行動決定のメカニズム　126

　10　ホメオスタシスと自律神経系の機能　130

　11　メタ認知と精度制御　133

　12　おわりに　135

第5章　圏論による認知の理解 ……………………… 布山美慕・西郷甲矢人　141

　1　はじめに　141

　2　圏論の基礎概念の説明　142

　3　圏論の概念を組み込んだ認知モデル──不定自然変換理論　155

　4　圏論を利用したモデル構築──ネッカーキューブの立体視のモデル　162

　5　展望とまとめ　168

　6　おわりに　171

第6章　記号創発ロボティクス ………………………………… 谷口忠大　173

　1　はじめに　173

　2　記号創発システム　178

　3　確率的生成モデルと認知の表現　182

　4　マルチモーダル物体概念形成と語彙獲得　186

　5　場所概念形成と確率推論によるプランニング　192

　6　統合的認知アーキテクチャと記号創発　197

　7　おわりに　205

第 7 章　全脳アーキテクチャ
　　　──機能を理解しながら脳型 AI を設計・開発する　………… 山川　宏　209

　1　はじめに──WBA アプローチ　209
　2　BRA 駆動開発──脳型ソフト開発における課題を解決する　212
　3　均一サーキット──脳を参照する最小粒度　220
　4　BRA データ形式による標準化　223
　5　BRA およびそれを利用したソフトウェア構築　228
　6　BRA 駆動開発における評価　238
　7　技術開発ロードマップ　242
　8　いくつかの議論　245
　9　おわりに──第三世代認知科学に向けた WBA アプローチの役割　246

　人名索引　251
　事項索引　252

第 **1** 章　**統合的認知**[1]

◆

横澤一彦

1　はじめに

　日常経験は，多くのわかりきったこと，自明なことの上に成り立っているが，最も身近なものでありながら，実はかえってありのままにはとらえにくいものが様々存在する．このような隠蔽には，不思議な厚み，不気味な不透明さがあるにもかかわらず，個々の特徴に対する知覚・認知結果よりも，総合的で全体的な知覚・認知結果の把握によって，迅速な行動が可能になっている．このような知覚・認知研究の位置づけを俯瞰し，様々な特徴や多感覚情報の結合過程を解明する重要性から，旧来の脳科学や神経生理学で取り組まれている要素還元的な脳機能の理解ではない，人間行動そのものの理解へ導くための新たな認知科学／認知心理学的アプローチとしての，統合的認知研究を提案する．もちろん，統合的認知は，視知覚に限定した研究分野を想定しているわけではない．

　そもそも，視覚科学（横澤，2010）の重要な研究テーマであった視覚的注意とオブジェクト認知において，それぞれ現在までに最も大きな影響を与えたであろう，特徴統合理論（Treisman & Gelade, 1980; 注意の関連研究として，横澤，1994）やジオン理論（Biederman, 1987, 1995; オブジェクト認知の関連研究として，永井・横澤，2003）が，いずれも視覚情報の統合に関する研究成果であったことからすれば，統合的認知は視知覚研究において決して目新しい取り組みではない．さらに言えば，特徴統合理論やジオン理論などの心理学的知見に限らず，統合的認知は，アリストテレスやイマヌエル・カントの共通感覚に淵源をさか

---

1)　本稿は，横澤（2014）に基づき，大幅に改稿した．

のぼることができるだろう．

　共通感覚（common sense）とは，諸感覚にわたって共通で，しかもそれらを統合する感覚，われわれ人間のいわゆる五感にわたりつつ，それらを統合して働く総合的で全体的な感得力，もしくは感覚の統括的能力を指し，アリストテレス『デ・アニマ（魂について）』に由来することはよく知られている（β共通感覚と言われる）．11世紀に著され，18世紀に至るまで代表的な医学書であった『医学典範』の著者として知られるイブン・シーナー（英語圏：アヴィセンナ）は，知覚と想像が合わさって，共通感覚が形成されると述べている．一方，中村雄二郎の共通感覚論（1999）によれば，常識（common sense）と呼ばれる，社会的に人々に共通な判断力としての共通感覚（α共通感覚と言われる）は，18世紀のイギリスで一般化されたに過ぎず，中世までは主であったわけではない．ただ，α共通感覚とβ共通感覚というcommon senseの二つの側面は，1人の人間の中で，諸感覚の統合による総合的で全体的な感得力としての共通感覚が，一つの社会の中で人々が共通に持つ判断力としての常識と照応し，後者は内在的な前者の外在化されたものであると見なすこともできる（中村，1999）．身体，時間と空間など，人間論，芸術論の多くの重要な問題が，みな共通感覚の問題にかかわり，収斂されていくが，いずれの問題も，まさに統合的認知の主たる研究テーマである．

　カントは，「美」を判定する能力を「趣味」と呼び，『判断力批判』において，「趣味」という美の判定能力が主観的でありながらも，普遍的妥当性を要求しうることを説き，この能力に共通感覚という名を充てた（カント，2015）．したがって，「美」の判定は「趣味判断」の問題であり，共通感覚（Gemeinsinn / sensus communis）が美学の重要概念の一つで，趣味判断の普遍妥当性の根拠を，共通感覚に求めたことになる．前述のような意味で，統合的認知という問題のとらえ方は，共通感覚という哲学的概念に近いと言えるだろう．

　基本的な問題意識として，視覚に限らず，他のモダリティでも，モダリティ間でも，より高次処理との関係でも，認知処理の原理にそれほど大きな差異はなく，共通しているという仮説を置き，統合的認知研究を進めている．

2　統合的認知の特徴

つじつまを合わせたがる性向

　五感には個別の感覚器官が存在し，それぞれ独自に脳内部位まで階層的に処理されている．たとえば目から入ってきた視覚情報は，網膜に投影され，視神経から脳内の後頭葉にある視覚野と呼ばれる部位まで送られ，さらに階層的に処理されて，外界の理解に至る．その過程で，視覚情報は明るさ，色，奥行き，運動などの特徴が，独立して処理されていることが明らかになっている．このように，各感覚情報の処理はそれぞれの担当脳部位で独立したメカニズムで行うようになっているため，その処理結果はお互いに食い違う可能性が出てくる．すなわち，視覚から得られる結論が，他の感覚から得られる結論と一致する保証はなく，視覚情報処理に限定しても，様々な視覚特徴間で得られる結論さえも一致する保証はなく，もし食い違っているとすれば脳内では混乱するはずなのに，多くの場合，脳は複数の感覚器官から得られた情報をうまく統合し，うまくつじつまを合わせているのである．共通する認知処理の基本原理とは，このつじつまを合わせたがる性向である（横澤，2017c）．

　自然環境では，各感覚器官の結論が異なる状況はほとんど生じないが，実験的に感覚間にわざわざ極端な食い違いを人工的に作ると，われわれ自身が想像する以上に，つじつま合わせをしてしまうことが明らかになっているので（横澤，2017c），いくつか具体的な例を挙げて説明してみたい．たとえば，図 1-1 にはそれぞれチェッカーボード上に二つの球がある（Kersten *et al.*, 1996）．ここで，チェッカーボードは奥行きを表すために使われている．さて，図 1-1 左では，1 の位置の球と 2 の位置の球は奥行きが異なり，図 1-1 右では 1 の位置の球と 2 の位置の球は奥行きではなくチェッカーボードからの高さが違うように知覚される．ところが，チェッカーボード上の球の二次元的な位置は両者とも変わらないことを確認してもらいたい．このように，球とチェッカーボードだけでは三次元的な位置は曖昧なのである．たとえば，1 の位置から 2 の位置へ球が連続的に移動する動画にすると，図 1-1 左は 1 の位置の球から 2 の位置の球へ高さが固定で奥行き方向の移動，図 1-1 右は奥行きが固定で上下方向の

図 1-1 陰影による空間位置の変化（横澤, 2010）

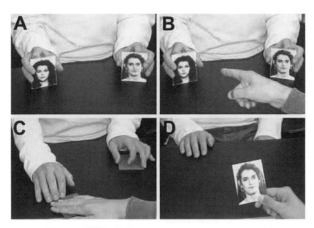

図 1-2 選択の見落とし（Johansson *et al.*, 2005）

移動と知覚される．なぜこのような知覚の違いが生ずるかというと，単に球の影の位置が異なるためである．図 1-1 左は奥行き方向の移動によって生じる影の違い，図 1-1 右は上方向の移動により生じる影の違いになっている．さらに言えば，このような影に基づいて三次元空間での運動として頑健に解釈されるのは，われわれが常に光源が固定であると仮定しているために，いずれも視覚情報ではあるが，三次元位置と影について，つじつまを合わせていることを示している．

　つじつまを合わせたがる性向について，もう一つ別の現象を挙げてみたい．図 1-2 のように，2 枚の顔写真を示し（A），1 枚を実験参加者に選んでもらうことにしよう（B）．選んでもらう理由は，どちらと友達になれそうですかとか，逆に友達になれそうもないほうはどちらですかとか，その時その時で異なるかもしれない．選択してもらった後に，いったん両方の写真を伏せて（C），選んでもらった写真を渡す（D）．そして，なぜこちらのほうが友達になれそうと

4

判断したのかを説明してもらうと，たとえば優しそうだったからとか，話してみたかったからという答えが返ってくる．しかし，このような説明ができるはずがないことに，読者の皆さんは気づいただろうか．

　図 1-2（D）では，実験参加者に気づかれないように，選択された写真ではない，もう一方の写真を渡しており，渡された写真を選んでいないので，自分の選択に関して，その理由が答えられるはずはないのである．このように，自分の選択ではないはずなのにそれに気づかず，その選択理由を尋ねると，明らかに後づけの説明をしがちであることがわかっている．自らの行為として示される選択結果が意図していた選択結果と変わっているのにもかかわらず，それを見落とす現象を，選択の見落とし（choice blindness）と呼ぶ（Johansson *et al.*, 2005）．この現象から，顔を視覚的に確認し，自ら選択した情報でも，いかに曖昧であるかを知ることができるし，後からいかようにも自分を納得させるような理由を作り出してしまいがちになる，つじつまを合わせたがる性向があるのである．

　このように，食い違う情報に接しても，われわれの脳は混乱することもなく，ほとんどそれを意識することなく，うまくつじつまの合った解を導き出し，次の行動につなげている．前述のような極端な実験状況でも，自分自身ではつじつま合わせをしていることに気づかない場合も多く，五感として得られた情報を処理する脳内過程に共通する認知処理の基本原理が，このようなつじつまを合わせたがる性向にあると考えている．同様の性向は，後づけ再構成（postdiction）と呼ばれる場合がある（Shimojo, 2014）．この後づけ再構成は，後づけで自分の行動や認識の意味を書き換え，再構成する機能を指している．逆向マスキングなどのような古典的な現象を含む，時間的に後から提示された刺激が，前の刺激の知覚に因果的影響を及ぼす事態を指すだけでなく，時間スケールを広げて，選択の見落としのような意思決定や短期・長期記憶にも，後づけ再構成と称されるような現象が認められている．当然ながら，時間スケールによって神経機構は異なるが，認知機能の普遍原理と考えられている．多くの場合，つじつまを合わせたがる性向と後づけ再構成の定義上の区別をする必要はないが，後づけ再構成は，後づけでの書き換えという意味合いで使用されることが多い一方で，つじつまを合わせたがる性向は，時間的に同時にさえ，食い違う

入力情報に対する迅速な解の導出を可能にする原理を指している.

たとえば,少し離れたところにいる話し相手の音声が聞き取りづらいような雑音が大きい環境でも,相手の唇の動きが音声の理解を補ってくれる場合がある.騒音のある中で,向かい合っている相手と今日の予定を話し合っている時に,相手が「安全だね.(/anzendane/)」と言ったように聞こえたとしても,その発音をする最初に唇が閉じられていれば,おそらく「万全だね.(/banzendane/)」と言っている可能性のほうが高いのである.なぜならば,「あ」などの母音は唇を閉じることはないけれども,「ば」などの破裂音は唇を閉じなければ,正しく発音できないから,聴覚情報として子音の有声破裂音の /b/ が聞き取れなかったとしても,視覚情報を取り入れて,つじつまを合わせたほうが妥当な結論を導ける可能性がある.このような状況を説明すると,後づけ再構成により結論を導いているように感じるが,つじつまの合わない環境が存在している時に,後づけというより,脳が瞬時につじつまを合わせた解を導き出していて,その解に対応する行動が可能になっている.脳は,基本的に調和のとれた,つじつまの合った世界で構成されていることを前提に,効率的な処理を実現させている.しかも,現実世界には雑音が多く,あまり厳密な解を求めるとすると,いつまでたっても解が得られないことになりかねない.解が得られなければ,次の行動もできない.それを回避するために,つじつまを合わせたがる性向が基本的原理になっているのである.

つじつまを合わせたがる性向にしろ,後づけ再構成にしろ,ベイズ推論との関連について触れないわけにはいかないだろう.ベイズ推論とは,ベイズの定理で計算される事後確率分布に基づく推論であるが,われわれの知識を事前確率分布として定式化する必要がある.われわれは進化,発達,成長の過程で,様々な事前知識を持っており,このような知識は個別の観察によらず,計算論的に確率分布のかたちで定式化することが可能である.前述のように,基本的に調和のとれた,つじつまの合った世界で構成されているという前提が,事前知識となる.その上で,ベイズ推論で用いる事前確率分布として,このような事前知識を適切に表現できるものが選択される必要がある.すなわち,食い違うAとBの情報に接した時,AとBの情報を足して2で割るという単純な結論ではなく,適切な事前知識を考慮することで,効率的な処理メカニズムに基

づき，つじつまの合った結論を導いていると考えられるので，基本的にベイズ推論に従うような情報処理過程になっていると考えることができるだろう．

統合的認知ととらえる意義

　統合的認知の特徴を現象としてとらえる意義を，従来の認知心理学的手法と比較しながら，説明してみたい．図式を単純化すると，従来の認知心理学的手法では，一つもしくはそれ以上の処理の存在を同定し，複数の処理が存在する場合にはその相互作用を明らかにすることを目指してきた．たとえば，処理 A，B，それぞれにかかわる要因を操作することで得られた，刺激（stimulus）と反応（response）の関係としての行動データの分析で，統計的に有意な主効果や交互作用が得られたならば，図 1-3a のように，A と B の二つの処理の存在と，両側矢印で表されるような処理間の相互作用が，処理の依存性を示したことになる．このような分解的な認知過程の同定が，神経基盤のモデルとして，脳科学を先導してきた．統合的認知でも，このような接続関係の存在は前提ではあるが，さらに全体的な認知処理の枠組み問題として再定義している．その特徴は，トレードオフ関係，インプリシット結合，個人差の扱い方にあり，いずれも分解的認知として扱ってきた従来の認知心理学的手法では軽視されてきたものである．

　まず，図 1-3b のように，A という認知処理から B だけでなく C という処理にも相互作用があり，また，B と C が相互抑制（トレードオフ）の関係にある状態を考えてみる．この時，従来のように A と B の処理のみに注目している限りは C の処理を見逃すことになり，認知処理全体を図 1-3a のような単純な図式で誤って理解しがちになる．そのため，トレードオフ関係の存在に意識を向けることが重要である．次にインプリシット結合とは，図 1-3c のように，A という処理が，実験的に操作した B という処理以外にも，D など様々な処理と相互作用している状態のことを指す．このインプリシット結合の存在を前提にしなければ，認知処理の全体像を正しく理解することができない場合が多い．また，従来の認知心理学的手法では，個人差の問題は捨象されがちであった．しかしながら，図 1-3d のように，一見相互作用しているように見える A と B という二つの処理は，実は個人ごとに異なる E という処理を経由してい

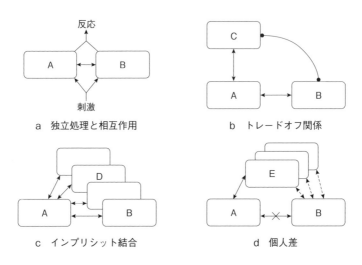

図1-3 統合的認知の特徴（横澤，2014）

る可能性がある．認知処理の解明のためには，この可能性を排除せずに多様な処理過程を許容する必要があり，個人差を積極的に扱う重要性は高い．

　以下に，トレードオフ関係，インプリシット結合，個人差のそれぞれに積極的に取り組んだ代表的な研究例を紹介したい．

オブジェクト認知におけるトレードオフ関係

　日常物体などのオブジェクトに対する脳内表象が，視点によらず不変かどうかという論争は，視点依存効果（view dependency）という現象が中心テーマとなる研究において取り上げられてきた．少なくとも，いくつかの点でオブジェクト認知における認知成績は視点依存である．大別すると，物体の選好判断，同定，方向判断の3種類の認知処理において，それぞれ視点依存効果の存在が確認されている．一つのオブジェクトに対する視点の違いによる見えを図1-4に例示する．

　選好判断では，斜め前からの見えは，正面や真上などの視点より，一般的によい見えと評価される（Palmer *et al.*, 1981）．同定の難易は，視点によって異なることが知られている．斜め前からの見えが典型的見えと呼ばれ，同定が容易であり，正面や真上からの見えは偶然的見えと呼ばれ，同定が困難になる

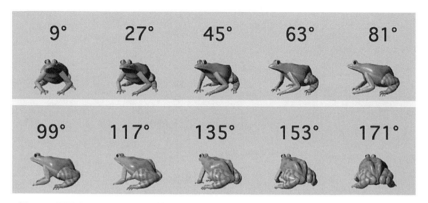

図 1-4　正面を 0° とする時に，様々な視点からの見え（Niimi & Yokosawa, 2008 を改変）

(Biederman, 1987; Marr, 1982). 方向感度に関しては，正面や真上などからの見えはわずかな方向の違いも見分けられるのに対して，斜め前方向，すなわち典型的見えでは，方向の違いがわかりにくい（Niimi & Yokosawa, 2008, 2009a）. このように，言わば個別の現象の羅列として視点依存効果がとらえられてきたが，お互いの関係性がオブジェクトに対する脳内表象を反映していることは間違いない.

　そこで，新たに，方向知覚が不正確な見えは，多少違う方向でも同じように知覚されるので，その見えは幅広い方向に共通しており，オブジェクト認知が容易で，よい見えと感じるという仮説を置いた（Niimi & Yokosawa, 2009b）. 実験の結果，方向感度が低い「斜め」方向の見えでは，オブジェクトの同定が容易であることがわかった. これは，方向感度の低さが原因で，「斜め」カテゴリの見えには幅広い角度の視覚像が分類されることになり，オブジェクト方向に依存しない視覚的特徴が多く抽出されるためだと考えられる. すなわち，同定処理と方向処理はトレードオフの関係にあることが確認された. なお，Niimi et al. (2011) は，オブジェクトの同定と方向認知にかかわる脳内部位が異なることを，fMRI を使った実験によって明らかにした. すなわち，前頭葉と頭頂葉には，オブジェクトの視点依存的な特徴を符号化し，方向認知を担っている領野があると考えられる.

　幅広い視点から視覚像を含むことになる「斜め」カテゴリの見えは，相対的

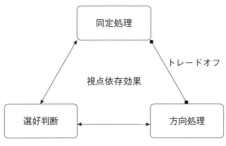

図1-5　視点依存効果の全体像（図1-3bも参照）

に経験する頻度が高く，親近性も増すことになる．ただし，Nonose *et al.*（2016）は，日常物体認知において，正面向きや横向きが好まれる物体はあるものの，特に斜め向きが好まれる理由を調べた結果，主観的なよさや親近性よりも，斜め向きの時に奥行き手がかりが豊富であるためであることを確認している．いずれにしても，方向がわかりにくい視点からの見えは，典型的な見えになりやすく，認知が容易で，好まれることになる．Yamashita *et al.*（2014）は，斜め前方向からの見えが好まれる傾向がどの発達段階で発現するかを，選好注視による実験で調べたところ，8カ月児では成人と同様の傾向が見られる一方，6カ月児では見られなかったので，日常物体認知における視点依存効果が，生後6カ月から8カ月の間に発現することを明らかにした．

　選好判断，同定，方向感度の三つに大別して検討されてきた視点依存効果は，図1-5のような同定処理と方向処理がトレードオフの関係になっていることを理解しなければ，その本質がわからなかったのではないかと思われる．様々な現象の総称として定義されてきた視点依存性は，統合的認知という観点からとらえることが重要であったことになる．

感覚融合認知におけるインプリシット結合

　複数の感覚モダリティの情報が融合する時，単なる加算とは異なる感覚が生まれることがある．そのような現象が生ずる時，単一のモダリティの情報入力では存在が確認できなかったモダリティ間の結合関係，すなわちインプリシット結合が明らかになる場合がある．ここでは，そのような研究例を紹介することにする．

　誰もが雪景色を見れば，ひんやりした感覚が生まれるような気がするのではないかと思う．ところが，これまでの研究では，視覚的な温度情報，すなわち見た目のみでは，皮膚感覚としての温度感覚へ影響しないことが明らかにされ

てきた．もちろん，日常では視覚物体が皮膚に触れる時，物体温は見た目の温度と一致している．皮膚に直接触れなくても，雪景色を見る時には外気が皮膚に触れ，ひんやりした温度感覚を持つだろう．ただし，このような日常の体験からは，皮膚に触れる物体もしくは大気に対する温度感覚が，その見た目に影響されるかどうかを確かめたことにはならない．なぜならば，いずれの場合でも触覚的温度情報と視覚的温度情報が独立して操作されていないからである．

そこで，ラバーハンド錯覚を利用して，物体の見た目から得られる温度情報と，物理的な（実際の）温度を独立に操作する実験を行った（Kanaya *et al.*, 2012）．ラバーハンド錯覚の典型的な実験法は，図 1-6 のように，実験参加者の片手を隠し，目前に作りものの手を置き，その両者に絵筆で同期して触刺激を与えることで，作りものの手が本人の手であるかのように錯覚させるものである（Botvinick & Cohen, 1998）．この時，ラバーハンド錯覚を生起させない条件でも実験を実施する．すなわち，作りものの手と実験参加者の手に同じタイミングでさわる同期条件と，交互タイミングでさわる非同期条件である．同期条件ではラバーハンド錯覚が生起し，非同期条件ではラバーハンド錯覚が生起しないことになる．その上で，温度判断課題を行った．本物の氷とプラスチック・キューブ（常温）を使用し，作りものの手と実際の手のそれぞれに，同じタイミングで二つの物体を乗せ，それを 2 回繰り返した．

その結果，特定の条件の時に劇的な効果が生じた．すなわち，同期条件でラバーハンド錯覚が生じている時，実験参加者から見える作りものの手に，触刺激として，まずプラスチック・キューブ，次いで氷を触れさせ，それと同じタイミングで，参加者からは見えない参加者自身の手にプラスチック・キューブを 2 回繰り返して触れた時，参加者自身の手への触刺激の温度は 2 回とも同じだったにもかかわらず，ほとんどの参加者は，自分の手への触刺激が冷たく変化したと回答した．非同期条件で，ラバーハンド錯覚が生じていない時には，このような変化は得られなかった．すなわち，ラバーハンド錯覚を利用することで，視触覚刺激を独立して操作した結果，視覚的に見えていて，身体に触れている（と錯覚した）物体の視覚的な温度判断が，われわれの触覚的な温度感覚に影響することが明らかになった．ここで，重要なのは，従来の研究で明らかにされてきたように，視覚的温度処理だけでは温度感覚に明示的な影響を与

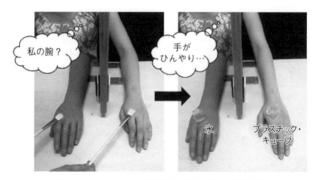

図1-6　ラバーハンド錯覚生起時の温度感覚実験

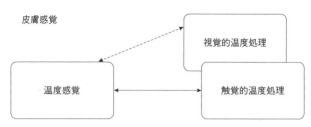

図1-7　視触覚融合認知による温度感覚（図1-3c も参照）

えることができないにもかかわらず，同期した触覚的温度処理も伴った時に，温度感覚に影響するという現象であることであろう．すなわち，図1-7の点線で示したようなインプリシット結合が存在していることを，統合的認知の観点を導入することで顕在化させたことになる．

共感覚における個人差

　共感覚とは，誘導感覚により，別のモダリティもしくは別の特徴処理過程で生じる励起感覚である．誘導感覚と励起感覚の組み合わせは，色と文字（色字共感覚），色と音（色聴共感覚）など，多岐にわたる．共感覚の保持者は共感覚者と呼ばれ，人口の数％存在すると言われる．具体的にどのような誘導感覚がどのような励起感覚に対応づけられるかは，共感覚者個人の中では生涯安定しているが（例：その共感覚者にとっては，「か」という文字は常に黄色），同時に，個人特異的（idiosyncratic）と呼ばれるように，個人差が大きいことが明らかになっている（例：共感覚者Aにとっては「か」は黄色いが，共感覚者Bにとっては

青い）．共感覚は，人間の個人差の大きさを感じさせる現象である．まず，共感覚を持つか否か，すなわち，誘導感覚の処理と励起感覚の処理が結びつくかという点での個人差が存在する．そして共感覚を持つ場合，それら 2 種類の処理がどのような対応関係を持って結びつくかには個人特異性が存在する．そこで，共感覚を，共感覚者と非共感覚者の両方にまたがる集団の中の個人差として位置づけた研究を紹介する．

　共感覚に個人特異性があるのは，誘導感覚と励起感覚のそれぞれの処理を結びつける介在要因に個人差が存在するためである可能性がある．これまでに色字共感覚を対象として，この介在要因についての研究を行ってきた．具体的には，日本語表記の特殊性を利用した色字共感覚研究を行った（Asano & Yoko-sawa, 2011b, 2012）．日本人色字共感覚者の数字や仮名，漢字に対する共感覚色（文字に感じる色）を調べたところ，まず，文字と共感覚色の具体的な対応関係には大きな個人特異性があることがわかった．しかし一方で，共感覚者間で共通の傾向も見られた．たとえば，共感覚者によらず，対応する平仮名と片仮名など読みが同じ文字に対する共感覚色は一致しやすく，文字の音韻情報が介在要因（共感覚色の規定因）となることがわかった（Asano & Yokosawa, 2011b, 2012）．また，アラビア数字と漢数字の共感覚色が一致する，「赤」や「青」といった色名漢字の共感覚色は，その漢字が意味する色と一致するなどの傾向も広く見られ，意味が介在要因となることも明らかになった（Asano & Yokosa-wa, 2012）．この他，様々な言語，文字種の色字共感覚の研究により，文字の頻度，順序情報など様々な介在要因の存在が明らかになっている（まとめとして，Asano & Yokosawa, 2013b）．

　このように共感覚者に共通する介在要因がある一方，個人特異性が存在するのは，一つには，複数ある介在要因のうちのどれを文字と共感覚色の結びつけに用いるかに，個人差があるためだと考えられる（前掲図 1-3d）．また，同じ介在要因（例：意味）を用いている場合でも，具体的にどの特徴情報をどの色に結びつけるか（例：「3」という意味概念を何色に結びつけるか）にも個人差があると考えられる．これらの共通性および個人差の生起には，言語処理や言語発達過程の関与があると考えている（Asano & Yokosawa, 2013a, 2013b）．

　共感覚者と非共感覚者の違いを，単に誘導感覚と励起感覚の処理の直接的な

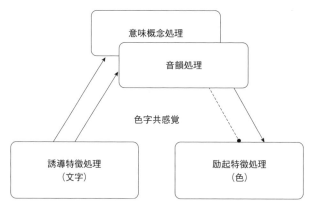

図 1-8　色字共感覚の対応関係に個人差が生起するメカニズム（図
1-3d も参照）

結びつきの有無と考えてしまうと，共感覚を，前述のような共感覚者の個人特
異性や共通性を捨象して理解することになってしまう．実際は，図 1-8 に示す
ように，介在要因の関与の仕方に個人差がある可能性がある．また，共感覚者
と非共感覚者の違いは，この介在要因へのリンクが顕在化するか否かにおける
個人差によるものだと考えている．このようなメカニズムが正しいとすると，
共感覚者と非共感覚者を二分法的にとらえるのではなく，共感覚的傾向が非共
感覚者にも連続的に分布している可能性がある．

3　統合的認知研究の展開

日常の一瞬

五感には個別の感覚器官が存在し，それぞれ独自に脳内部位まで階層的に処
理されていると述べたが，それぞれの処理に基づく結論がもし食い違っている
とすれば，脳内では混乱するはずなのに，うまく統合し，うまくつじつまを合
わせていることをすでに繰り返し述べた（横澤，2017c）．この認知過程を統合
的認知と呼んでいるが，時間スケールで言えば，扱う多くの現象は，いずれも
日常経験の一瞬の出来事に相当する．一瞬という時間単位は，一般的には瞬き
する間くらいの短時間を指すが，科学的に厳密に決まっているわけではない[2]．

たとえば視覚神経系の伝達は，視覚入力から 100 ミリ秒ほどで視覚情報処理の終端と考えられる側頭葉の末端まで伝わるが（Rousslet *et al.*, 2004），さらに，300 ミリ秒ほど経過すれば脳内の様々な部位に情報伝達され，それぞれ情報処理が行われ，反応選択に要する時間を考慮しても，0.5〜0.6 秒程度の反応時間で遂行できる課題において，様々な統合的認知現象を観察することができる．それをわかりやすく表現すれば，目を開け，五感で感じ，周りを見渡し，様々な感じ方で，好悪，美醜も感じ，大事な事を優先する，一瞬の過程を扱うことになる．すなわち，目を開け，身体と空間の表象（representation of body and space）を形成し，五感で感じ，感覚融合認知（trans-modal perception）が生じ，周りを見渡して，オブジェクト・情景認知（object & scene perception）が行われ，様々な感じ方の中で，共感覚（synesthesia）も生じ，好悪，美醜も感じる美感（aesthetics）も惹起し，大事な事を優先する注意（attention）機能が働く．これらの過程を研究テーマとしているので，以下ではそれぞれの研究テーマの研究成果に簡単に触れてみたい．

身体と空間の表象

　目を開けた瞬間に，自分自身の身体をもとに上下，左右，前後という座標軸を決め，自分自身の行動の範囲となる身体近傍空間が設定されるために，身体や空間の表象が形成される過程が研究対象になる（横澤他，2020）．具体的には，刺激反応適合性と身体近傍空間に関する研究テーマに分けることができるので，その研究例を紹介する．

　刺激反応適合性　刺激と反応が同側にある場合，逆側にある場合よりも反応が早く正確だが，このように視覚的な空間座標と行為の空間座標が相互に影響し合っている現象は，刺激反応適合性効果として知られている（西村・横澤，2012）．Nishimura & Yokosawa（2006）は，一見無関係と思われる空間的に直交関係にある視覚座標軸（たとえば上下軸）と行為座標軸（たとえば左右軸）で

---

2)　一瞬という時間単位は，中国の東晋代に成立した律蔵である『摩訶僧祇律』では，約 0.36 秒であると言われている．

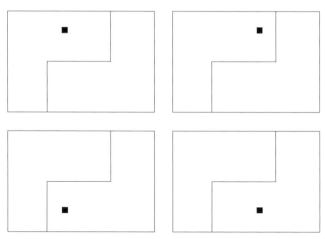

図1-9　刺激とその刺激が属するグループの左右位置（Nishimura & Yokosawa, 2012)

も，お互いに影響し合うことをつきとめ，このようなインプリシット結合にかかわる現象は，直交型サイモン効果と呼ばれている．

　また，刺激の左右位置とその刺激が属すグループ全体の左右位置とが逆である場合には，グループ全体の位置に基づき刺激位置が決定されるが，Nishimura & Yokosawa（2012）は，グループを明示的に示す線（視覚手がかり）の提示という知覚関連特性と，グループ内の複数の刺激を同一反応に割り当てるという行為関連特性の刺激位置の決定への影響について検討した．図1-9に，刺激の左右位置とその刺激が属するグループ全体の左右位置の関係を四つの例で示す．黒い小四角形が刺激であり，図1-9の上側は小四角形が左上側のグループに属している2例，下側は小四角形が右下側のグループに属している2例である．しかしながら，図1-9の左側2例では小四角形が左側に配置されており，右側2例では小四角形が右側に配置されているので，右上と左下は，刺激の左右位置とその刺激が属するグループ全体の左右位置が一致していない．その結果，反応割り当てだけでもグループの位置と同じ側の反応が早く，視覚手がかりのみで個々の刺激の位置と同じ側の反応が早くなることから，反応割り当てという行為関連特性が刺激位置の知覚を決定し，その知覚された位

置が反応行為に影響するという，インプリシット結合に基づく行為と知覚の双方向的な相互作用が明らかになった．

　刺激反応適合性効果における左右と上下の空間表象特性の共通性と特殊性について，西村・横澤（2014）では，単独では左右と上下の適合性効果は同程度だが，時間特性の違いがあり，刺激位置，反応位置ともに左右，上下両次元で変化し，空間的適合性が同時に左右と上下の両次元において存在する時，左右の適合性効果は上下の適合性効果よりも大きくなる現象を取り上げ，左右と上下の空間表象間の認知的対応について論じている．Nishimura & Yokosawa（2010c）では，行為による知覚への影響を調べるために，反応適合刺激の見落としについて調べた．右手でボタン押しをすると右矢印が，左手でボタン押しをすると左矢印が見えにくくなるという見落としが生起し，上ボタンを押した時には上矢印を，下ボタンを押した時には下矢印を見落としがちだったが，左右のボタン押しは，上下矢印の知覚に影響しないことが確認された．

　サイモン効果は，音源と反応が同じ側だと早く正確に反応できる現象であり，SMARC 効果は，低音と左，高音と右の結びつきの時に早く正確に反応できる現象である．Nishimura & Yokosawa（2009）では，音に注意を向けていない時でも，音の 2 要素（位置，高さ）が左右反応に影響するかどうかを調べた結果，音が課題に全く関係ない場合でも，音源位置と音高は，それぞれが独自に左右の反応に影響することが明らかになり，両効果にはトレードオフ関係はないことがわかった．

　Nishimura & Yokosawa（2010a）では，中央に提示される色の違いに左右どちらかの手で反応してもらうような実験課題において，課題とは無関係な視覚刺激や聴覚刺激が生起／消失する影響について調べた結果，視覚的サイモン効果には一時的な刺激が影響するものの，聴覚的サイモン効果には定常的刺激が寄与することを明らかにした．刺激の過渡／定常と視覚／聴覚というモダリティの関係は，統合的認知処理の差異として考慮しなければならない．

　反応適合刺激の見落としとは，行為遂行時にその行為と同一の特徴を持つ視覚刺激を見落としやすい現象である．刺激と反応の位置に対応関係がある時（たとえば，左側に提示された刺激に左側のキー押しで反応）では，反応行為中に対応関係のある刺激の知覚が困難になり，反応適合刺激の見落としが生じる．

Nishimura & Yokosawa（2010b）は，左右の手の符号化など，行為関連要因がこのような見落としを生じさせうるかについて検討するため，上下配置の反応キー押しを左右の手で行う場合の左右矢印の同定課題を行い，反応適合刺激の見落としは行為と知覚の直接的対応に基づくと考えられる結果が得られたが，これもインプリシット結合にかかわる現象である．

　バーチャルリアリティ（VR：仮想現実）空間では，外界のスケール認知と身体表象の関係が不定になる．Mine *et al.*（2020）は，瞳孔間距離を大きくすると外界が縮小して認知されることに着目し，VR 空間において，瞳孔間距離の変化による外界の見えの変化が身体の大きさ認知に与える影響を調べた．瞳孔間距離を広げ視点を上昇させると，自身の身体を基準に外界のスケールの縮小と認知する一方，瞳孔間距離を固定したまま視点を上昇させると，外界のスケールが変化したと感じにくかった．身体と外界のどちらかが絶対的な基準になるのではなく，われわれは外界のスケールと身体サイズのトレードオフ関係となる VR 空間という特殊な状況において，様々な情報からどちらが変化したと考えるのが妥当かを導き出していることが明らかになった．

　距離推定は，推定者と標的との間に配置された透明な障壁幅によっても影響を受けることが知られていたが，Mine *et al.*（2021）は，仮想空間における障壁の視覚的および触覚的な提示が，その背後にある標的までの距離推定に影響を与えることを確認するとともに，障壁が接触可能であるが見えない場合や，障壁が見えるが貫通可能である場合には，障壁幅の影響は確認されず，インプリシットな処理過程を含む，様々な要因が距離推定に関与することを明らかにした．

　　身体近傍空間　身体周辺の空間は身体近傍空間と呼ばれ，人間が身体を使って外界のオブジェクトとの物理的干渉を行う上で，視覚運動を支える働きを持つ．そこで，身体と身体近傍空間のインプリシットな結合関係を調べるため，Mine & Yokosawa（2021a, 2022a）は，実身体から切り離された手のアバターを用い，遠方に手のアバターが提示されると，その位置に身体近傍空間が出現することを明らかにした．この結果は，身体から分離されているアバターであっても，そのアバターを使って視覚運動が可能な状況であれば，身体表象にイ

ンプリシット結合で組み込まれうることになるので，身体近傍空間が従来知られていたよりも高い柔軟性を持つことを示している．

　多感覚促進効果とは，身体近傍空間において，触覚刺激単独よりも視触覚刺激に対して速く反応できる現象である．Mine & Yokosawa（2021b）は，この多感覚促進効果を，注意バイアスの影響を統制して調べた結果，多感覚促進効果の強さが様々な整合性によって異なり，このような変動をもたらす身体近傍空間の調整は注意バイアスと関係ないこと，すなわちトレードオフの関係にないことを明らかにした．Mine & Yokosawa（2022b）はさらに，バーチャル空間内で身体運動の視覚フィードバックが遅延した状況では，多感覚的な身体近傍空間が拡張することを明らかにした．これは，身体運動の遅延が遠刺激の潜在的な脅威の増加を反映していると考えられる．

感覚融合認知

　視聴覚や視触覚などの多感覚情報の統合的認知として，単なる感覚間の相互作用の確認ではなく，各モダリティとは独立した脳内表象の解明を目指す研究として，感覚融合認知を位置づけている．

ラバーハンド錯覚　ラバーハンド錯覚は，身体所有感を検討するために重要な現象である（金谷・横澤，2015; 横澤，2017b）．そこで，ラバーハンド錯覚と温度感覚の関係に関する研究（Kanaya et al., 2012）以外にも，ラバーハンド錯覚の生起要因に関する研究を行っている．

　同じ触覚刺激でも，他者によって与えられる場合と自ら与える場合とでは異なる知覚をもたらすことが知られている．典型的なのは，くすぐりという行為だろう．誰もが，他人からのくすぐりに大きく反応してしまうが，他人からの刺激が自分にとっては脅威であるため，脳が混乱状態になってしまうことに起因すると考えられている．くすぐるポイントは，一般的には，耳の周辺，首筋，脇の下，手の甲，もものつけ根，膝の裏，足の甲や裏で，これは動脈が皮膚に近いところを通っている部位と一致しているので，このような部位にケガをしてしまうと出血が多くなるような危険部位であり，さらに自律神経も集まっていることから，外部からの刺激に対して特に敏感になっていると考えられる．

そこをくすぐることで脳が混乱状態になり，その状態から逃れようとするための行動が，笑いにつながると考えられている．自分でくすぐる場合には，脳はいつも危険部位の刺激を予想できるので，筋肉や感覚器が驚かないように対応できる．このような感覚反応の抑制は感覚ゲーティングと呼ばれ，重要な感覚を抽出，重要ではない感覚を抑制するという，細やかな制御が行われている．

金谷他（2011）では，自らの手の位置を誤るラバーハンド錯覚の生起にとって，他者による触刺激が必要条件か否かを検討するため，実験参加者が自分で自分の手に触覚刺激を与える条件を取り入れた結果，他者から刺激を与えられる通常のラバーハンド錯覚よりは弱いものの，自ら触刺激を与える条件においても錯覚が生じた．このことから他者による触覚刺激はラバーハンド錯覚の生起にとって必要条件ではないことが示された．ただし，ラバーハンド錯覚における自分自身による触刺激と他者による触刺激の質的な違いについては，くすぐりという行為だけではなく，ラバーハンド錯覚の減弱につながっていることが明らかになり，単なる感覚ゲーティングとは異なる，身体所有感の観点からの，自他帰属に関するインプリシットな処理過程を含む検討が必要である．

腹話術効果　腹話術効果とは，音の位置が視覚情報の影響を受けて錯覚される現象である．この現象の規定要因について，従来の研究では一対一の視聴覚刺激（発話している顔と声など）を提示することで検討されてきたが，Kanaya & Yokosawa（2011）では，腹話術師と人形に相当する，二つの視覚刺激を提示することによって，これまで明らかにされていなかった要因，すなわち視覚情報と聴覚情報の表す音韻の整合性が腹話術効果に影響することを示し，より現実場面に即した視聴覚認知特性を表す結果と考えられる．さらに，横澤・金谷（2012）では，視聴覚間の音韻整合性が聴覚的音源定位に影響し，提示された顔刺激の中で音韻整合性が高い発話側に偏ることが明らかになった．同時に，視聴覚間の音韻整合性による錯覚の代表的現象であるマガーク効果の生起も，腹話術効果と独立して確認できた．複数の顔が同時に提示される時には，発話音源らしい顔を選ぶためには音韻整合性も考慮されることを示した．一対一の視聴覚刺激提示では隠れていた音韻整合性にかかわるインプリシットな処理過程が，二つの視覚刺激を提示する実験パラダイムによってあぶり出されたこと

になるだろう.

オブジェクト認知・情景認知

オブジェクト認知や情景認知は,視覚要素やレイアウトの統合的認知過程で
実現されている(新美他, 2016).オブジェクト認知における様々な論争の中で,
視点依存効果が中心的なテーマになってきたことはすでに述べたが,Bieder-
man(1987)によるジオン理論の主張とは異なり,視点依存効果は頑健に生起
する現象であった(光松・横澤, 2004).しかしながら,Mitsumatsu & Yoko-
sawa(2003)は,観察者と物体自身が移動することで自然に視点が変化する時
は,視点依存効果が消失することを確認した.すなわち,視点の異なるオブジ
ェクトが継時的に提示されるような状況は,実験室以外には日常的に起こりに
くいと考えられるが,観察者自身,もしくは自動車などの自ら移動するオブジ
ェクトが移動しながら視点が変わっていくような日常的な状況では,視点依存
効果は生じることがなく,結果的にジオン理論が主張するような,視点に依存
しない安定したオブジェクト認知が実現されていると考える.観察者,もしく
はオブジェクトの視点変化と視点依存効果は,トレードオフ関係になっている
ことになる.

情景の中のオブジェクト表象は,情景表象の一部と考えられるので,情景文
脈がオブジェクトの処理を容易にすると考えることができる.Nakashima &
Yokosawa(2011)では,繰り返し提示される情景画像中のオブジェクトの記
憶課題によって,このような情景文脈とオブジェクト表象の関係が常に存在す
るかを調べた結果,意図的記憶を必要とするような場合に,オブジェクトと情
景の結合関係が生じることを明らかにした.さらに,Sastyin et al.(2015)は,
オブジェクトと背景が整合的な時にオブジェクト認知が促進される現象が,オ
ブジェクトの見えに依存することを見出した.たとえば,典型的見えよりも偶
然的見えのほうが,整合性効果において大きな影響を受けることを明らかにし
た.見えの典型性と整合性効果の間には,トレードオフ関係が存在しているこ
とになる.

また,単語や文章も一つの視覚オブジェクトであるが,単語認知の研究とし
て,Asano & Yokosawa(2011a)では,文の読み処理の効率化を支えるメカ

ニズムについて検討するため，短文全体を短時間提示し，その中の1単語が何であったかを答えさせる実験を行ったところ，その単語が文の内容（文脈）に適合的な時は，誤字のように不適合な時よりも正答率が高くなるという結果が得られた．この結果は，複数の単語の並列処理によって大まかな文脈情報を瞬時に把握でき，効率的な読み処理が実現されていることを示している．

共感覚

視覚特徴間，感覚間に生じる特異な統合的認知として，共感覚をとらえることができる（浅野・横澤, 2020）．Asano & Yokosawa（2011b, 2012, 2013a, 2013b）は，複数の文字種を段階的に身につけていく日本語の特性を生かすことで，共感覚の特性を明らかにした．

共感覚色の特徴　宇野他（2019）は，漢字に対する共感覚色を最大2色まで回答させる実験を行った結果，偏とつくりに分かれる漢字は，分かれない漢字に比べて回答される色の数が多く，この傾向は連想型共感覚者より，投射型共感覚者ほど強いことを明らかにした．この結果から，漢字の形態情報は対応づけられる共感覚色の数に影響しており，共感覚者にも個人差があり，投射型傾向の強い共感覚者では漢字の構成要素ごとの情報が色字対応づけに影響している可能性を示した．

Uno & Yokosawa（2020）は，共感覚者が文字を見た時に感じる色（共感覚色）が明るさ知覚に影響するかについて検討した．標準刺激に対する文字の物理的な明るさの主観的等価点を恒常法により測定した結果，明るい共感覚色を励起する文字は，暗い共感覚色を励起する文字よりも明るく知覚されることが明らかになった．この効果は連想型共感覚者においても見られ，励起した共感覚色が低次の視覚情報処理を変容させることが明らかになった．

時間的安定性と変容　Asano *et al.*（2019）では，色字共感覚における根本的な疑問である，文字と色の間の特定の対応づけがどのように形成されるかについて，すなわち漢字の共感覚色の決定要因に焦点を当てた研究を行った．まず，漢字反対語ペアの共感覚色を調べることによって，意味が漢字の共感覚色

に影響を与えることを明らかにした．また，学校教育での漢字の学習の順序が共感覚色に影響を及ぼし，漢字の新しい読みや意味を習得すると，漢字と色の一貫性がわずかに変化することから，漢字に対する最新の知識を共感覚色に反映できることを示している．一方，色字共感覚では，一般的に未知の文字には色を感じないが，Uno *et al.*（2020）では，色字共感覚の保持者に新奇文字（未知のタイ文字）を提示し，それぞれに異なる既知文字（平仮名）を 1 文字ずつ対応づけて学習させた結果，既知文字の共感覚色が互いに異なる色であった場合に比べて，既知文字すべてが似た共感覚色を持つ場合は転移が起こりにくいことを明らかにした．これは，共感覚色が文字の学習時に文字の弁別に使われ，学習を補助するという仮説と整合的な結果である．また，文字学習の違いが，共感覚者の個人差につながっていると考えられる．

　Uno *et al.*（2021）は，日本人共感覚者の縦断的研究を実施し，色字共感覚の長期間における経年変化，すなわち短期（3 週間程度）および長期（5〜8 年）の時間安定性を比較した結果，多くの文字の時間安定性が高いことが確認できたが，短期的時間安定性が低い文字は長期的時間安定性も低い傾向があり，両者の相関は高く，文字と共感覚色の組み合わせの時間的安定性が文字ごとに決まっていることが明らかになった．さらに，親密度の低い文字は，その共感覚色の時間安定性も低くなった．親密度の低い文字の共感覚色は，時間の経過とともに変化しやすく，文字と共感覚色の対応関係が弱い統合であることを反映していると考えられる．したがって，文字ごとに経年変化の可能性が，ある程度予測可能である（横澤，2021c）．

共感覚の言語依存性　共感覚の特徴の一つは個人特異性と呼ぶ個人差だが，アルファベットの A の共感覚色はほとんどの場合赤である．それは apple の A だからではないかという推測もされていたが，Root *et al.*（2018）は，英語，スペイン語，オランダ語，韓国語，日本語の色字共感覚特性の比較によって，言語に依存しない共通性を分析した．仮名のあ，アなどの共感覚色も赤であることが多く，多種の文字セットを使用する日本語を使った研究データが活かされ，文字セットの最初の文字の共感覚色が赤になるという共通性が，言語に依存せず導き出された．ただし，文字と色の結びつきは，読みの一致度，色名の

頭文字（「Yは黄色」），意味の関連づけ（「Dはイヌを表し，イヌは茶色」）などの言語特性の影響を受けることが知られていたが，Root *et al.*（2021）では，オランダ語，英語，ギリシャ語，日本語，韓国語，ロシア語，スペイン語の共感覚関連に対する色名，意味的関連，および非言語的形状—色関連の影響を調べた結果，言語的要因の影響は言語間で大きく異なったが，普遍的であると予測した非言語的影響（形状と色の関連）は言語間で違いはなかった．共感覚は，様々な言語での文字表象の影響を研究するために有効な現象であると考えられる．

共感覚の連続性　非共感覚者における文字と色の組み合わせに関して，英語圏の従来研究では，色字共感覚者と非共感覚者とは全く異なる規則性に従っているというのが半ば定説だったが，Nagai *et al.*（2016）では，日本語圏の非共感覚者が示す文字と色の組み合わせにおいて，英語圏および日本語圏の色字共感覚者と同様のバイアスや規則性があることを見出した．さらに，永井他（2019）は，文字頻度や，Berlin & Kay（1969）の色類型・色名の頻度は，直感的な色順位，五十音順序との間でそれぞれ有意な相関を示した．すなわち，これらの特性は色字対応が形成される際の手がかりとして関与していることが確かめられたことになる．

　色字共感覚，もしくは非共感覚者の色字対応づけから見た個人差は，言わば人間の感覚多様性であり，そのような特性を知ることが，よりよい色インタフェースにつながることが期待される（浅野・横澤，2014）．

色字共感覚以外の共感覚　色字共感覚以外の共感覚が研究テーマとして取り上げられるようになったので，横澤（2021b）は，色字以外の共感覚を含めて分類し，それらの特性を明らかにし，さらに多重共感覚を有する共感覚者の特徴について検討した研究についても取り上げている．

　さらに，色字以外の共感覚として序数擬人化があるが，共感覚者でなくても，子どもはしばしば無生物を擬人化することが知られている．Matsuda *et al.*（2018）は，児童が数字を擬人化する傾向が発達過程で減少するという仮説を立て，児童と成人が擬人化する頻度を調べた．共感覚者ではないと考えられる151人の児童（9〜12歳）と55人の成人を調べた結果，児童のほうが成人よ

り擬人化する頻度が高く，0〜9の各数字にユニークで排他的な記述を割り当てる傾向があった．このような傾向が，小学校高学年になるに従って減少することも明らかにした．

美　感

　知覚特徴と生活環境や文化などとの統合的認知として，美感をとらえている（三浦他，2018）．具体的には，Palmer & Schloss（2010）による生態学的誘発性理論をもとに，日本人の色嗜好に関する研究を紹介する．

　生態学的誘発性理論（Palmer & Schloss, 2010）は，それぞれの色の好悪が，その色から連想されるオブジェクトに対する好悪に基づくという仮説をもとに，われわれ人間を含む生物はそれぞれ，好きな色のオブジェクトに近づき，嫌いな色のオブジェクトを遠ざけがちであることから，そのオブジェクトが有益か有害かという判断に基づいて，色の嗜好度が左右されると考えた．すなわち，各色から連想されるオブジェクト集合の嗜好度を，たとえば青やシアンが好まれるのは，それらの色から連想される澄んだ青空や綺麗な水辺が好まれるからであり，茶色や暗い黄色が嫌われるのは，それらの色から連想される排泄物や腐敗物が嫌われるからであると説明するのが，生態学的誘発性理論である．この生態学的誘発性理論の妥当性を証明するために，統制された実験刺激を用いた複数の実験群を組み合わせた膨大な実験データをもとに分析が行われている．その結果，青が最も好まれ，黄色の色相周辺が最も好まれないという連続的な曲線形状になり，低彩度の色に比べると高彩度の色が好まれ，青や紫は低い明度でも好まれるが，暗い橙色や黄色は，同じ彩度の明るい橙色や黄色に比べて嫌われるなどの傾向が，オブジェクト嗜好から予測できた．

　得られた色嗜好は必ずしも固定的ではなく，当然ながら個人差があるが，連想されるオブジェクトが異なれば，色嗜好が変動することになる．このような変動に関しても，生態学的誘発性理論に基づく様々な予測が，検証されている．その代表的研究として，Yokosawa *et al.*（2016）では，日米の色嗜好について調べた結果，青や彩度の高い色が好まれ，暗い黄色は嫌われるという共通点がある一方，明るい色は米国人より日本人に好まれるという相違点があることを見出した．また，日米の両文化に接している留学生などの色嗜好が中間的に

なることも確認した．これらの結果は，色嗜好が文化に起因する個人的な経験によって変化することを明らかにしている．

さらに，熊倉ら（2019）は，日本人における「和風／洋風」の概念を用いて参加者の文化的な構えを操作することにより色嗜好への影響を調べ，文化的構えを与えた時の色嗜好の変化量は，米国色らしさ／伝統色らしさと正の相関があったことから，文化的な構えが色嗜好を変化させ，柔軟に変動することがわかった．

個人ごとに美感は異なるが，芸術教育によって，個人内でも美感は変化するだろう．しかしながら，アンケート調査の評定や言語的な記述による教育効果の定量的な把握には，明らかに限界がある．そこで，Ishiguro *et al.*（2016）は，芸術授業を受けた学生の写真鑑賞時の眼球運動の変化を調べた結果，認識主体がある写真に対しては，平均注視時間が授業後に短くなる一方，鑑賞時の視覚的探索活動が活発になることを明らかにした．また，授業で扱った古典的構図の写真では，授業後に比較的大きなサッケード運動が多くなった．このような眼球運動の変化には，授業で学んだ知識や技術が影響を及ぼしたと考えられるので，眼球運動の測定が，受講生の言語能力によらない教育効果測定のために有効であることを示すことができた．

注　意

統合的認知において，外界の膨大な情報の中から，次の行動にとって大事な事柄を優先的に処理するための重要な役割を果たすのが，注意である（河原・横澤，2015; 横澤，2017a; 横澤・河原，2017）．そのために，注意研究が様々な観点から，取り組まれてきた．

探索の効率化　たとえば，本棚から本を探す，冷蔵庫の中からバターを探すなど，日常生活では，いくつかに分けられた領域に存在するアイテムの中から標的を探すという場面が多い．Nakashima & Yokosawa（2013）では，探索領域が仕切りによって区切られていると，すぐに標的が見つかる場合には探索が阻害され，ある程度時間をかけないと標的が見つからない場合には探索が促進されることを明らかにした．また，Li *et al.*（2018）は，モノが存在する領

域が小分けになっていれば，全体の数量を効率的に判断できることを明らかにした．等分割ではない大雑把な小分けであっても，数量の数え上げや見積もりの効率が劇的によくなることが実験的に示され，本来，数量判断とは無関係と思われる情報が，数量判断を促進することがわかった．この結果は，数量判断の際に起こりがちな二重カウントや見逃しなどの間違いを防ぐといった，様々な日常場面で効率的に数量を把握する方法を考えるヒントにもつながることが期待される．

専門家の探索　専門家は，専門分野での課題において，一般人よりも高いパフォーマンスを出すことが知られている．Nakashima *et al.*（2013）は，医療画像診断を対象として，一般人が訓練を通じて専門家になる場合に，どのようなスキルを獲得するのかを検討した結果，医療画像中の病変を探索するという課題を繰り返し行うと，病変を含まない健康な状態の認識精度が向上することを明らかにした．これは，画像診断の専門家である放射線科医が，正常状態から逸脱した異常を見逃さない視覚探索スキルに至る，初期段階の特性を示していると考えられる．また，Maeda *et al.*（2013）は，放射線科医の疾患部位検出感度は，経験年数によって高まることも確認した．さらに，Nakashima *et al.*（2015）では，放射線科医の読影作業を対象にして，重要な病変に特化した検出特性を持っていることを示した．すなわち，放射線科医は，重要な病変とそうではない病変の検出感度を変えることで，最適な検出方略を身につけていると考えられる．Nakashima *et al.*（2016）は，読影専門家が重要な病変を見落とさない要因を調べるため，CT画像中の病変探索課題を，一般（実験参加者）群と専門家（放射線科医）群で比較した．一般群において低出現頻度条件で見落とし率が上昇したが，専門家群においては出現頻度条件間で見落とし率の差はなかった．見落としが起こりやすい課題においても，専門家群の見落とし率は出現頻度の影響を受けて変動しないことがわかった．病変の重要度をきちんと認識できていれば，病変の出現頻度の影響を受けることなく，病変の検出を行うことが可能であることを示している．

変化検出と注意　変化検出における表象に関する研究は，注意の研究である

と同時に，見落としや情景認知の研究でもある．中島・横澤（2010）では，フリッカー変化検出課題時の視覚表象について検討したところ，情景の記憶表象は視覚性長期記憶に保持されており，その表象は意図的な情景の記憶表象と同程度に頑健なものだった．ただし，この保持された記憶表象は，明示的な変化の同定には利用されず，再認課題には答えることができた．このことは，コヒーレンス理論と視覚的記憶理論が両立することを示唆している．

　また，変化検出には，動的な変化検出（あるオブジェクトが変化した瞬間の観察）と，完了した変化の検出（変化後のオブジェクトを見て先ほど見たものと違っているから変化したと判断する）という 2 種類があり，それらは変化前後のオブジェクトの間に挿入されるブランク時間の長さに基づいていると考えられていたが，Nakashima & Yokosawa（2012）は，ブランク時間が短い場合にのみ，注意がある特定の位置に向け続けることを確認し，2 種類の変化検出が持続的注意に基づいて分けられることを示した．

　さらに，変化の見落としに関する多くの研究が，変化検出における視覚的注意に対する時間的な要因（たとえば，ブランク時間の長さ）について検討してきたが，中島・横澤（2015）は，画像シフトによる変化の見落とし課題を用いて，変化検出に対する空間的な要因の影響を調べ，画像シフトに基づく変化の見落とし課題においても，視覚的注意が重要な役割を果たしていることを示した．

　変化検出に対する視覚的注意の維持の影響が明らかにされてきたが，中島・横澤（2018）は，視覚的注意がある空間位置に短いブランク時間のみ維持されるという主張を支持する結果を得た．Nakashima & Yokosawa（2018）は，提示時間間隔や提示位置を操作しながら，二つの物体を継時的に提示する変化検出課題を行い，集中的注意を向け続けることで，物体間の変化検出が促進されるものの，標的物体が提示され続けると，それに集中的注意を向け続けている効果が減弱してしまうことを明らかにした．

4　おわりに

　特徴統合理論（Treisman & Gelade, 1980）や計算論的アプローチ（Marr, 1982）などを代表として，知覚・認知研究が脳科学研究を先導してきた歴史がある．

神経生理学の進展や脳機能計測装置の普及により，認知科学者や認知心理学者が取り込まれ，以前は知覚・認知研究によって得られる行動データが必ず先行していた時間差が消滅しつつあるのかもしれない．結局のところ，統合的認知として扱うにしても，基本的な問題設定に変化があるわけではないが，図式を単純化することで存在意義を高めてきたこれまでの取り組みを，少しだけ複雑な統合過程の存在を前提に，真理に近づけるような研究へと展開したいと考えてきた．

　外的世界が瞬時に正確に認識されていると誤解しがちであるが，多くの場合詳細を見ているように錯覚しているだけで，身体表象と環境との相互作用によって表象が形成されていて，基本的に調和のとれた，つじつまの合った外的世界で構成されていることを前提に，効率的な処理が実現されている（横澤，2021a）．現実世界には雑音が多く，あまり厳密な解を求めるとすると，いつまでたっても解が得られないことになりかねず，解が得られなければ，次の行動もできない．さらに，自分が見たり聞いたりさわったりして感じられることは，他の人にとっても同様であると思いがちであり，実は大きな個人差があることに思い至らない．したがって，基本的な知覚の仕組みにさえ，自分で思っているより無知であるという自覚が必要であり，そうでなければ，時に不合理な判断や行動によって，個人や社会に危険な影響をもたらしかねない．統合的認知に代表される効率的な情報処理システムにわれわれの行動が支えられていることを明らかにすることは，ますます重要になるだろう．

引用文献

Asano, M., Takahashi, S., Tsushiro, T., & Yokosawa, K. (2019). Synaesthetic colour associations for Japanese Kanji characters: From the perspective of grapheme learning. *Philosophical Transaction of The Royal Society B, 374*, 1787.

Asano, M., & Yokosawa, K. (2011a). Rapid extraction of gist from visual text and its influence on word recognition. *The Journal of General Psychology, 138*(2), 127–154.

Asano, M., & Yokosawa, K. (2011b). Synesthetic colors are elicited by sound quality in Japanese synesthetes. *Consciousness and Cognition, 20*(4), 1816–1823.

Asano, M., & Yokosawa, K. (2012). Synesthetic colors for Japanese late acquired graphemes. *Consciousness and Cognition, 21*(2), 983–993.

Asano, M., & Yokosawa, K. (2013a). Determinants of synaesthetic colours for different types of graphemes: Towards a comprehensive model. *Visual Cognition, 21*(6),

674–678.

Asano, M., & Yokosawa, K.（2013b）. Grapheme learning and grapheme-color synesthesia: Toward a comprehensive model of grapheme-color association. *Frontiers in Human Neuroscience, 7,* 757. doi: 10.3389/fnhum.2013.00757

浅野倫子・横澤一彦（2014）．色字共感覚——文字認知と色認知の隠れた結びつき　ヒューマンインタフェース学会誌，*16*(*4*), 265–268.

浅野倫子・横澤一彦（2020）．シリーズ統合的認知6　共感覚——統合の多様性　勁草書房

Berlin, B., & Kay, P.（1969）. Basic color terms: Their universality and evolution. University of California Press.

Biederman, I.（1987）. Recognition-by-components: A theory of human image understanding. *Psychological Review, 94*(*2*), 115–147.

Biederman, I.（1995）. 心，脳，ネットワークにおける形状認識を説明するジオン理論　認知科学，*2*(*2*), 46–59.

Botvinick, M., & Cohen, J.（1998）. Rubber hands "feel" touch that eyes see. *Nature, 391,* 756.

Ishiguro, C., Yokosawa, K., & Okada, T.（2016）. Eye movements during art appreciation by students taking a photo creation course. *Frontiers in Psychology, 7,* 1074. doi: 10.3389/fpsyg.2016.01074

Johansson, P., Hall, L., Sikström, S., & Olsson, A.（2005）. Failure to detect mismatches between intention and outcome in a simple decision task. *Science, 310,* 116–119.

金谷翔子・石渡貴大・横澤一彦（2011）．自己による触刺激がラバーハンド錯覚に与える影響　基礎心理学研究，*30*(*1*), 11–18.

Kanaya, S., Matsushima, Y., & Yokosawa, K.（2012）. Does seeing ice really feel cold?: Visual-thermal interaction under an illusory body-ownership. PLoS ONE, *7*(*11*), e47293. doi: 0.1371/ journal.pone.0047293

Kanaya, S., & Yokosawa, K.（2011）. Perceptual congruency of audio-visual speech affects ventriloquism with bilateral visual stimuli. *Psychonomic Bulletin & Review, 18* (*1*), 123–128.

金谷翔子・横澤一彦（2015）．手の身体所有感覚とラバーハンド錯覚　バイオメカニズム学会誌，*39*(*2*), 69–74.

カント，I.　熊野純彦（訳）（2015）．判断力批判　作品社

河原純一郎・横澤一彦（2015）．シリーズ統合的認知1　注意——選択と統合　勁草書房

Kersten, D., Knill, D., Mamassian, P., & Bülthoff, I.（1996）. Illusory motion from shadows. *Nature, 379,* 31.

熊倉恵梨香・信田拓也・浅野倫子・横澤一彦（2019）．文化的な構えが色嗜好に与える影響　基礎心理学研究，*38*(*1*), 26–32.

Li. Q., Nakashima, R., & Yokosawa, K.（2018）. Task-irrelevant spatial dividers facilitate counting and numerosity estimation. *Scientific Reports, 8*(*1*), 1–9. doi: 10.1038/s41598-018-33877-y

Maeda, E., *et al.*（2013）. Experimental system for measurement of radiologists' performance by visual search task. *SpringerPlus, 2,* 607. doi: 10.1186/10.1186/2193-1801-2–

607

Marr, D. (1982). *Vision: A computational investigation into the human representation and processing of visual information*. W. H. Freeman.

Matsuda, E., Okazaki, Y., Asano, M., & Yokosawa, K. (2018). Developmental Changes in Number Personification by Elementary School Children. *Frontiers in Psychology*, *9*, 2214. doi: 10.3389/fpsyg.2018.02214

Mine, D., Kimoto, S., & Yokosawa, K. (2021). Obstacles affect perceptions of egocentric distances in virtual environments. *Frontiers in Virtual Reality*. doi: 10.3389/frvir.2021.726114

Mine, D., Ogawa, N., Narumi, T., & Yokosawa, K. (2020). The relationship between the body and the environment in the virtual world: The interpupillary distance affects the body size perception. *PLOS ONE, 15(4)*, e0232290.

Mine, D., & Yokosawa, K. (2021a). Disconnected hand avatar can be integrated into the peripersonal space. *Experimental Brain Research, 239(1)*, 237–244.

Mine, D., & Yokosawa, K. (2021b). Does response facilitation to visuo-tactile stimuli around remote-controlled hand avatar reflect peripersonal space or attentional bias? *Experimental Brain Research, 239(10)*, 3105–3112.

Mine, D., & Yokosawa, K. (2022a). Remote hand: Hand-centered peripersonal space transfers to a disconnected hand avatar. *Attention, Perception & Psychophysics, 83(8)*, 3250–3258.

Mine, D., & Yokosawa, K. (2022b). Adaptation to delayed visual feedback of the body movement extends multi-sensory peripersonal space. *Attention, Perception & Psychophysics, 84(2)*, 576–582.

Mitsumatsu, H., & Yokosawa, K. (2003). Efficient extrapolation of the view using the dynamic and predictive stimulus. *Perception, 32(8)*, 969–983.

光松秀倫・横澤一彦 (2004). 観察条件の変化における物体認知の不変性 心理学評論, *47*(*2*), 241–256.

三浦佳世・川畑秀明・横澤一彦 (2018). シリーズ統合的認知 5 美感──感と知の統合 勁草書房

永井淳一・横澤一彦 (2003). 視覚物体認知における上位概念と表面特徴の影響 認知科学, *10*(*1*), 145–159.

Nagai, J., Yokosawa, K., & Asano, M. (2016). Biases and regularities of grapheme-colour associations in Japanese nonsynaesthetic population. *Quarterly Journal of Experimental Psychology, 69(1)*, 11–23.

永井淳一・横澤一彦・浅野倫子 (2019). 非共感覚者が示すかな文字と色の対応付けとその規則性 認知科学, *26*(*4*), 426–439.

中村雄二郎 (1999). 共通感覚論 岩波書店

Nakashima, R., Kobayashi, K., Maeda, E., Yoshikawa, T., & Yokosawa, K. (2013). Visual search of experts in medical image reading: The effect of training, target prevalence, and expert knowledge. *Frontiers in Educational Psychology, 4*, 166. doi: 10.3389/fpsyg.2013.00166.

Nakashima, R., Komori, Y., Maeda, E., Yoshikawa, T., & Yokosawa, K. (2016). Temporal characteristics of radiologists' and novices' lesion detection in viewing medical images presented rapidly and sequentially. *Frontiers in Psychology*, *7*, 1553. doi: 10.3389/fpsyg.2016.01553

Nakashima, R., *et al.* (2015). The effect of expert knowledge on medical search: Medical experts have specialized abilities for detecting serious lesions. *Psychological Research*, *79(5)*, 729–738.

中島亮一・横澤一彦（2010）．フリッカー変化時における自然情景の視覚表象　心理学研究, *81(3)*, 210–217.

Nakashima, R., & Yokosawa, K. (2011). Does scene context always facilitate retrieval of visual object representations? *Psychonomic Bulletin & Review*, *18(2)*, 309–315.

Nakashima, R., & Yokosawa, K. (2012). Sustained attention can create an (illusory) experience of seeing dynamic change. *Visual Cognition*, *20(3)*, 265–283.

Nakashima, R., & Yokosawa, K. (2013). Visual search in divided areas: Dividers initially interfere with and later facilitate visual search. *Attention, Perception & Psychophysics*, *75(2)*, 299–307.

中島亮一・横澤一彦（2015）．画像シフトによる変化の見落としにおける持続的注意の役割　心理学研究, *85(6)*, 603–608.

中島亮一・横澤一彦（2018）．視覚的注意の時空間的維持による変化検出の促進　心理学研究, *89(5)*, 527–532.

Nakashima, R., & Yokosawa, K. (2018). To see dynamic change: Continuous focused attention facilitates change detection, but the effect persists briefly. *Visual Cognition*, *26(1)*, 37–47.

Niimi, R., Saneyoshi, A., Abe, R., Kaminaga, T., & Yokosawa, K. (2011). Parietal and frontal object areas underlie perception of object orientation in depth. *Neuroscience Letters*, *496*, 35–39.

新美亮輔・上田彩子・横澤一彦（2016）．シリーズ統合的認知2　オブジェクト認知——統合された表象と理解　勁草書房

Niimi, R., & Yokosawa, K. (2008). Determining the orientation of depth-rotated familiar objects. *Psychonomic Bulletin & Review*, *15(1)*, 208–214.

Niimi, R., & Yokosawa, K. (2009a). Viewpoint dependency in the recognition of non-elongated familiar objects: Testing the effects of symmetry, front-back axis, and familiarity. *Perception*, *38(4)*, 533–551.

Niimi, R., & Yokosawa, K. (2009b). Three-quarter views are subjectively good because object orientation is uncertain. *Psychonomic Bulletin & Review*, *16(2)*, 289–294.

Nishimura, A., & Yokosawa, K. (2006). Orthogonal S-R compatibility effects emerge even when the stimulus position is irrelevant. *Quarterly Journal of Experimental Psychology*, *59(6)*, 1021–1032.

Nishimura, A., & Yokosawa, K. (2009). Effects of laterality and pitch height of an auditory accessory stimulus on horizontal response selection: The Simon effect and the SMARC effect. *Psychonomic Bulletin & Review*, *16(4)*, 666–670.

Nishimura, A., & Yokosawa, K. (2010a). Visual and auditory accessory stimulus offset and the Simon effect. *Attention, Perception & Psychophysics, 72*, 1965–1974.

Nishimura, A., & Yokosawa, K. (2010b). Response-specifying cue for action interferes with perception of feature-sharing stimuli. *Quarterly Journal of Experimental Psychology, 63(6)*, 1150–1167.

Nishimura, A., & Yokosawa, K. (2010c). Effector identity and orthogonal stimulus-response compatibility in blindness to response-compatible stimuli. *Psychological Research, 74(2)*, 172–181.

Nishimura, A., & Yokosawa, K. (2012). Effects of visual cue and response assignment on spatial stimulus coding in stimulus-response compatibility. *Quarterly Journal of Experimental Psychology, 65(1)*, 55–72.

西村聡生・横澤一彦（2012）．空間的刺激反応適合性効果　心理学評論, *55(4)*, 436–458.

西村聡生・横澤一彦（2014）．刺激反応適合性効果からみた左右と上下の空間表象　心理学評論, *57(2)*, 235–257.

Nonose, K., Niimi, R., & Yokosawa, K. (2016). On the three-quarter view advantage of familiar object recognition. *Psychological Research, 80(6)*, 1030–1048.

Palmer, S. E., Rosch, E., & Chase, P. (1981). Canonical perspective and the perception of objects. In J. Long & A. Baddeley (Eds.), *Attention and performance IX* (pp. 135–151). Erlbaum.

Palmer, S. E., & Schloss, K. B. (2010). An ecological valence theory of human color preference. *Proceedings of the National Academy of Science of the United Stats of America, 107*, 8877–8882.

Root, N. B., *et al.* (2018). Why is the synesthete's "A" red? Using a five-language dataset to disentangle the effects of shape, sound, semantics, and ordinality on inducer-concurrent relationships in grapheme-color synesthesia. *Cortex, 99*, 375–389.

Root, N. B., *et al.* (2021). Do the colors of your letters depend on your language? Language-dependent and universal influences on grapheme-color synesthesia in seven languages. *Consciousness and Cognition, 95*, 103192.

Rousselet, G. A., Thorpe, S. J., & Fabre-Thorpe, M. (2004). How parallel is visual processing in the ventral pathway? Trends in Cognitive Sciences, 8(8), 363–370. doi: 10.1016/j.tics.2004.06.003

Sastyin, G., Niimi, R., & Yokosawa, K. (2015). Does object view influence the scene consistency effect? *Attention, Perception & Psychophysics, 77(3)*, 856–866.

Shimojo, S. (2014). Postdiction: Its implications on visual awareness, hindsight, and sense of agency. *Frontiers in Psychology, 196*, 1–19. doi: 10.3389/fpsyg.2014.00196

Treisman, A. M., & Gelade, G. (1980). A feature-integration theory of attention. *Cognitive Psychology, 12(1)*, 97–136.

宇野究人・浅野倫子・横澤一彦（2019）．漢字の形態情報が共感覚色の数に与える影響　心理学研究, *89(6)*, 571–579.

Uno, K., Asano, M., Kadowaki, H., & Yokosawa, K. (2020). Grapheme-color associations can transfer to novel graphemes when synesthetic colors function as grapheme "discriminating markers". *Psychonomic Bulletin & Review, 27(4)*, 700–706.

Uno, K., Asano, M., & Yokosawa, K. (2021). Consistency of synesthetic association varies with grapheme familiarity: A longitudinal study of grapheme-color synesthesia. *Consciousness and Cognition, 89*, 103090. doi: 10.1016/j.concog.2021.103090

Uno, K., & Yokosawa, K. (2020). Apparent physical brightness of graphemes is altered by their synaesthetic colour in grapheme-colour synaesthetes. *Scientific Reports, 10 (1)*, 1–9. doi: 10.1038/s41598-020-77298-2

Yamashita, W., Niimi, R., Kanazawa, S., Yamaguchi, M. K., & Yokosawa, K. (2014). Three-quarter view preference for three-dimensional objects in 8-month-old infants, *Journal of Vision, 14(4)*: 5. doi: 10.1167/14.4.5

横澤一彦（1994）．多解像度モデルによる視覚的注意と視覚探索の分析，認知科学，*1(2)*，64–82.

横澤一彦（2010）．視覚科学　勁草書房

横澤一彦（2014）．統合的認知　認知科学，*21(3)*, 295–303.

横澤一彦（2017a）．注意とは何か　*Clinical Neuroscience, 35(8)*, 918–921.

横澤一彦（2017b）．手と指の身体所有感とラバーハンド錯覚　*Clinical Neuroscience, 35 (2)*, 186–188.

横澤一彦（2017c）．つじつまを合わせたがる脳　岩波書店

横澤一彦（2021a）．認知科学のススメ 6　感じる認知科学　新曜社

横澤一彦（2021b）．共感覚　脳神経内科，*95(2)*, 195–201.

横澤一彦（2021c）．共感覚の経年変化予測　認知神経科学，*23(2)*, 52–56.

横澤一彦・金谷翔子（2012）．顔と音声の感覚融合としての腹話術効果　BRAIN and NERVE, *64(7)*, 771–777.

横澤一彦・河原純一郎（2017）．気づきを生み出す人の注意――その基本図式　情報処理，*58(4)*, 282–286.

Yokosawa, K., Schloss, K. B., Asano, M., & Palmer, S. E. (2016). Ecological effects in cross-cultural differences between US and Japanese color preferences. *Cognitive Science, 40(7)*, 1590–1616.

横澤一彦・積山薫・西村聡生（2020）．シリーズ統合的認知 3　身体と空間の表象――行動への統合　勁草書房

第2章 プロジェクション科学

◆

鈴木宏昭

1　はじめに

　認知科学の標準的な研究図式は，人は物理世界から与えられた情報を受容し，それに計算を施し，表象を構成するというものである（図2-1A参照）．作り出された表象はわれわれの意識の内容，われわれが世界に与える意味と考えられる．表象の作り出され方，作り出された表象の形式については数多くの議論があるが（Barsalou, 1999; Rumelhart *et al.*, 1986; Pylyshyn, 1984），図2-1Aに示したこの図式は多くの研究者に共有されている．

　プロジェクションというのは，でき上がった表象を世界に映し出す心の働きである（図2-1B）．表象は意味を帯びているので，世界はプロジェクションの働きによって，そこで知覚し，行為をする人の前に意味にまみれたプロジェクティッド・リアリティとして立ち現れる．プロジェクションは遍在的であり，知覚的な定位という基礎的な認知過程から，フェティシズム，宗教などの現象までを統一的に扱うことができる．加えて自己の成立や，VRにおける没入感，人類進化にも深く関係している．プロジェクション科学とは，こうした心の働き，それに基づく人の活動を研究する学問分野である[1]．

　プロジェクション科学が取り組もうとしている問題は，

---

[1]　心に関する学問において，プロジェクション（projection）は一般に「投影」と訳され，主に精神分析系の学問で用いられてきた．そこではプロジェクションは自己のうちで認めたくない願望や欲求を，他者のものとする防衛機制と言われている．プロジェクション科学におけるプロジェクションはこれとオーバーラップする部分もあるが，防衛機制ではなく，知覚を含めたほとんどすべての認知活動に伴う普遍的な心の働きであるととらえている．

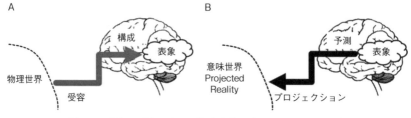

図 2-1 情報の受容と表象の構成（A），プロジェクション（B）

①世界と心のつながりをどのように考えるか

②人固有の意味世界の中で人はどのような認識，行為を行うのか

③それらの統一的な説明は可能か

の三つである．そしてこれらの鍵はプロジェクションが担っていると考える．
①については第2節でプロジェクションが必要となる背景とともに論じる．②，
③については第3節でプロジェクションの基本概念，タイプ，メカニズムとともに論じる．第4節では，プロジェクション科学の展開として興味深い，自己と他者，情報技術，進化，およびプロジェクションの共有を取り上げて論じる．

2 背 景

この節では，心の科学の研究にプロジェクションという概念がなぜ必要なのかを，哲学的な背景，認知科学の歴史から見た背景から論じる．

哲学的背景

心の科学の研究に従事する人間の多くは，物理的，客観的世界の存在を信じている．だから刺激の物理的な大きさやその提示間隔を調整したり，反応にかかる物理的な時間を測定したりする．厳密に言えば，これらの提示，計測もすべて心の働きによるものなのだが，それは客観的であり，物理的な世界を正確に反映したものと考えている．つまり，計測したある特定の反応が，観測者の思い，願いによって 0.5 秒になったり，3 秒になったりすることはないということである．それでは科学にはならない．心とは独立した世界の存在を認める

ことを，科学哲学の分野では「独立性テーゼ」と呼んでいる（戸田山，2005）．

ところが，われわれの認識とは独立に存在する世界は，われわれの心の世界にそのままのかたちで与えられているわけではない．視覚はわかりやすい．われわれは目の前にあるコップを知覚することができるが，世界はそのコップそのものを提示してくれるわけではない．世界が与えてくれるのはコップの各部分に当たった反射光＝電磁波である．その電磁波の複雑なパターンは電磁波のパターンであるのだから，定義上コップではない．またそれを受け取る網膜上の視細胞群は，その強度に応じた発火＝興奮をするに過ぎない．だから，ここにもコップは存在していない．

では，なぜコップが目の前に見えるのだろうか．それは心の働き＝計算による．心の科学者たちは，世界が与えてくれる物理的な情報からどのようにして「コップが目の前にある」という経験が成立するのかを，様々なかたちで考えてきた．認知科学では，物理的な情報が多段階の計算（＝処理）を経て「目の前のコップ」という表象を作り出すことが，「コップが目の前にある」という経験を成立させていると考えてきた．

ところが，このように考えると大きな問題が生じる．それは表象の形成される場所とわれわれの経験が成立する場所にかかわる問題である．表象は定義上，情報処理を行う脳の中に形成される．一方，われわれの経験は外の世界の中で生じる．「目の前のコップ」というものは客観的，物理的な世界の中にあるのであり，われわれの脳の中にあるわけではない．だから，われわれはコップの表象が形成される脳の特定の場所に手を伸ばすのではなく，現実世界の中のコップに手を伸ばすのだ．

このように述べると，脳の中には地図が存在しており，そこにコップが位置づけられるのだという反論もあるかもしれない．実際，嗅内皮質—海馬系には場所細胞，グリッド細胞と呼ばれるものがあり，それらは対象の位置，場所をコードすると言われている（O'Keefe & Nadel, 1978）．ただ，だからと言ってこの難問をクリアすることにはならない．なぜなら，脳内に形成された地図が現実の世界とどのように結びつくのかがわからないからだ．何よりわれわれは，コップを手にとろうとした時に嗅内皮質—海馬系に手を伸ばすことはない（そもそもさわれない）．

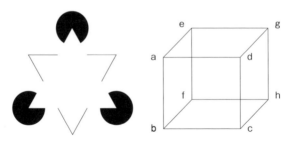

図2-2　素朴実在論が破綻する理由

左はカニッツァの三角形と呼ばれている．真ん中に三角形が見えるが，それを構成する辺は存在しない．つまりここでは物理的に存在しないものの知覚が生じている．右はネッカーキューブと呼ばれている．しばらくの間これを見ていると，abcd が前面，efgh が前面となる立方体が交互に現れる．これは，一つの物体が二つのアイデンティティを持つという意味で，物理的な制約を逸脱している．

　この難問をクリアするための考え方に，素朴実在論という考え方がある．目の前にあるものは目の前にある，そういうことを表象抜きに直接に知覚するというのがこの考え方だ．ジェームズ・ギブソンの直接知覚説（Gibson, 1979），野矢（2016）の説はこのラインにあるものだ．これらの説では，表象という媒介物を仮定しないことにより，対応の問題を考える必要がなくなる．ただ，素朴実在論は簡単に破綻する．なぜならば，われわれは物理的に存在しないもの，物理世界ではありえないことを知覚経験するからである（図2-2を参照，詳しくは，鈴木，2016）．

　目の前のコップの表象は，なぜ目の前に実際にあるコップと対応づくのだろうか．なぜわれわれは実際に目の前のコップに手を伸ばせるのだろうか．抽象的に言えば，脳内に構築される表象と世界はどのようにつながるのだろうか．素朴実在論は表象を排除することでクリアしようとした．

　しかし，別の解決方法がある．それがプロジェクションである．自らの作り上げた表象を，世界へと投射するという働きを心が持つとすれば，心の生み出す表象の世界と物理的世界は結びつく可能性がある．天才的な物理化学者であり，独創的な哲学者でもあったマイケル・ポランニーは，世界が提供する情報から感知されるものを近接項（proximal term），その近接項を生じさせる世界の中の事物を遠隔項（distal term）と名づけた．近接項は遠隔項が発する兆し，兆候なのであり，遠隔項そのものではない．だから，われわれが世界を認識する時には，この近接項から遠隔項に「投射」をしなければならないと述べてい

る（Polanyi, 1967）．プロジェクション科学は，彼のこの重要な指摘をベースにしている．ただし，残念ながらポランニーは，投射がなぜ可能なのか，それを支えるメカニズムについての議論は行っていない．

認知科学的背景

認知科学は 1950 年代に芽吹き，70 年代に開花したと言えるだろう．図 2-3 で第一世代と記した初期には，人は，世界に存在する対象，その属性，対象間の関係を，感覚から独立した（amodal），言語のような記号（language-like）を用いて表現し（つまり表象を作り），それに基づいて現実の世界に働きかける存在と見なされた（Thagard, 1996）．1980 年代にはコネクショニズムが現れ，表象は記号としてではなく，複雑なネットワークにおける活性（重み）のパターンとして表現された（Rumelhart *et al.*, 1986）．

しかし，これにはフレーム問題（McCarthy & Hayes, 1969; 松原，1990），記号接地問題（Harnad, 1990）などの解決不能な問題が突きつけられた．それとともに，脳の奴隷のように見なされ，末端の効果器と見なされてきた身体（Calvo & Gomila, 2008; Gibbs, 2006; Lakoff & Johnson, 1980），そして身体の行う行為（Engel *et al.*, 2015; Varela *et al.*, 1991），行為が繰り広げられる状況（Lave & Wenger, 1991; Suchman, 1987）の役割が再検討された．これはギブソンの生態的アプローチ（Gibson, 1979），ロボット科学（Brooks, 1991; Pfeifer & Scheier, 1999），一部の脳科学の知見（Iriki *et al.*, 1996）と整合的であり，身体性認知科学と呼ばれる新たなアプローチが展開されることになった．

この結果，人は脳内にあらかじめ作り出された表象というプログラムに従って行為を行い，世界と交わるという第一世代の図式は覆され，認知は脳と環境と身体のループの中で創発するものであるという見方が広がっていった．鈴木（2003）はこうした流れは，身体，脳，環境，行為など生物の性質をベースにしたモノであることから，生物学的シフトと呼んだ．また哲学者たちはこうした認知へのアプローチを 4E 認知と呼んでいる（Newen *et al.*, 2018）．これは第二世代のアプローチ，知見が四つの E，すなわち，身体化（embodied）——認知は身体に基づいている（狭義の身体性認知科学），行為ベース（enactive）——行為によって意味が生み出される（エナクティヴィズム），埋め込み（embedded）

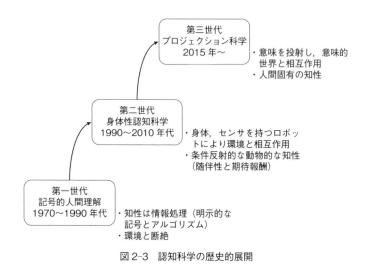

図 2-3　認知科学の歴史的展開

——認知は状況に埋め込まれている（状況論），拡張（extended）——認知は外部の状況と混じり合う（拡張した心），に代表される考え方だからである．これは図 2-3 で第二世代と名づけられている．

　このアプローチに基づく研究は第一世代の前提を根源から覆す重要な知見を提供している．しかし，そこには以下に述べる四つの問題がある．

　身体にとどまる感覚　身体性認知科学は経験の意味を身体と関連づけ，豊かな体感＝クオリアが生み出される仕組みを明らかにした．しかし，それらはまだ主体の中にとどまっており，世界とのつながりは欠けたままである．一方，人間は豊かな体感を持つだけでなく，それを世界の中に位置づけ，意味にあふれた世界で知覚，行為を行っている．つまり，意味は身体の中にとどまるのではなく，世界に構築される．美味しそうな食べ物，素敵な人，荘厳な風景は，そう感じられているだけではなく，それは世界の中に実在しているのだ．この仕組みについて，身体性認知科学は明確な答えを持っていないように思える．

　行為の向かう先　前述の問題に対してエナクティヴィズムからは，次のような反論があるかもしれない．つまり，人は行為を行い，それによって世界とつ

ながっているというものである．たしかに，行為は人，心と世界を有機的に結びつける方法の一つである．しかし，行為は世界のある特定の対象に対してなされるが，その対象はどのように把握されるのだろうか．行為が向けられる先が決まらなければ，行為は成立しない．また，現前する荘厳な風景に対して，われわれは知覚すること以外，何の行為も行わないだろう．それが現前するためには，世界と心を結びつける心の仕組み＝プロジェクションが必要になる．

対象化された身体と自己　また，身体が認知の基盤にあるという時の身体についても注意が必要である．少なくとも人間の場合は，身体は単なる物理的，生理的身体ではない．身体は認知の対象となっている，つまり，人の身体は対象化された身体なのである．対象化された身体は，自己のそれまでの経験，未来に向けての願望，他者との比較，社会の規範から生み出される，ある種の物語となっている．だから，人間にとって身体は意味の基盤となるだけでなく，すでにそれ自身が意味にまみれた記号的な存在でもある．そして化粧，服飾によってさらに記号化を進める．この複雑な入れ子関係について身体性認知科学の知見からアプローチするためには，プロジェクションという心の働きを考えざるをえない．

記号ベースの認知　人間も動物なのであり，進化の過程で獲得した感覚─運動協応のような基礎的なメカニズムに基づいて行動する場合もあるだろう．しかし，それは人間の生活，経験のごく一部に過ぎない．われわれは動物的な身体が適応している生存，採餌，生殖というものでは説明できない認知，行動を数多く実行している．たとえば，広義のフェティシズムに見られるようなモノへの執着，芸術作品やポルノなどの記号，メディアへの没入，宗教などに見られる信仰，スポーツ観戦における応援などは，動物的な身体のとらえ方では到底理解できない．これらの活動においては，本来的な価値，特に生物学的な価値はほとんどないものに強烈な感情が見られる．つまり，われわれが出会う世界は，文化的，制度的，社会的な意味が投射された，人間固有の彩られた世界なのである．こうした領域における人間の行動については，社会学，文化人類学（田中，2009）が専門的に研究を重ねてきている．しかし，意味のないもの

41

表 2-1　プロジェクションの三つのタイプ

	ソース	ターゲット	例
投射	実在の対象	ソースと同じ対象	通常の感覚・知覚
異投射	実在の対象	ソースと異なる対象	ラバーハンド錯覚，腹話術
虚投射	曖昧な（あるいは不在）対象	曖昧な（あるいは不在）対象	幽霊，空想上の友達

にとてつもない価値を与える心の仕組みについて，知られていることは少ない．
これを明らかにするためにもプロジェクションの視点は重要である．

3　プロジェクションの概念とメカニズム

　ここでは，鈴木（2020）に基づいてプロジェクション科学の基本用語を導入
する．外界から情報を発する事物をソースと呼ぶ．人や動物はこのソースに計
算・処理を施し，それの内部モデル＝表象を生成する．生成された表象は世界
の特定の事物にプロジェクションされる．このプロジェクションの先をターゲ
ットと呼ぶ．

　表 2-1 に示したように，ソース，ターゲットの種類，その間の関係に応じて
三つのタイプのプロジェクションが区別される．通常はソースとターゲットは
一致する．このタイプのプロジェクションを投射と呼ぶ．一方，ソースから作
り出される表象が元のソースとは異なるターゲットに投射される場合を，異投
射と呼ぶ．もう一つのタイプのプロジェクションは虚投射である．これはソー
スが曖昧であったり特定が困難であったりするが，何らかの原因ででき上がっ
た表象が実在する，あるいは曖昧なターゲットに投射される場合を指す．

　いずれのタイプの投射もほぼ自動的に，また無意識的になされるので，そこ
にプロジェクションが関与することに気づく人は，一部の哲学者を除いてほと
んどいなかった．しかし，認知科学，認知心理学を中心とした心の科学は，常
識を超えたアイディア，巧みな実験テクニックの開発によって，この当たり前
の関係を歪ませることを可能にした．また，AR（augmented reality: 拡張現実），
VR（virtual reality: 仮想現実）などの情報技術はこの研究の方向をさらに加速

させる可能性を秘めている．錯視研究が視覚科学を大きく前進させたように，これらの技術によりプロジェクションを自在にコントロールすることで，プロジェクション科学は大きく発展する可能性がある．

　以下では，三つのタイプのプロジェクションの現れをまず検討する．次に，プロジェクションのメカニズムについての解説を行う．

投射と異投射

　通常の感覚や知覚では，ソースとターゲットが一致するタイプのプロジェクションが起きている．このおかげで，対象の位置，対象間の関係を正しく知覚することができる．神経機構は異なるが触覚も同様であり，自分がどこに触れているのか，触れているのは自己の身体のどの部分なのかは，体の部位によってその精度は異なるが，おおむね正しく推定することができる．

　ここで強調しておきたいのは，こうした当たり前の現象の中にもプロジェクションを仮定しないとうまく説明できないことがあるということだ．目の前のコップはその反射光をわれわれの視覚システムに提供する．コップの色，大きさ，模様，飲み口の大きさなどがそうした情報である．しかし，われわれは提供されていない部分（コップの背面，底面）についての推論を無意識的に行う．ここまでは前掲図 2-1 で示した受容と構成の段階である．そしてここからが大事なのだが，その推論結果は目の前のコップに投射される．だからわれわれは安心して，というか何も考えずにコップに手を伸ばし，その中にある飲料を摂取することができる．底面，背面について単にそう思っている，考えているというだけではなく，それは実在するものとしてわれわれの前に現れているのである．seeing invisible，つまり，われわれは物理的には見えないものを見ているのだ．このプロジェクションの過程は自動的であり，無意識的であり，半ば不可避なものである．ただ，非常に特殊な場合にはプロジェクションは起きないこともある．目に突然，非常に強い光が当たると，投射は起きず，目の痛みだけを感じ，何が光ったのかはわからない．聴覚についてもそうで，非常に大きな音がした場合にも，耳が痛くなり，何がどこで鳴ったのかはわからない．第 1 節で述べたポランニーの考え方で言えば，投射は起きずに，受け取った近接項自体が知覚経験の対象となっている．

触覚においても投射は働いている．アイスキューブをつかんでいると，手が冷たいと感じる．このような時，さわられた場所に対応する体性感覚野（頭頂葉）が反応する．だからと言って，頭のてっぺんあたりに冷たさを感じる人はいない．当然，自分の手にそれを感じる．しかし，体性感覚野から手に向かって「冷たい」という信号が伝わるわけではない．なぜなら，感覚を，感覚を感じた場所に伝える神経は存在していないからである．だとすれば，視覚同様こうした当たり前の現象にもプロジェクションが関与していることになる．

　触覚においては，ソースとターゲットは一致することが多い．しかし，様々なテクニックにより異投射を誘発させ，知覚的定位を狂わせることも可能である．ラバーハンド錯覚（rubber hand illusion）はこの典型となる（Botvinick & Cohen, 1998）．この研究では，実験参加者の片方の手を衝立の向こう側に置き，自らの手が見えないようにする．そして衝立のこちら側にはゴムの手を置く．そしてブラシなどで，参加者自身の手とゴムの手を同期させて刺激する．これをしばらく行うと，参加者はゴムの手の位置に自分の感覚を感じるようになる．ソースは実際の手であるが，ターゲットはゴムの手になっているという意味で，これは異投射の端的な例となっている．

　あまりに衝撃的な実験結果なので，様々な条件で追試が行われているが，二つの刺激の時間的同期，空間的な整合性（手の向きの一致），手の形状の類似性などが関係していることが報告されている（嶋田，2019）．これらの実験での指標には，体性感覚ドリフト（自分の手の位置を机の下にマークさせた時の，実際の手の位置とのずれ）やアンケートによる主観報告が用いられている．一方，皮膚電位などの生理指標をとった実験では，そもそもマネキンの手も必要ではなく，机と手に対する刺激でも異投射が起こることが示されており，手の形状の類似性の果たす役割は限定的である可能性もある（Armel & Ramachandran, 2003）．

　また，一度この錯覚が生じると，仮想の手に加えられた操作を自らの手に感じるという現象＝バックプロジェクションが起こることもある．たとえば，Kanaya *et al.*（2012）の研究では，錯覚を生じさせた後に，偽の手にアイスキューブを乗せると，実際の手のほうに冷たさを感じることが報告されている．また，偽の手の指が動くと自分の指を無意識のうちに動かすことも報告されている（Shibuya *et al.*, 2018）．ここでは当初のラバーハンド錯覚とは逆方向の異

投射が生じている．また，これを用いたリハビリテーションの可能性も検討されている（大住他，2020）．それらによると，ゴムの手に傷をつけると痛みの感度が上がる，ゴムの手を赤くすると熱を感じやすくなるなどの現象が見られるという．さらには，腕に疼痛を覚える患者に対して，ラバーハンド錯覚成立後にゴムの手に鎮痛クリームを塗ると痛みが緩和されるという研究まである．Ramachandran & Blakeslee（1998）が報告している，幻肢に対するミラー療法には，このバックプロジェクションが深く関係している可能性がある．

　ずいぶんと対象は異なるが，有名人が用いたものが非常な高値で取引されるのも同じ仕組みによるものと考えられる．たとえばあるオークションでは，ジョン・F・ケネディ大統領家にあった巻尺は約 600 万円，レディ・ガガのつけ爪一つが約 120 万円で落札されたりしたという．これはセレブリティ伝染（celebrity contageon）と呼ばれている（Newman *et al.*, 2011）．セレブリティ伝染の背後には，Bloom（2011）の言う本質主義，または心理学的本質主義（essentialism or psychological essentialism）が深く関係している．これは，直接的には観察されない本質というものが物事（商品，個人，社会集団など）には存在しており，そして観察される事象はその本質の発露であると考える人間の傾向性を指す．こうした本質はさらに，それらと接触したものにも伝染する．これがセレブリティ伝染を生み出すという．つまり，有名人が用いたもの，その有名人が接触したものには，その人の持つ本質（素晴らしさ，才能など）が伝染し，本来，その物体が持つはずのない価値を有するようになるのだ．大事なことは，購入者たちが単にそう信じているのではなく，セレブたちの持ちものがそうした価値を有するものとして彼らの前に現れるという点である（だから大金でそれを手に入れようとする）．ここにもプロジェクションがかかわっていることは容易に見て取れるだろう．コップの見えない側面が推論によって補完されてわれわれの目の前に現れるのと同様に，本来，それ自体には存在していない性質（＝本質）がプロジェクションされている．ソースはセレブであり，そこから生み出された本質（＝推論結果）が，当のセレブ（だけ）ではなく，彼らの所持品という異なるターゲットにプロジェクションされるからである．これは遺品に対する態度にも拡張ができることは容易にわかるだろう．ここでは故人の持つ本質が故人の使用したものへと異投射される．だから，遺品は単なるモノであるこ

とをやめ，特別な価値を持ったものとして遺族，関係者の前に立ち現れること
になる．その結果，遺族以外にはどんな価値もないようなものが，長年にわた
って保存されることになる．

これを拡張すると，様々なフェティシズムも異投射の結果，生み出されてい
る可能性があることに気づくだろう．フェティシズムは，主にモノ（商品），
性，宗教（神）の三つの分野に顕著に現れるとされる（田中，2009）．ただ，こ
れらはソースが曖昧なもの，抽象化されたもの，想像の産物であることが多い．
たとえば，下着などに対する性的なフェティシズムは，その発現のきっかけは
愛する人物の身につけていたものだったかもしれないが，それが抽象化され，
下着一般に拡張されている．そこでのソースは，遺品や形見などの特定の人物
をソースとした異投射とは異なり，抽象化や想像による肉づけがなされた曖昧
な概念が投射されている可能性がある．

人工物によるプロジェクション

人工物との相互作用の中でも異投射が生じる．Reeves & Nass（1996）によ
るメディア・イクエーション（media equation）研究では，およそ人間とはか
け離れたものに対して，「人」性を付与してしまうことで，それに対して対人
的な反応が生み出されることが示されている．たとえば，コンピュータ上であ
る作業をさせ，その後にその作業，コンピュータについてのアンケートを行う
（たとえば，作業は楽しかったかとか，コンピュータのレスポンスはよかったかなど）．
この時，半分のグループは別室で紙に印刷されたアンケートに回答する．残り
の半分はそのコンピュータ上にアンケートが現れ，そこで回答する．すると，
ほぼすべての項目において，後者のグループの評価が高くなるという．この一
見不思議な現象は，コンピュータを人に置き換えれば容易に理解できる．たと
えば講演を聞いた後に，その講演者から講演の感想を聞かれれば，仮にそれが
あまりおもしろくないものであっても，そうは伝えず，ポジティブな評価を伝
えるだろう．一方，その講演者がいない場所でアンケート用紙に感想を書くと
すれば，正直におもしろくないと書くだろう．Reeves & Nass（1996）によれ
ば，こうした丁寧さ，礼儀正しさがコンピュータに対して適用されたために，
コンピュータ回答群は評価を高めにしたという．ここではコンピュータに対し

て，人の持つ性質がプロジェクションされ，その結果，人に対するのと同様に，礼儀正しさに基づく行動が生み出されたと考えられる．われわれは，ある程度まで自律的な反応をする人工物に対して，無意識的に「ヒト」性を投射する．他にも，同様のプロジェクションが起こることで，その人工物との仲間意識が生まれたり，それらに対して権威を感じたりすることも報告されている．

　こうした人間の異投射を情報機器とのインタラクションにおいて積極的に活用しようというのが，インタフェースにおけるエージェントの活用である．人が最も上手にインタラクションできるのは，人に対してである．よって，わかりにくいタスクの遂行において，それを支援する情報機器に「人」性を持たせれば，利用者は円滑にその機器を操作できる可能性がある．日本で生まれたヒューマンエージェントインタラクション（human-agent interaction: HAI）の分野では，こうした可能性の探求を長年にわたって続けてきた．山田（2007）は，目や腕などの身体パーツ，視線，動作，共同注意，インタラクションのタイミングなどが異投射の誘発に与える影響を総括的に検討している（山田, 2007）．これは「人」性のプロジェクションを生み出す条件ととらえ直すことができるという点で，プロジェクション科学にとっても重要である．さらに，小野（2007）が始めた ITACO プロジェクトでは，ある物理装置内のエージェントと一定のインタラクションを行った後に，それが別の物理装置内に映し出されると，多くの人は元のエージェントが移動（憑依）したかのように感じることが示されている．さらに，そのエージェントに対して，人間に対して抱くような愛着が生じることも報告されている（小野, 2016）．エージェントへの投射は，そのエージェント自体の自律的な運動，行為，それに対するユーザーの心情までをも含む場合があることを，これらの研究は示している．

　なお，仮想現実や拡張現実においては，明らかに自己身体のプロジェクションが関与しているが，これについては第 4 節で再検討を行う．

虚投射

　これまで述べてきたプロジェクションには，明確なソースやターゲットが存在した．コップにせよ，ラバーハンドにせよ，エージェントにせよ，それは実在するものであった．しかし，プロジェクションにはそれらが明確なかたちで

は存在しないものもある．これは虚投射と呼ばれている（鈴木，2019, 2020）．虚投射の「虚」は虚しい，嘘や偽りというネガティブな意味が込められることが多いが，ここではそういう意味ではなく，単にソース，またはターゲットが存在していないことを意味する．

　虚投射の最もわかりやすい例は共感覚（synesthesia）において見られる．たとえば，最も研究が進められている色字共感覚においては，黒いインクで印刷された文字（特に数字など）に（黒以外の）色が知覚される．浅野（2020）は，共感覚の特性として保有率の低さ（色字共感覚の場合は人口の1.4%），日常性（特別な場面で起こるわけではない），個人特異性（人によって文字の色が異なる），安定性（個人の中で色と文字の結びつきは変化しない），自動性（意図せずに色が見える），意識性（色は意識される）の，六つの特徴を挙げている．これはソースである文字には色情報が存在していないのに，脳内で作り出されたものが印刷された実在の文字に投射されているという意味で，虚投射と考えることができる．また非常に興味深いのは，色字共感覚はその字の音や意味の影響を受けることである．これは共感覚が生得的なものからのボトムアップなプロセスだけでなく，それについての経験，知識などのトップダウンの影響も受けていることを示している（Asano *et al*., 2019）．ただし，色字共感覚者には，目の前の文字に実際に色がついて見えるという投射型の人と，色のイメージが頭の中に湧くという連想型の人がいるという．よって，すべての色字共感覚者が虚投射を行っているというわけではないのかもしれない．

　子どもの発達過程のある時期にも虚投射が見られる．一部の子どもは何も存在しない空間に，空想上の友達（imaginary companion）を作り出し，対話をしたり，一緒に遊んだりすることが報告されている（森口，2014）．その友達は固有の名前を与えられ，安定した性格を持っている．これはぬいぐるみに対する愛着やごっこ遊びとは異なり，外部のソースが全く存在しないという意味で，虚投射の一種であると考えられる．また，ここではターゲットも第三者が観察できないという，特別な性質のプロジェクションが起きている．こうした子どもは何かの精神的な異常を抱えているのではないかと考えるかもしれない．しかし，森口（2014）によると，空想上の友達を持つ子どもの認知的能力は通常の子どもと変わらず，言語的能力，社会的認知能力は逆に通常の子どもよりも

高いことが示されているという．森口（2014）は，こうした能力の高さが空想上の友達を生み出す原因の一つではないかと推察している．

　全く存在しないものを作り出すのは，子どもに限られているわけではない．東日本大震災の被災地においては，幽霊の報告が数多く存在する．亡くなった身内の祖母が現れ，会話をしたりする例（奥野，2017），タクシードライバーが幽霊を乗車させた例（工藤，2016）が複数報告されている（タクシーに関しては乗車記録まである）．さらに，極限状態で長時間の活動を行うことで，実在しない人物＝サードマンが現れることもある．非常に有名な登山家のラインホルト・メスナーは，高山からの下山の途中から突然同行者（サードマン）が現れて，彼につき添ったことを報告している．他にも単独無着陸で大西洋を横断したチャールズ・リンドバーグは，極度の空腹，疲労，睡魔に襲われている状態で，自分の周りを動き回る，輪郭だけの人々が現れたことを報告している（Geiger, 2009）．これも空想上の友達同様，ソースもターゲットも第三者からは観察できない．虚投射によってサードマンが生み出されるのは，極度の疲労，あるいは退屈（無変化），強い生存への意思などが関与している可能性が高い．

　こうした不思議な現象の出現を探る鍵は，感覚遮断実験の知見にあるかもしれない．視覚，聴覚の感覚を遮断（目をピンポン玉を半分に切ったもので覆い，イヤホンからホワイトノイズを流すなど）すると，あるはずのないものが見えたり，聞こえるはずのないものが聞こえたりすることが報告されている（Lloyd *et al.*, 2012）．このように感覚に変化がない状況では，脳は様々な幻覚を生み出す．サードマンが現れる状況も，視界が雪で一面真っ白，あるいは暗闇の中で，聞こえる音も単調な場合（猛吹雪の風音，エンジン音）であり，感覚遮断とよく似た状況となる．Lloyd *et al.*（2012）の実験では単に感じただけであり，それが世界の中に定位されることはなかったが，定位に適したものが存在すれば，それはサードマンとして立ち現れるのかもしれない．また，脳への直接的な刺激を与えて脳の状態を変化させることで，虚投射が生じることも報告されている．オラフ・ブランケらの研究チームは，てんかん治療のために埋め込まれた電極を通して，左の側頭頭頂接合部（temporo-parietal junction: TPJ）に刺激を与えることで，現実には存在しない人の気配を生み出すことが可能としている（Arzy *et al.*, 2006）．

虚投射には物理的なソースが存在しない，あるいは曖昧であると述べたが，ソースが全く存在しないわけではない．特定できない外界の何かに触発された漠然とした認知，脳状態がそれである．たとえば，幻聴については，それが患者自身の内言（心の中でのつぶやき）である可能性が指摘されている．通常であれば自らの内言は自分へと投射されるが，この経路（前頭前野と聴覚連合野）に何らかの異常が生じ，正常な投射先を失った表象は外部の何か，誰かへと投射されることになる（Frith *et al.*, 1996）．

　以上で述べてきたことには，共感覚のような厳密な実験を通して得られたデータもあれば，1人の体験者の事後報告に基づくものもある．さらに，その体験の中には，サードマン，幽霊などのような一見オカルト風のものも含まれている．そうしたことから，これらの現象は科学の対象にならないと考える人もいるかもしれない．ただここで主張したいことは，幽霊やサードマン自体の研究をすべきということではなく，そうした認識を生み出す心の仕組みを解明することは重要であり，その鍵はプロジェクションにある，ということである．

メカニズム

　これまで述べてきたように，プロジェクションは通常の知覚からフェティシズム，現実ではない世界への没入まで広範囲に及ぶ，心の基本的な働きである．しかし，そのメカニズムに関してはどうだろうか．これらの広範囲の認知現象に共通のメカニズムは存在するのだろうか．そもそもプロジェクションは主体から世界に向かっての心の働きであるが，そこには物理的な経路が存在しない．では，どうやってプロジェクションが可能になるのだろうか．

　この難問の解決には，大森荘蔵が錯視を説明する際に用いた「重ね描き」が貴重なアイディアを提供する（大森, 1982）．大森は次のように述べる．

　　「赤メガネが赤く見えるということはすなわち，それに重なって透視的に見える風景が赤く見えるということに他ならないのだから．そしてその赤く染まった（たとえば）白紙は『実物』である．同じ一つの実物がメガネをはずした状況で『透視』されれば白く見え，赤メガネを『透かして』みれば赤く見える．（中略）同一の『実物』が異なる前景を『透かして』みれば異なって見える，それだけのことである」（大森, 1982, p. 135）．

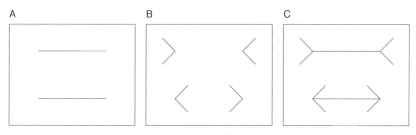

図2-4　重ね描きの認知メカニズム
A に B を重ね描きすることにより，A にはなかった性質が C に生み出される.

そしてこれに続けて，

> 「脳に異常が生じ，それが透明でなくなる時，それを『透かして』見る外
> 部風景に変化が生じることは赤メガネの場合と全く同様，『すなわち』の
> 関係によってである．もはや透明でない脳という前景，それはすなわち，
> 透明な前景の姿とは異なった遠景が見えるということなのである」（大森,
> 1982, p. 136).

大森はその独自の「立ち現れ一元論」の立場に立っており，表象を認めない
どころか，主観─客観の区別を否定するという立場から論を進めている．した
がって，プロジェクション科学のような物理世界と心理的世界（表象）を分け
て考える立場の対極に位置する．実際，ある別の部分では「投射などと意味不
明の言葉を口走る羽目になる」とまで述べている（大森，1982, p. 136).

大森の考え方とプロジェクション科学は全く異なるものであるかのように一
見思える．ただし，二つの世界の一体化を説明するという意味では，大森とプ
ロジェクション科学は問題意識を共有していると考えられる．大森は主客が一
体化していることを世界，人のあり方として存在論的に描き出そうとした．一
方，本章ではそれを認識論的，構成主義的に描き出すことを目指している．こ
こでは，以下の簡単な思考実験から，重ね描きの認知メカニズムを考えてみる.
図 2-4A に示したように，2 本の同じ長さの水平線を描いてみる．その上に，
透明なセロファンに書いた図 2-4B を重ねてみる．すると，図 2-4C のかたち
が現れる．この重ね合わせによって，初めにはなかった両矢印のようなかたち
が生み出される．また，二つの線分の見かけ上の長さが変化する．つまり，何
かを重ね合わせることにより，別の属性が生み出されたり，属性の値が変化し

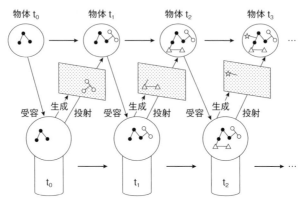

図2-5　フィルタの漸次的更新による認識の変容

たりする．これによって，重ね合わせる前とは異なるものが知覚される．

　第3節で述べた様々な不思議な知覚，認識は，脳の生み出すフィルタ，つまり推論結果を通して，知覚・行為がなされた結果と考えることができるのではないだろうか．ラバーハンド錯覚では，偽の手に加えられた視覚に，自分の手の感覚が重ね描きされる．これによって，視覚的な像のほうにずれた触覚が生み出される．遺品，形見なども同様の仕組みが働いているように思われる．それらを知覚することにより，亡くなった人にかかわる記憶，それに伴う感情，つまりフィルタが生み出される．そのフィルタを通して遺品が知覚されると，単なる物体に過ぎないものが特別な価値を持つようなる．そして，捨てることなどは考えられなくなる．

　ここで注意すべき点は，こうした重ね描きによる知覚は，サイクルをなす循環的過程ということである．つまり，フィルタがすべて構成された後にプロジェクションが起こるわけではない．部分的な表象が世界に投射され，その結果の知覚からさらなるプロジェクションが起こる．図2-5に示したように，あるフィルタを通した重ね描きにより，いくつかの情報がつけ加わり，新たな推論が行われる．こうした複合的な世界を知覚することで，また新たな推論が行われ，それがフィルタとして重ね描きされ，新たな知覚が生み出される．その過程で付加される情報もあれば，覆い隠される情報もあるだろう．こうした循環の過程が知覚なのではないだろうか．フィルタは形状の補完，生物的な欲求，

行為可能性，エピソード記憶，目標，社会規範など様々なレベルのものが考えられよう．こうした複雑なフィルタによる重ね描きが，われわれの豊かな認識世界を形成しているのだ．

　以上はプロジェクションの概念的なモデルである．それでは，これを実現する計算レベルのメカニズムとしては何が考えられるだろうか．プロジェクションにおける重ね合わせのフィルタは，ある種のトップダウンの予測ととらえることもできる．この点から言えば，ここでの提案の多くは「予測誤差最小化」「自由エネルギー原理」という枠組み（Clark, 2013; Friston, 2009; 乾・阪口，2020; Metzinger & Wiese, 2017）でとらえられるかもしれない．この枠組みでは，人間は世界についての仮説（事前確率）を元にして，その時に生み出される感覚情報を仮説的に生成し，その情報と実際の情報との誤差が最小になるようなモデルを構築・選択する．これらを階層化したモデルは，知覚がボトムアップな過程だけでなく，生成を含むトップダウンな過程でもあること，またそれが絶えず循環する過程であることなどから，この節で述べてきたことと一致している．その意味で，予測誤差最小化というアプローチは，プロジェクションの計算メカニズムとして有望かもしれない．実際，この理論を通してラバーハンド錯覚のモデルを構築する試みも行われている（嶋田，2017；横山・岡田，2018）．

　予測誤差最小化モデルでは，外部から得られる情報と予測との誤差が大きな役割を果たす．ただし，外部から得られる情報にはノイズが乗っている可能性も高い．もし誤差が大きくても，ノイズが一定以上含まれていれば，誤差の修正はしないほうがよい．そこで，このモデルでは外部の情報の信頼度（precision estimate）に関する情報が組み込まれる．これは虚投射が生じるメカニズムと関連する可能性がある．もし，この信頼度がとても低く設定してあれば，シミュレーションによってトップダウンに作り出された仮説が修正を受ける可能性は低くなり，幻覚や幽霊のような存在が作り出されるとも考えられる（Hohwy, 2013）．

注意すべき点

　これまでに多くの学会，研究会で，プロジェクションについての発表，報告を行ってきた．その中でいくつかの深刻な誤解に出会った．そこで，以下でそ

のような誤解を避けるために補足的な議論を行う.

　まず，これまで何度か述べたが，プロジェクション，特にそのプロセスは意識に上らない．これは他の多くの認知現象と基本的に同じで，それは自動的，無意識的なプロセスである．奥行き知覚のプロセス，記憶検索のプロセスはほとんどの場合，意識に上らず，その結果しか認知できない．このことをもってして，奥行き知覚はないとか，記憶検索はないと主張することはできないだろう．だから，意識に上らないことをもってして，プロジェクションはないとは言えない．

　次に，心と世界の関係などは心の科学の研究課題ではないという誤解がある．つまり，心の科学は心の中の話をしていればよいという反論である．これについては第2節でも述べたが，唯心論的，独我論的な立場からの反論と考えられる．しかし，心の働きとは，世界とのつながりをうまく作り出し，適切な認知・行為を生み出すことに尽きると思う．こうしたことを無視して心の中だけを研究するというのは，培養液の中の脳の働きを考えるのと同じと言えよう．

　最後の誤解は，プロジェクション科学は（古くさい）表象主義の考え方だというものである．メカニズムのところで考えたように，プロジェクション科学では，人は表象そのものを知覚するとは考えていない．プロジェクション科学での表象は認識・行為のためのフィルタであり，人はこのフィルタを通した世界を認識していると考えている．だから，表象が外界の写しであるとか，人は表象を見ているのだという，表象主義的な立場はとらない．

4　プロジェクション科学の展開

　これまでも述べてきたように，プロジェクション科学は人間の認知活動のほぼすべてに関与する心の働きである．こうした次第でその研究の広がりは，これまで述べてきたこと以外にも，映画視聴，読解における共感，没入（小川・嶋田，2019；小山内他，2019），マーケティング（米田・津村，2020），二次創作コミュニティーの活動（久保（川合），2019），認知発達（外山，2019），宗教認知科学（井上，2019），ディープ・ニューラルネットワークを用いた画像認識（寺田，2017），プロジェクションの神経基盤（Bretas *et al.*，2020）など多岐にわたる.

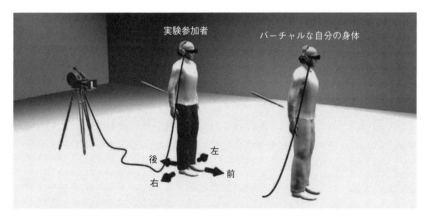

図2-6　体外離脱実験の様子（Lenggenhager *et al.*, 2007）

　以下では，自己と他者，進化，プロジェクションの共有に絞って，近年の知見を概観する．

自己と他者におけるプロジェクション

　自己と身体は一体化している．この一体化を支えているのは，身体所有感と運動主体感という二つの感覚であると Gallagher（2005）は指摘した．身体所有感とは，自分の身体は自分の一部である，自分が自分の身体を所有しているという感覚である．運動主体感とは，自分の行った行為は自分が引き起こしているという感覚である．これらはあまりに当たり前のことで，疑う人はいない．

　しかし，第2節で見たラバーハンド錯覚は，身体所有感が簡単なしかけで崩れてしまうことを明らかにした．さらに，フルボディ錯覚（full body illusion），体外離脱体験（out-of-body experience）と呼ばれるものもある．Lenggenhager *et al.*（2007）では，図2-6のような環境で実験が行われた．実験者は参加者の背中をスティックでつつく．ビデオカメラは参加者の背中を映し出し，その映像を VR ゴーグルに送る．つまり，参加者は VR ゴーグルを通して，自分の背中がスティックでつつかれているのを観察する（むろん，これと同時に背中がタッチされている感覚が生じている）．つまり，この状態だと，自分の背中を含む身体が前方に見えるようになる．そこで自分の身体の位置を示すように言われると，実際の位置よりも前方にずれてしまう．この逆もあり，自分の身体位置

が実際よりも後方に感じられるタイプの実験もある（Ehrsson, 2007）．こうした体外離脱には，プロジェクション，特に異投射が深く絡んでいることが見て取れるだろう．つまり，自分が，身体が実際に置かれている位置ではない場所に，自分の身体を異投射しているのだ．さらに，前述の研究は，何でもないふつうの状況においてもプロジェクションが起きていることを示唆している．つまり，自己の身体についての表象は，自分の身体に投射されているということである．ただ，それを自覚することはないので，プロジェクションが起きているとは気づけないだけなのだ．

VR に代表される情報技術の飛躍的発展により，現実世界を超えた様々な体験が可能になっている．このような状況では，知覚者を現実世界とは異なる世界にプロジェクションさせることができる．モーション・トラッキング機能を持つヘッドマウントディスプレイを用いることで，ユーザーは全く違う人物（別の体型，別の性，別の人種等），あるいは生き物へと自己をプロジェクション可能となる．つまり，身体は着脱可能になってしまうのだ．すると，まとった別の身体からのバックプロジェクションによって，自己自身が変容する．たとえば，背の高いアバターと背の低いアバターを用意して，実験参加者をどちらかに割り振り（もう一つのアバターはサクラ），最後通牒ゲーム[2] を行う．すると，背の高いアバターを操作した場合は，低いアバターになった時に比べて自分の取り分を多くする（100 ドルの分配で，前者の平均は 61 ドル，後者は 52 ドル）（Yee & Bailenson, 2007）．白人の実験参加者が黒人のアバターを操作する経験を持つと，黒人に対する差別感が減少する（Banakou et al., 2016）．空を飛ぶドラゴンにプロジェクションが行われた後には，高所に対する恐怖感が軽減されたりもする（小柳他，2020）．

また，VR 感覚，あるいはファントム・センスと呼ばれるものが感じられることもある．ソーシャル VR と呼ばれるアバターどうしの交流の場では，相手のアバターに耳もとでささやかれたりするとくすぐったさを感じ（72%），触れられたりした時の触覚を感じる（68%）ことが報告されている．加えて，

---

2) 実験参加者をペアにした上で，ある金額をどのように割り振るかを一方の参加者が決める．もう一方の参加者がその額を受け入れれば二人は提案通りの金額を得るが，拒否すれば二人とも何ももらえないという，人の利他性の研究でよく用いられるゲームである．

尻尾があるアバターを用いると，尻尾に触れられた時にその感覚を感じるユーザも 20% 弱程度存在する．これもアバターの身体からのバックプロジェクションとして説明可能だろう．

これらのことは自己と身体との関係をとらえ直すことにもつながる．第 2 節で述べたように，身体性認知科学は自己と身体を区別する二元論的な立場を批判し，自己，認知が身体と一体化していること，それらは身体に根ざしていることを繰り返し示してきた．その立場からすると，身体を離れた場所に自己を飛ばす（プロジェクションする）ことの説明は困難なのではないだろうか．ギルバート・ライルは『心の概念』(Ryle, 1949) の中で心身二元論を批判し，心をゴースト，つまり虚構，要らないものと呼んだが，鳴海 (2019) は VR での経験を分析する中で，ライルの考えを一回転させ，プロジェクション科学はゴーストサイエンスであり，VR 工学はゴーストエンジニアリングであると述べている．

自己には，身体と密接につながる，前述のような最小限の自己 (minimal self) の他，自分の身体イメージ，願望，他者の視線やそれとの比較，過去の経験，社会規範などから作られる物語に基づく自己，物語的自己 (narrative self) というものもある (Gallagher, 2005)．こうした自己は，身体性認知科学で言う，経験，意識の基盤となる自己ではあるが，それ自身が経験され，意識された，つまり対象化された自己でもある．嶋田 (2019) は，ポール・リクールの『他者のような自己自身』を取り上げ，こうした物語的自己の確立には他者の存在が欠かせないことを指摘した上で，その背後には，プロジェクション，バックプロジェクションが関係していることを指摘している．嶋田によれば，プロジェクションは「個人や共同体の価値，規範，理想，模範，英雄などへの自己同一化」において働き，その人物，共同体の価値，規範などがバックプロジェクションによって自分自身に投射されるという．当然それは現在の自分とは一致しない部分を含むので，人は「もっと男らしくなろう」「もっと他人に優しくしよう」などの願望を持つようになり，行動が様々に変化する．この変化の身体レベルでの現れは，化粧，衣服に始まり，エクササイズ，ダイエット，そして美容整形にまで至ることになる．

進化とプロジェクション

人類進化にもプロジェクションが関与している可能性がある．現在生存している生き物は，（少なくとも現在の）環境の中で適応的な行動をとる．その中でも，中枢神経系が進化し，かつ特定の感覚入力，運動出力に関与しない連合野と呼ばれる部位が一定以上増大することにより，感覚—運動協応による行動とは別の行動が現れる可能性がある（Bretas *et al.*, 2020）．特に，視覚，聴覚などの遠感覚と自己受容感覚，内受容感覚などの内部感覚からの入力が行われる部位の出現は，プロジェクションの神経基盤として極めて重要であると考えられる．なぜならば，遠感覚は外部からの情報をもたらし，内部感覚は自己の状態の情報をもたらすからである．これらが統合されることにより，世界と自己との関係づけが生み出される．

Iriki *et al.*（2021）は，人類進化の三元ニッチ構築という壮大な理論（第 2 巻第 5 章に詳しい）の中で，この段階において world-around-the-body map が形成されるとした．このマップの形成により，感覚—運動協応とは異なるかたちで，世界が自分の身体・行為と関連づく．つまり，自己の身体が世界へとプロジェクションされるのである．図 2–7 ではこれを一次のプロジェクションとしている．見た目は感覚—運動協応と同じような行動を生み出すが，環境の変化と自己の内的状態が統合されることで，多様で柔軟な行動が可能になる．こうしたマップは典型的には，集団で狩りをするような大型肉食哺乳類の行動を支えていると考えられる．これらにおいては，餌となる生き物の位置，挙動，そして狩りをする仲間たちの位置，動きなどを，自分の位置，動きの情報と統合しなければならない．さらに，それらは随時変化する．これらを感覚—運動協応だけで説明することは難しいだろう．なぜなら，狩りの各時点において，最新の情報に基づいて自分の行動を調整しなければならないからである．

こうしたマップだけとは言わないが，その他の要因も複雑に絡まり合いながら，道具の作成・使用が行われるようになる．これによって重大な変化が生じる．われわれは様々な道具を手で操るが，慣れてしまえばそれを意識することはない．道具はそれを使っているうちに身体の一部のようになる，つまり，道具は身体化される．道具の身体化については，哲学者たちが古くから議論してきた（Merleau-Ponty, 1969; Polanyi, 1967）．これを，サルを用いて神経科学的に，

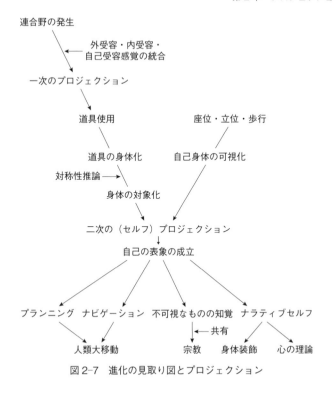

連合野の発生

外受容・内受容・
自己受容感覚の統合

一次のプロジェクション

道具使用　　　　　　　　座位・立位・歩行

道具の身体化　　　自己身体の可視化

対称性推論 ──→

身体の対象化

二次の（セルフ）プロジェクション

自己の表象の成立

プランニング　ナビゲーション　不可視なものの知覚　ナラティブセルフ

←─共有

人類大移動　　　　　　　　宗教　　身体装飾　　心の理論

図2-7　進化の見取り図とプロジェクション

それもシングル・ニューロンの手法で確かめたのが，Iriki *et al.*（1996）の画期的な研究である．

　さて，道具使用，その身体化が何をもたらすかと言えば，身体の道具化である．ここには対称性推論という，ほぼ人間に固有な心の働きがある．対称性推論とは，「A ならば B」の時に，「B ならば A」と推論することを指す．この推論は論理学的には妥当である保証はないが，言語の獲得には必須であると言われている（Sidman, 2008; 山崎，1999）．もし，この推論が道具の身体化に対して働くとすれば，身体の道具化が生み出される．つまり，道具を使うように身体を使うことが可能になる．これが何を意味するかと言えば，自己対象化である．もっと言えば，自分の心の世界に自分，自己の身体が入り込むことである．world-around-the-body map において，自己は外の世界にある様々な事物の参照の基点であり，それ自体を参照することはできなかった．しかし，自己対

象化によって自分の心の世界に自分が入り込むということは，自己自体が推論の対象になるということである．これを図2-7では二次のプロジェクション (Iriki *et al.*, 2021)，あるいは Buckner & Carroll（2007）はセルフ・プロジェクションと名づけている．これによって self-around-the-world map が作り出される（Iriki *et al.*, 2021）．この二次のプロジェクションは，この節の最初に述べた自己の投射を支えている．もし，自己対象化がなされなければ，自己を投射することは不可能になるからだ．

Buckner & Carroll（2007）は，自己をプロジェクションすることにより，人間に特徴的な認知が生み出されるという．表象が重ね合わされた世界に自己が入り込むことで，過去経験（エピソード記憶）の利用，未来の予測，展望（プランニング），そして自己の状態を他者に重ねることによる他者の心理，行動の予測（心の理論），自分自身も参照できる世界の地図（ナビゲーション）が可能となる．つまり，現在の状況にエピソード記憶を介した過去，プランニングによる未来が重ね合わされることになる．これは記憶研究者，進化人類学者たちが「メンタル・タイムトラベル」と呼んでいるものである（Schacter *et al.*, 2007）．これによって，われわれは「今・ここ」の束縛から解放される．現在の中に過去が入り込み，それをもとに未来を考えたり，未来への願望が現在に入り込み，そこで過去の経験が利用されたりする．こうしたことが，人類の世界への拡散＝グレート・ジャーニーを認知面において支えた可能性は高いのではないだろうか[3]．

プロジェクションの共有，そして宗教

これまで個人の心の働きを通してプロジェクションについて述べてきた．しかし，プロジェクションは集団の中で共有されることもある．久保（2020）は，腐女子たちによる二次創作を題材にして，この共有過程を分析している．二次

---

[3] こうした変化は単に認知能力の拡大だけではないのは言うまでもない．神経機構，環境との関係の中で認知機構が変化したのであり，また認知機構の変化により環境は変化し，それによって神経機構も変化する．Iriki & Taoka（2012）の三元ニッチ構築理論はこれを明確なかたちで示している．また拡散したのはホモ・サピエンスだけではないので，こうした能力の一部は他の種にも共有されていたと思われる．

創作とは，既存の作品（特に，漫画，アニメなど）を題材として，自らの想像により脚色した作品を指す．登場人物は流用されるが，その外見は大きく異なっており，またストーリーも全く異なるものになる．この中で本来，恋愛関係にない男性登場人物どうしの間に恋愛関係を想定した作品を創作する人，愛好する人を腐女子と呼ぶ．この種の人々は大半が女性なので，「女子」という言葉がつけられる．腐女子たちは恋愛関係というフィルタを通して原作品に接し，そこで恋愛関係の証拠となるような部分を見つけ，登場人物間の恋愛関係を異投射するという．そして，共有された異投射をもとにして二次創作が生み出されるが，これは虚投射であると久保は論じている．

　興味深いのは，研究者たちの活動と二次創作コミュニティーの活動が類似しているという久保（2020）の指摘である．二次創作においては，同好者のコミュニティー（ネットワークやコミック・マーケット）の中での議論を通して，プロジェクション（異投射）の一部がコミュニティー全体に共有される．科学者たちのコミュニティーにおいても同様のことが生じている．科学者たちも，観察した現象の未だ確認されていない原因をアブダクションにより生成し，研究成果の発表やそこでの議論を通して，一つの説，理論としてコミュニティーに定着させていく．久保（2020）は，クオークの数にかかわる理論でノーベル賞を授与された小林誠と益川敏英の理論の創造と広がりを追うことで，このプロジェクションの共有過程を詳しく検討している．

　プロジェクションの共有は，宗教の発生，広がりとも関係する可能性がある．人類は徐々にその集団規模を拡大してきた．特に，約1万年前を境に急激な拡大が見られる．これは農耕，生産物の備蓄が可能にしたと言われてきたが，近年の発見では農耕以前から大規模な集団の共同が見られるという．たとえば，トルコのギョベクリテペにおける巨大な神殿様の建造物の構築は農耕以前であり，そこには5000人程度の人間がかかわったと言われている．こうした見知らぬ者どうしからなる集団の紐帯，凝集性は，何によって可能になるのだろうか．

　その答えの一つとして宗教の存在が考えられてきた（Dunbar, 2014; Harari, 2018; Fuller Torrey, 2017）．虚投射によって得られた神を共同体の多くのメンバーが共有することで，行動の選択の幅が縮まり，相手の行動を予測できるし，

支配者としては監視の手段として活用することができる[4]．異投射，虚投射を含む，こうしたプロジェクションの共有は，新石器時代における諸文明の発生を支えた可能性がある．

5 おわりに

本章の初めに，
①世界と心のつながりをどのように考えるか
②人固有の意味世界の中で人はどのような認識，行為を行うのか
③それらの統一的な説明は可能か
という問題を考えた．①について，表象を仮定した時の難問となる，心の世界と客観的な世界という問題は，プロジェクションの仕組みを考えることによって解決できると述べた．②については，次のように説明した．内部モデル＝表象を世界に投射することにより，生物学的な観点から見れば奇妙な，人（あるいは個人に）固有の世界＝プロジェクティッド・リアリティが立ち現れる．そして，通常の知覚，VR 経験，フェティシズム，宗教などにおけるプロジェクションの働きを概観した．そして③については，重ね描きモデルによって，これらに見られる認識，行為を一貫したかたちで説明できる可能性があることを示した．最後に，自己と他者，進化，プロジェクションの共有についての考察を行った．

　これらはまた認知科学における新たな共同を促すことにもつながる．第 2 節で，1990 年代以降，身体性認知科学が広がり生物学的シフトが起きたと述べたが，同時期には文化人類学，エスノグラフィーなどの社会学をその背景に持つ状況論が現れ，社会学的なシフトも起こった．日本の認知科学でもこのキャンプでの研究が活発に行われている．本シリーズの第 3 巻にはこの方向の研究動向を示す章がいくつもある．ただ，残念なことに，生物学的なキャンプと社会学的なキャンプの研究者間の交流はさほど活発ではない．しかし，前述の②

---

4)　宗教の誕生とプロジェクション科学の関係は，教祖，開祖の神秘的，霊的体験を考える時も重要である（井上，2019）．

に示したプロジェクション科学の展開は，この二つのキャンプをつなげること
にも貢献する可能性がある．

　もう一つは現象学との対話である．第一世代の認知科学に対しては，現象学
からの辛辣な批判があった（Dreyfus, 1992）．ただし，第二世代の身体性認知科
学は，ある意味でモーリス・メルロ゠ポンティによって予言されていたとも考
えられ，両者の関係性をとらえる哲学的議論も活発に行われている（門脇・信
原，2002；田中，2017）．プロジェクション科学はこの対話をさらに前進させる
可能性がある．田中（2020）は，メルロ゠ポンティの議論をベースに，人の認
知・行為は行為可能性の投射を伴うことを主張している．また，嶋田（2019）
は，身体的プロジェクションと物語的プロジェクションが自己と他者の解明に
不可欠であることを，神経科学，現象学の知見をベースに論じている．

　プロジェクション科学は 2015 年に提唱され，まだその歴史は浅い．しかし，
その後，日本認知科学会でその名を冠したセッションが現在に至るまで毎年行
われている．また，2019 年には学会誌『認知科学』において「プロジェクシ
ョン科学」の特集が組まれ，掲載された論文のうちの 2 本がその年の論文賞を
授与されている．他にも，人工知能学会で 2016 年から 3 年間，同様のセッシ
ョンが開催されてもいる．こうしたことから，プロジェクション科学は日本の
認知科学コミュニティーに根づきつつあると言える．この章を読んで共感され
た読者と，この流れを加速させたい．

引用文献

Armel, K. C., & Ramachandran, V. S. (2003). Projecting sensations to external objects:
　Evidence from skin conductance response. *Proceedings of the Royal Society London B*,
　270, 1499–1506.

Arzy, S., Seeck, M., Spinelli, L., Ortigue, S., & Blanke, O. (2006). Induction of an illu-
　sory shadow person. *Nature*, *443*, 287.

Asano, M., Takahashi, S., Tsushiro, T., & Yokosawa, K. (2019). Synaesthetic colour
　associations for Japanese Kanji characters: From the perspective of grapheme learn-
　ing. *Philosophical Transactions of the Royal Society B*, *374*, 20180349.

浅野倫子（2020）．色字共感覚——色と文字と学習の結びつき　基礎心理学研究, *39(1)*,
　110–116.

Banakou, D., Hanumanthu, P. D., & Slater, M. (2016). Virtual embodiment of white
　people in a black virtual body leads to a sustained reduction in their implicit racial
　bias. *Frontiers in human neuroscience*, *10*, 601.

Barsalou, L. W. (1999). Perceptual symbol systems. *Behavioral and Brain Sciences, 22* (*4*), 577–660.

Bloom, P. (2011). *How pleasure works: The new science of why we like what we like.* Vintage Books.（小松淳子（訳）(2012). 喜びはどれほど深い？――心の根源にあるもの　インターシフト）

Botvinick, M., & Cohen, J. (1998). Rubber hands feel touch that eyes see. *Nature, 391,* 756.

Bretas, R. V., Taoka, M., Suzuki, H., & Iriki, A. (2020). Secondary somatosensory cortex of primates: Beyond body maps, toward conscious self-in-the-world maps. *Experimental Brain Research, 238,* 259–272.

Brooks, R. A. (1991). Intelligence without reason. *Artificial Intelligence, 47(1–3),* 139–159.

Buckner, R. L., & Carroll, D. C. (2007). Self-projection and the brain. *Trends in Cognitive Sciences, 11(2),* 49–57.

Calvo, P., & Gomila, T. (Eds.) (2008). *Handbook of cognitive science: An embodied approach.* Elsevier.

Clark, A. (2013). What comes next?: Predictive brains, situated agents, and the future of cognitive science. *Behavioral and Brain Sciences, 36(3),* 1–73.

Dreyfus, H. L. (1992). *What computers still can't do: A critique of artificial reason.* MIT press.（黒崎政男・村若修（訳）(1992). コンピュータには何ができないか――哲学的人工知能批判　産業図書）

Dunbar, R. (2014). *Human evolution.* Penguin Books.（鍛原多惠子（訳）(2016). 人類進化の謎を解き明かす　インターシフト）

Ehrsson, H. H. (2007). The experimental induction of out-of-body experiences. *Science, 317,* 1048.

Engel, K. A., Friston, K. J., & Kragic, D. (Eds.) (2015). *The pragmatic turn: Toward action-oriented views in cognitive science.* MIT Press.

Friston, K. (2009). The free-energy principle: A rough guide to the brain? *Trends in Cognitive Science, 13(7),* 293–301.

Frith, C. D., Lawrence, A., & Wienberger, D. (1996). The role of the prefrontal cortex in self-consciousness: The case of auditory hallucination. *Philosophical Transaction of the Royal Society B, 351,* 1505–1512.

Fuller Torrey, E. (2017). *Evolving brains, emerging gods: Early humans and the origins of religion.* Columbia University Press.（寺町朋子（訳）(2018). 神は，脳がつくった――200万年の人類史と脳科学で解読する神と宗教の起源　ダイヤモンド社）

Gallagher, S. (2005). *How the body shapes the mind.* Oxford University Press.

Geiger, J. (2009). *The third man factor: The secret to survival in extreme environments.* Penguin.（伊豆原弓（訳）(2010). サードマン――奇跡の生還へ導く人　新潮社）

Gibbs, J. R. W. (2006). *Embodiment and cognitive science.* Cambridge University Press.

Gibson, J. J. (1979). *The ecological approach to visual perception.* Houghton Mifflin.

（古崎敬他（訳）（1985）. 生態学的視覚論——ヒトの知覚世界を探る　サイエンス社）

Harari, Y. N.（2018）. *Sapiens: A brief history of humankind.* Harper Collins Publishers.（柴田裕之（訳）（2016）. サピエンス全史——文明の構造と人類の幸福（上・下）河出書房新社）

Harnad, S.（1990）. The symbol grounding problem. *Physica D: Nonlinear Phenomena, 42*(*1-3*), 335-346.

Hohwy, J.（2013）. *The predictive mind.* Oxford University Press.

井上順孝（2019）. 現代における葬送儀礼の変容に関する認知宗教学的分析の試み　中央学術研究所紀要, *48*, 3-33.

乾敏郎・阪口豊（2020）. 脳の大統一理論——自由エネルギー原理とはなにか　岩波書店

Iriki, A., Suzuki, H., Tanaka, S., Vieira, R., & Yamazaki, Y.（2021）. The sapient paradox and the great journey: Insights from cognitive psychology, neurobiology, and phenomenology. *Psychologia*, advpub.

Iriki, A., Tanaka, M., & Iwamura, Y.（1996）. Coding of modified body schema during tool use by macaque postcentral neurons. *Neuroreport, 7*(*14*), 2325-2330.

Iriki, A., & Taoka, M.（2012）. Triadic（ecological, neural, cognitive）niche construction: A scenario of human brain evolution extrapolating tool use and language from the control of reaching actions. *Philosophical Transactions of the Royal Society B, 367*, 10-23.

門脇俊介・信原幸弘（2002）. ハイデガーと認知科学　産業図書

Kanaya, S., Matsushima, Y., & Yokosawa, K.（2012）. Does seeing ice really feel cold? Visual-Thermal interaction under an illusory body-ownership. *PLoS ONE, 7*(*11*), e47293.

米田英嗣・津村将章（2020）. 物語を用いた消費者行動——ナラティブ・プロジェクションに基づく検討　米田英嗣・和田裕一（編）, 消費者の心理を探る——人間の認知から考えるマーケティング（pp. 83-102）　誠信書房

久保（川合）南海子（2019）. 異投射・虚投射の発生と共有——腐女子の妄想と二次創作を通じて　認知科学, *26*(*1*), 40-51.

久保南海子（2020）. 共有される異投射・虚投射——腐女子の二次創作, 科学理論, モノマネを通じて　鈴木宏昭（編）, プロジェクション・サイエンス——心と身体を世界につなぐ第三世代の認知科学（pp. 176-197）　近代科学社

工藤優花（2016）. 死者たちが通う街——タクシードライバーの幽霊現象　金菱清（編）, 呼び覚まされる霊性の震災学——3・11 生と死のはざまで（pp. 1-23）　新曜社

Lakoff, G., & Johnson, M.（1980）. *Metaphors we live by.* The University of Chicago Press.（渡部昇一・楠瀬淳三・下谷和幸（訳）（1986）. レトリックと人生　大修館書店）

Lave, J., & Wenger, E.（1991）. *Situated learning: Legitimate peripheral participation.* Cambridge University Press.（佐伯胖（訳）（1993）. 状況に埋め込まれた学習——正統的周辺参加　産業図書）

Lenggenhager, B., Tadi, T., Metzinger, T., & Blanke, O.（2007）. Video ergo sum: Manipulating bodily self-consciousness. *Science, 317*, 1096-1099.

Lloyd, D. M., Lewis, E., Payne, J., & Wilson, L.（2012）. A qualitative analysis of sensory phenomena induced by perceptual deprivation. *Phenomenology and the Cognitive Sciences, 11(1)*, 95–112.

松原仁（1990）．フレーム問題をどうとらえるか　認知科学の発展, *2*, 155–187.

McCarthy, J., & Hayes, P. J.（1969）. Some philosophical problems from the standpoint of artificial intelligence. *Machine Intelligence, 4*, 463–502.

Merleau-Ponty, M.（1969）. *Phénoménologie de la perception.* Gallimard.（竹内芳郎・小木貞孝（訳）（1974）．知覚の現象学　みすず書房）

Metzinger, T., & Wiese, W.（2017）. *Philosophy and predictive processing.* MIND Group.

森口佑介（2014）．空想の友達――子どもの特徴と生成メカニズム　心理学評論, *57(4)*, 529–539.

鳴海拓志（2019）．ゴーストエンジニアリング――身体変容による認知拡張の活用に向けて　認知科学, *26(1)*, 14–29.

Newen, A., De Bruin, L., & Gallagher, S.（2018）. *The Oxford handbook of 4E cognition.* Oxford University Press.

Newman, G. E., Diesendruck, G., & Bloom, P.（2011）. Celebrity contagion and the value of objects. *Journal of Consumer Research, 38(2)*, 215–228.

野矢茂樹（2016）．心という難問――空間・身体・意味　講談社

小川有希子・嶋田総太郎（2019）．映画とプロジェクション　認知科学, *26(1)*, 121–139.

O'Keefe, J., & Nadel, L.（1978）. *The hippocampus as a cognitive map.* Oxford University Press.

奥野修司（2017）．魂でもいいから，そばにいて――3・11後の霊体験を聞く　新潮社

小野哲雄（2007）．「憑依」するエージェント――ITACOプロジェクトの展開　山田誠二（編），人とロボットの〈間〉をデザインする（pp. 69–87）　東京電機大学出版局

小野哲雄（2016）．プロジェクション・サイエンスの視点からの認知的メカニズムのモデル論的理解　日本認知科学会第33回大会発表論文集, pp. 26–30.

大森荘蔵（1982）．新視覚新論　東京大学出版会

大住倫弘・信迫悟志・嶋田総太郎・森岡周（2020）．プロジェクション・サイエンスから痛みのリハビリテーションへ　鈴木宏昭（編），プロジェクション・サイエンス――心と身体を世界につなぐ第三世代の認知科学（pp. 58–77）　近代科学社

小山内秀和他（2019）．物語への没入体験と社会的能力の向上の関連――成人と児童の比較　1　認知科学, *26(1)*, 108–120.

小柳陽光・鳴海拓志・安藤英由樹・大村廉・Lugrin, J. L.（2020）．ドラゴンアバタを用いたプロテウス効果の生起による高所に対する恐怖の抑制　日本バーチャルリアリティ学会論文誌, *25(1)*, 2–11.

Pfeifer, R., & Scheier, C.（1999）. *Understanding intelligence.* MIT Press.（石黒章夫・小林宏・細田耕（監訳）（2001）．知の創成――身体性認知科学への招待　共立出版）

Polanyi, M.（1967）. *The tacit dimension.* Routledge and Kegan Paul.（高橋勇夫（訳）（2003）．暗黙知の次元　筑摩書房）

Pylyshyn, Z. W.（1984）. *Computation and cognition: Toward a foundation for cognitive science.* MIT Press.（信原幸弘（訳）（1988）．認知科学の計算理論　産業図書）

Ramachandran, V. S., & Blakeslee, S.（1998）. *Phantoms in the brain: Probing the mys-*

teries of the human mind. William Morrow.（山下篤子（訳）（1999）．脳のなかの幽霊　角川書店）

Reeves, B., & Nass, C.（1996）．*Media equation: How people treat computers, televisions, and new media like real people and places.* CSLI Publications.（細馬宏通（訳）（2001）．人はなぜコンピューターを人間として扱うか――「メディアの等式」の心理学　翔泳社）

Rumelhart, D. E., McClelland, J. L., & the PDP Research Group（1986）．*Parallel distributed processing, Vol. 1, 2.* MIT Press.（甘利俊一（監訳）（1989）．PDP モデル――認知科学とニューロン回路網の探索　産業図書）

Ryle, G.（1949）．*The concept of mind.* Hutchinson.（坂本百大他（訳）（1987）．心の概念　みすず書房）

Schacter, D. L., Addis, D. R., & Buckner, R. L.（2007）．Remembering the past to imagine the future: The prospective brain. *Nature Reviews Neuroscience, 8*(*9*), 657–661.

Shibuya, S., Unenaka, S., Zama, T., Shimada, S., & Ohki, Y.（2018）．Spontaneous imitative movements induced by an illusory embodied fake hand. *Neuropsychologia, 111*, 77–84.

嶋田総太郎（2017）．プロジェクション科学の射程――ラバーハンド錯覚とミラーシステム　日本認知科学会第33回大会発表論文集，pp. 137–138.

嶋田総太郎（2019）．越境する認知科学1　脳のなかの自己と他者――身体性・社会性の認知脳科学と哲学　共立出版

Sidman, M.（2008）．Symmetry and equivalence relations in behavior. *Cognitive Studies, 15*(*3*), 322–332.

Suchman, L. A.（1987）．*Plans and situated actions: The problem of human-machine communication.* Cambridge University Press.（佐伯胖（監訳）（1999）．プランと状況的行為――人間―機械コミュニケーションの可能性　産業図書）

鈴木宏昭（2003）．認知の創発的性質――生成性，冗長性，局所相互作用，開放性　人工知能学会誌，*18*(*4*), 376–384.

鈴木宏昭（2016）．教養としての認知科学　東京大学出版会

鈴木宏昭（2019）．プロジェクション科学の目指すもの　認知科学，*26*(*1*), 52–71.

鈴木宏昭（2020）．プロジェクション・サイエンスの目指すもの　鈴木宏昭（編），プロジェクション・サイエンス――心と身体を世界につなぐ第三世代の認知科学（pp. 1–38）　近代科学社

田中雅一（編）（2009）．フェティシズム研究1　フェティシズム論の系譜と展望　京都大学学術出版会

田中彰吾（2017）．心の科学のための哲学入門4　生きられた〈私〉をもとめて――身体，意識，他者　北大路書房

田中彰吾（2020）．ポスト身体性認知としてのプロジェクション概念　鈴木宏昭（編），プロジェクション・サイエンス――心と身体を世界につなぐ第三世代の認知科学（pp. 39–57）　近代科学社

寺田和憲（2017）．プロジェクションによるサル認識　人工知能学会全国大会論文集第31回全国大会（2017），1G2OS21b3–1G2OS21b3.

Thagard, P.（1996）．*Mind: Introduction to cognitive science.* MIT Press.（松原仁（監訳）

（1999）．マインド──認知科学入門　共立出版）

戸田山和久（2005）．科学哲学の冒険──サイエンスの目的と方法をさぐる　日本放送出版協会

外山紀子（2019）．魔術的な心からみえる虚投射・異投射の世界　認知科学, *26*(*1*), 98-107.

Varela, F., Thompson, E., & Rosch, E. (1991). *The embodied mind: Cognitive science and human experience.* MIT Press.（田中靖夫（訳）(2001)．身体化された心──仏教思想からのエナクティブアプローチ　工作舎）

山田誠二（編）(2007)．人とロボットの〈間〉をデザインする　東京電機大学出版局

山崎由美子（1999）．動物における刺激等価性　動物心理学研究, *49*(*2*), 107-137.

Yee, N., & Bailenson, J. (2007). The Proteus effect: The effect of transformed selfrepresentation on behavior. *Human communication research, 33*(*3*), 271-290.

横山裕樹・岡田浩之（2018）．プロジェクション現象を記述する生成モデルの提案　2018年度人工知能学会全国大会論文集

第**3**章　内受容感覚の予測的処理

◆

大平英樹

1　はじめに

　人間の感覚は一般に，外受容感覚（exteroception: 視覚や聴覚など外界の感覚），固有感覚（proprioception: 骨格筋や関節など身体の位置や姿勢の感覚），そして内受容感覚（interoception）に分類される．内受容感覚という用語は，身体内部の感覚を意味するものとして，20世紀前半にイギリスの生理学者でノーベル賞受賞者であるチャールズ・シェリントンが提唱したものである（Sherrington, 1952）．彼は，内受容感覚を，身体の恒常性（homeostasis）に関係する心拍や血圧，呼吸，消化管といった身体内部の生理的状態が意識的に知覚されたものであると考えた．

　最近ではこの概念は拡張されており，内受容感覚は意識される身体状態の知覚というだけではなく，多くは無意識的に身体の状態を監視し，また恒常性を維持しつつも環境要求に適応して柔軟に身体状態を変容させる制御の過程であると考えられるようになった（Chen et al., 2021）．たとえば，圧受容体によって血圧は常時モニターされており，それを一定範囲に維持するために心臓活動や血管内圧が調整されるが，その過程は自動的に遂行され，われわれは自身の血圧や脈拍の変動を正確にとらえているわけではない．また，血糖値が低下したり体内水分が減少したりすると空腹感や口渇感を感じるが，それは実際の血糖値や水分量を必ずしも反映しているわけではない．

　こうした内受容感覚が感情の基盤となっているという考え方は，心理学では古くから存在する．その典型的なものが，近代心理学の祖の1人であるウィリアム・ジェームズが提唱した感情の末梢起源説（James, 1884）である．また，

神経学者のアントニオ・ダマシオが提唱したソマティック・マーカー説
（Damasio, 1999）のように，内受容感覚が行動の選択，つまり意思決定に関連
するという考え方も広く支持されている．内受容感覚に関する基礎的知見や，
感情，認知，意思決定などの心理的現象における意義については，本シリーズ
第1巻第4章（寺澤，2022）に詳述されているので参照されたい．

　内受容感覚が具体的にどのようにして感情や意思決定と結びつくのかについ
ては，長い間説明が与えられてこなかった．ところが最近になり，それらの現
象を統合的に説明しうる有力な理論が現れた．それが，カール・フリストンら
が提唱している脳の予測的処理（predictive processing）[1]である（Friston, 2010）．
この理論は，知覚，運動，認知，感情，意思決定などの人間のすべての心理行
動的現象は，予測を生成し，それに基づいて自己を制御するという脳の統一原
理から創発される，と主張する．

　本章では，まず予測的処理の理論を概観した上で，それが内受容感覚の理解
にどのように拡張されうるのかを考える．また，その考え方の妥当性を解剖学
的・神経生理学的知見から検討し，さらにそのメカニズムを説明する計算論モ
デル（computational model）[2]について紹介する．

2　予測的処理の理論

予測する脳

　予測的処理の理論では，脳は，感覚器官から入力される刺激に受動的に反応
するのではなく，将来入力される刺激を予測する内的モデル（inner model）を
構築し，その予測と入力された感覚信号の差異（予測誤差：prediction error）の
計算に基づいて，知覚を能動的に創発していると主張される（Rao & Ballard,

---

1)　この理論は従来，予測的符号化（predictive coding），自由エネルギー原理（free energy
　principle）と呼ばれてきた．これらの呼称は，Friston（2010）が提唱する特定の理論を指
　す．そこで近年，もう少し広範に，脳は一般に予測に基づく処理や制御をしているという意
　味で，予測的処理という用語が使われるようになった．
2)　本章では，計算論モデルとは，数理モデルの中で確率的過程を含み，何らかの現象やデー
　タを生成する過程を表現するモデルを意味することとする．

1999; Friston, 2010). ここでいう内的モデルとは，自分の身体と周りの環境のふるまいを，脳内の神経ネットワークの活動パターンで表現し保持することを意味する．そして脳は，予測誤差を最小化することにより，自己や世界の安定した像を形成していると考えられている．

　脳の機能において予測を重視する発想は，いくつかの解剖学的知見に基づいて生まれたものである．視覚のような知覚を担う脳領域には明瞭な階層性があるが，低次と高次の階層に双方向的な神経連絡があることが知られている (Felleman & Essen, 1991; Huang & Rao, 2011). もし脳が，感覚信号を受動的に処理するだけの器官であるのなら，低次階層から高次階層へ向かう経路だけで事足りるように思える．しかし高次階層から低次階層への経路が存在することから，感覚信号の処理に対して何らかのトップダウン的な制御が行われていると考えられるようになった (Rao & Ballard, 1999). また，19世紀においてすでに，脳の低次領域から高次領域に至るにつれて神経線維の数が減ることが知られていた (Henle, 1871). そうであれば脳の高次領域においては，感覚器官からの信号は，あたかも写真のように入力された空間的構造そのままで保持されているのではなく，統合され抽象化されたかたちで表象されていると考えられた．精神分析理論を提唱する以前，神経生理学者であったジークムント・フロイトはこの働きを，「表象複合 (Vorstellungskomplex)」と呼んでいる (Freud, 1891). そこで想定された機能は，予測的処理の理論において内的モデルと呼ばれる機構のそれに類似している．実際，初期視覚領域である V1 では網膜と対応した視野地図 (retinotopic map) が存在するが，より高次な領域では統合的処理が行われる．

　知覚の領域では，予測的処理の理論を支持する知見が蓄積されている．たとえば，仮現運動の軌道により予測を生成させ，そこから逸脱した位置にターゲット刺激を提示する手続きにおいて，そこで惹起された予測誤差が小さいほど，V1 と MT 野の活動量が小さい，つまりより効率的な処理が行われたという結果が報告されている (Alink et al., 2010). MT 野は V1 より高次な視覚領域であり，運動視を担うと考えられている．この二つの視覚領域において同様な予測誤差に依存した脳活動が観測されたということは，脳の予測的処理が複数の階層で並列的に遂行されているという考えを支持する．また，手がかりにより，

顔と家の画像が提示される確率の予測を生成させる操作を行うと，脳の紡錘状回顔領域（fusiform gyrus face area）の活動が，顔が提示された場合には予測される顔出現の確率によらず一貫して高いが，家が提示された場合には顔出現が予測される度合いに応じて強くなることが示された（Egner *et al.*, 2010）．この結果は，顔に特異的に反応する脳領域の活動が，刺激提示前の予測と，刺激提示後に生じるサプライズ，つまり予測に反する驚きの度合いを合算したものだと考えるとうまく説明できる．家が提示された場合，その刺激によって顔領域は活動しないので，この条件における脳活動は顔への予測によるものと想定できる．それゆえに，その活動量は顔出現の予測確率と比例する．顔が提示された場合にも同様な予測による活動は生じているが，これに顔出現のサプライズによる活動が加わる．サプライズによる活動量は顔出現の予測確率と反比例するので，結果として両者の活動量が合算されると，顔出現の予測確率によらず顔領域の活動は同程度に高いものとなる．この知見は，顔や家のようなカテゴリーに依存した視覚という比較的高次の認知現象においても，予測に基づいた処理が関与していることを示唆している．

運動と自己主体感

　予測的処理は，運動にも関連する．ダニエル・ウォルパートら（Wolpert, 1997; Wolpert *et al.*, 1995）は，脳は運動を制御するために，自身の身体と外部世界の関係を表象する内的モデルを持っているという仮説を提唱した．脳の中心溝の直前にある一次運動野が運動指令信号を発する際，その運動が実行されたならば，筋などに存在する自己受容器からどのような固有感覚信号が返ってくるか，という予測信号を同時に出力する．この予測信号を遠心性コピー（efference copy）と呼ぶ（von Holst & Mittelstaedt, 1950）[3]．脳の頭頂葉において，

3）　遠心性コピーと似た概念として，ロジャー・スペリーにより提唱された随伴発射（corollary discharge）がある（Sperry, 1950）．これらの用語はほぼ同じ神経機能を意味しているが，遠心性コピーは運動ニューロンから筋に向けて出力される運動指令信号の実際のコピーを指し，随伴発射は高次の運動実行系から低次の運動ニューロンの活動までを含む広範な信号を意味する（Crapse & Sommer, 2008）．これらの二つの神経機能は，階層的な予測的処理の概念により統合することができる．

遠心性コピーは実際に返ってくる身体の固有感覚信号と比較され，もし両者の
ずれ（予測誤差）が閾値を超えて大きい場合には，何らかの誤りが生じたと見
なして運動の修正を行う（Ogawa & Inui, 2007）．このメカニズムにより，神経
信号の伝達には時間的遅れがあるにもかかわらず，われわれは運動を高速かつ
スムーズに行うことができる．

　大リーグの一流ピッチャーが投げる速球は球速毎時 160 km に達し，ボール
がリリースされてから打者に到達するまでの時間は 380 ミリ秒程度である．一
方，鍛錬した選手であっても，打撃に必要な全身運動の反応時間は 330 ミリ秒
程度である．もし打撃運動が飛んでくるボールを受動的にとらえて初めて開始
できるものだとしたら，打者はバットをボールに当てることさえできないだろ
う．内的モデルによる予測と遠心性コピーによる修正により，人間はこうした
高度な運動要求にも対応することができる．運動において内的モデルによる予
測が必要であることのもう一つの要因は，時間遅れを伴うフィードバックのみ
により制御されるシステムは，容易に振動を生じてしまうことである．卓上の
コップをとるという簡単な運動であっても，手の動きを見て軌道を修正するだ
けであれば，手を伸ばすほどに手のゆれが激しくなり，目的を果たすことがで
きない．適切な運動には，予測によるフィードフォワード制御が必須なのであ
る．

　また，内的モデルは，その運動を行ったのは自分であるという自己主体感
（sense of agency）の源泉でもある（Frith *et al.*, 2000）．すなわち，内的モデルに
よる運動に伴う固有感覚の予測が，運動が実際に実行された時の現実の固有感
覚と一定範囲で一致すれば，その運動は自分が行ったのだという自己主体感が
形成される．興味深いことに，運動の予測誤差が小さい場合には，そこに付随
する刺激の知覚は弱められる．たとえば，自分で自分をくすぐってもくすぐっ
たくない（Blakemore *et al.*, 1999; Blakemore *et al.*, 2000），自分で鳴らした音は
実際より小さく聴こえる（Sato, 2008），という感覚減衰の現象が知られている．
また自分で動いた場合には網膜に移る像が動いても世界は静止して感じられる
が，眼球を外的な力である指で動かすと世界が動揺して感じられるという古典
的な知見（Helmholtz, 1886）も，この考えに整合している．予測誤差が小さい
ことは，自己と世界が予測通りであることを意味し，そこに積極的・意識的に

介入する必要はない．むしろ，その予測が破れた時にわれわれはそれに気づき，その原因を探し，対処しようとするのだろう．

このように，知覚や運動が予測的処理に支えられているという考えは広く支持されている．次の問題は，脳が予測誤差をどのように縮小しているのか，である．

ベイズ脳

予測的処理の理論では，知覚であれ運動であれ，予測誤差を縮小するために脳はベイズ的な計算をしていると考えられる．たとえば，ある知覚に関する内的モデルによる予測は，確率分布として表現される．これがベイズ統計学でいう事前モデル（prior model）に当たる．感覚信号も一定のノイズを伴った確率分布として入力され，予測との差である予測誤差が計算される．予測誤差は，事前分布と感覚信号分布の平均値の差として表される．この感覚信号がベイズ統計学でいう尤度（likelihood）に当たり，これに基づいてベイズの定理による更新のような仕方で，知覚の事後モデル（posterior model）が計算される．われわれが主観的に経験する知覚像は，この事後モデルが意識されたものだと考えられている．ここで知覚経験を規定する重要な要因の一つが，事前モデルや尤度の精度（precision）である．精度は確率分布の分散の逆数を意味する．何度も経験しよく知っている事象については内的モデルの精度が高く，未知の事象では内的モデルの精度は低い．また，知覚対象に注意を向けることで，尤度（感覚信号）の精度を上げることができる．事後モデルへの更新は，事前モデルと尤度の精度比により，重みづけて予測誤差を縮小することで実現される[4]．

最もシンプルに考えれば，ある時点の事後モデルは，次の時点の予測を提供

---

4) ベイズの定理に基づく内的モデルの更新は次のように行われる．ある時点 t における事前モデルが平均値 μ_t，分散 σ_t^2 の正規分布，その時点の尤度が平均値 y_t，分散 τ_t^2 の正規分布で表現されるとすれば，次式のように平均値 μ_{t+1}，分散 σ_{t+1}^2 の正規分布で表現される事後モデルが得られる．

$$平均値：\mu_{t+1} = \frac{\mu_t * \tau_t^2 + y_t * \sigma_t^2}{\tau_t^2 + \sigma_t^2}$$

$$分散：\sigma_{t+1}^2 = \frac{\sigma_t^2 * \tau_t^2}{\sigma_t^2 + \tau_t^2}$$

A　事前モデル・精度低：尤度・精度低
　　事後モデル ① ② ③

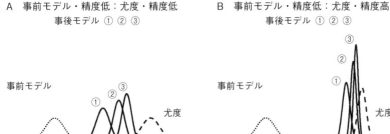

B　事前モデル・精度低：尤度・精度高
　　事後モデル ① ② ③

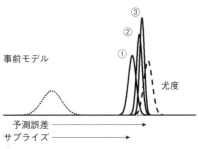

C　事前モデル・精度高：尤度・精度低
　　事後モデル ① ② ③

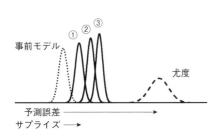

D　事前モデル・精度高：尤度・精度高
　　事後モデル ① ② ③

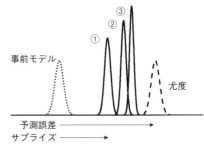

図 3-1　予測的処理により実現される知覚（大平，2021）

A〜D とも，予測誤差（事前モデルと尤度の平均値の差）は同じであり，事前モデルと尤度の精度を高・低で変えている．3 ステップの事後モデル更新により知覚像が成立する様子を表現している．得られる知覚像は，事前モデルと尤度の精度の相対的な差により大きく異なる．図中のサプライズは，事前モデルと事後モデルの距離であり，情報利得あるいはベイジアン・サプライズと呼ばれる統計量である．これに対応して，驚きのような主観的経験が得られると考えられる．

する事前モデルとなる．図 3-1 は，このような考え方に基づき，単位時間内で尤度（感覚信号）が一定であると仮定して，3 ステップのベイズ的計算により知覚像が成立する様子を表している（大平，2021）．予測と尤度の予測誤差が等しくても，予測と尤度の精度が同程度であれば主観的な知覚経験は両者の中間的なものになるのに対し（図 3-1A），予測の精度よりも尤度の精度が高ければ，感覚信号に近い知覚経験が得られる（図 3-1B）．一方で，予測の精度が高く尤度の精度が低ければ，経験される知覚は予測に大きく依存し，実際の感覚信号とはかけ離れたものになる（図 3-1C）．また，事前分布と尤度の精度が高いほど，主観的に明瞭な知覚が経験される（図 3-1D）．

脳が本当にこのようなベイズ的計算をしているのかを検証することは難しいが，筆者らはシンプルな運動知覚協応課題を用いてこの問題を検討した（Tane, Ohira. & Ohta, under review）．図 3-1 に示される事前モデルから事後モデルへの更新の大きさは，情報利得（information gain）あるいはベイジアン・サプライズ（Bayesian surprise）と呼ばれ，両モデルの分布の距離（Kullback-Leibler：情報量）によって表現される．このベイジアン・サプライズという用語はあくまで統計量のアナロジー的呼称に過ぎないが，事前モデルから事後モデルへの更新の大きさに対応して，何らかの主観的な経験が生じているとも考えられる．運動知覚協応課題において訓練により事前分布の精度を操作した筆者らの研究（Tane. *et al.*, under review）では，理論的に推定されたベイジアン・サプライズに対応して一過性の瞳孔反応が大きくなるという結果が得られた．このような文脈下での瞳孔反応が脳の青斑核の活動を反映していることを考えると，それは実際に，ベイズ的な予測的処理により創発された，いわゆる驚きに似た主観的経験を反映している可能性がある．

3　内受容感覚への拡張

なぜ内受容感覚に予測が必要か

　最近，内受容感覚もこうした予測的処理により成立していると主張されるようになった（Seth & Friston, 2016; Feldman Barrett, 2017; Feldman Barrett & Simmons, 2015）．恒常性を保って生命を維持するために，脳は望ましい身体状態を表象し，それを実現するための内的モデルを構築している．そのモデルにより，状況に応じて血圧，体温，血糖値などの最適値が定められ，それらが予測（目標）として出力される．そこに身体からの信号が入力されると，内的モデルによる予測と照合され，両者の差異が予測誤差として検出される．生体は，この予測誤差を最小化することで身体状態を制御しようと努める．こうした理論では，内受容感覚は，現在における実際の身体状態が，その目標の許容範囲内にあるか，そこから逸脱しているのかを知らせる信号として機能する．身体状態が目標の許容範囲から逸脱していることは生体にとって危機であり，そのような場合には身体状態を目標に向けて変化させようという動因（drive）が働く．

　本来，知覚や運動を説明するために提唱された予測的処理を，全く性質の異なる内受容感覚へ拡張することには違和感があるかもしれない．しかし，予測的処理の理論を体系化，一般化したフリストン（Friston, 2010）は，そもそも生体が予測による制御を行うのは恒常性を維持するためである，という前提から論を始めている．またリサ・フェルドマン・バレット（Feldman Barrett, 2020）は，こうした仕組みを「身体予算（body budget）の管理」と名づけた．家計や国家財政では，予算が監視されて運用される．同じように身体予算の管理では，水分，塩分，糖などの身体資源が監視され，運動したり頭を使ったりという活動に配分される．家計や国家財政と同様，行き当たりばったりの運用をしたならば，たちまち身体予算は危機に瀕するだろう．そこで脳は，現在の身体予算を正確に把握しながら，先を読んだ予測によりその使途を制御しようとする．このメカニズムを，アロスタシス（allostasis: 変化による恒常性維持の意味）（McEwen, 1998; Sterling, 2012）と呼ぶ．たとえば，空腹の人物が，昼食に何を食べるか考えているとしよう．ラーメンにするかエスニック料理にするか……．今日はラーメンと決めたこの人物の脳は，この店にはいつも行列ができるという知識に基づき，昼休みになったら急いで行かねばならず，そのために身体を動かす資源が必要だと予測する．その結果，オフィスを出る頃には，心拍や血圧は上がり，糖を骨格筋に効率的に分配するための準備ができている．

　内受容感覚において予測が重要であるのは，運動のところでも述べたように，身体状態の監視や制御には，必ず時間遅れが，しかも運動とは比較にならないほど大きな時間遅れがあるためである．たとえば動物が，実際に血糖値が低下し，身体予算が枯渇してから空腹を感じて餌を探し始めるとすれば，高い確率で餓死してしまうであろう．そこで脳は，身体予算がわずかに低下したところで先回りして予測を立て，食餌行動を促すために能動的に空腹感を創発しているのだと考えられる．このように考えれば，内受容感覚とは単に身体状態の受動的な知覚ではなく，内的モデルに基づいて自己の身体状態を予測し，それにより適切な行動を選択（意思決定）する機能であると考えることができる（Quigley *et al.*, 2021）．

内受容感覚と意思決定

メフディ・ケラマティら（Keramati & Gutkin, 2014）は，このような視点に基づいて，内受容感覚と意思決定の関係を図 3-2 のように表現している．身体状態は極めて多次元的であるが，ここでは例として体温と血糖値を考え，その目標をこの二次元平面 H の一点 H^* と表すことにする．時点 t における身体状態の脳における表象 H_t が内受容感覚に相当する．H_t は目標と離れているので，H^* に向けてこれを動かそうとする動因 $d(H_t)$ が生じる．この動因は H^* に対応する地点を頂点とする上方の曲面で表現されている．この生体がある行動を選択し（意思決定），その結果次の時点で身体状態が H_{t+1} に遷移したとすれば，目標 H^* に K_t だけ近づいたことになるので動因が $d(H_{t+1})$ まで低下し，その差分が報酬 $r(H_t, K_t)$ として評価される．この報酬の信号が脳に伝えられ，現在の状態と行動の価値を強化学習（reinforcement learning）の原理により更新するのに利用される．強化学習とは，刺激や行動の価値（value）を表象し，その価値を，それらを選択するたびに得られた報酬により更新し，そうした価値に基づいて意思決定を行うアルゴリズムである（強化学習の数理的表現については注 10）を参照）．つまり報酬とは，ある事物，事象，行動が，身体状態をどの程度，望ましい目標へ動かすことができるかの度合いにより規定される．

しかし，われわれ人間は，食べ物や水のような物理的な報酬だけでなく，金銭，名誉，他者からの評価など，より抽象度の高い報酬に基づいて選択を行うこともあるだろう．このような場合でも，常に身体状態とその予測誤差に基づいた意思決定がなされるのであろうか．この問題についてダマシオ（Damasio, 1999）は，脳には，ある選択を行ったならばどんな身体変化を感じるかを予測する機能があると考え，その神経回路を「あたかも身体ループ（as-if body loop）」と呼んだ．これは一種の内的モデルであり，この機能のおかげで，必ずしも実際に身体反応を惹起しそれを知覚しなくても，身体反応の知覚を脳だけでシミュレーションして推論し，それに基づいた意思決定が可能になると主張される．ダマシオのこの概念は，それが提唱された時点では全くの仮説であったが，内受容感覚の予測的処理の意思決定における意義について重要な示唆を与えている．

ここで，身体状態の目標 H^* は常に固定されているわけではない．環境から

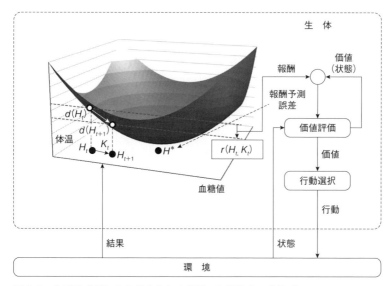

図 3-2　内受容感覚により規定される報酬・意思決定・感情（Keramati & Gutkin, 2014 を改変）（大平，2019）

体温と血糖値の目標（セットポイント）を H^* と表す．時点 t における身体状態の脳における表象 H_t は目標と離れているので，H^* に向けてこれを動かそうとする動因 $d(H_t)$ が生じる．この生体がある行為を選択し（意思決定），その結果次の時点で身体状態が H_{t+1} に遷移したとすれば，目標 H^* に K_t だけ近づいたことになるので動因が $d(H_{t+1})$ まで低下し，その差分が報酬 $r(H_t, K_t)$ として評価される．この報酬の信号が脳に伝えられ，現在の状態と行為の価値更新に利用される．一方，身体状態の目標の変更にも用いられる（点線矢印）．報酬予測誤差が拡大する場面では対処が必要なので，身体状態の目標値は上方修正される．一方，報酬予測誤差の減少は学習の成立や状況への適応を意味するので，それ以上のエネルギー投入は不要と判断して身体状態の目標値は下方修正される．

の要請や自らが置かれた状況の文脈により，H^* は能動的に変更されると考えたほうが自然である．これは内的モデルによる身体状態の予測を，高次の内的モデルの予測によって調整する営みであり，前述したアロスタシスと呼ばれている生理的機能に該当する．筆者は，この「予測の予測」とも言えるアロスタシスの信号が，強化学習における報酬予測誤差により調整されていると考えている（大平，2019）．正の報酬予測誤差は予測よりよい結果が得られたことを意味し，負の報酬予測誤差は予測より結果が悪かったことを意味する．いずれにしろ報酬予測誤差が大きい際には，報酬を獲得する，あるいは脅威から逃れるために新たな対処行動を起こす必要があり，このような場合にはエネルギー水準を高めるために身体状態の目標値は上方修正されるだろう．逆に報酬予測誤

差が縮小して0に近づくということは，その状態がよかれ悪しかれ学習が成立しつつあることを意味し，そのような場合にはこれ以上の対処は不要なので，エネルギー節約のために身体状態の目標値は下方修正されると考えられる．こうした視点を導入することにより，身体状態，内受容感覚，報酬，価値，意思決定という様々な心理生理的現象を，共通の理論的枠組みに統合することができると考えられる．

意識と感情の創発

このような内受容感覚の予測的処理の観点からは，身体状態が望ましい方向に変化している状態が快感情，そのような方向へ変化しない，あるいは逆方向に変化してしまう状態が不快感情という主観的経験を創発するのだと考えられる．つまり，たとえば血糖値が現在適正な値として出力される予測に近づいている場合には満足感とそれに伴う快感情が，血糖値が予測と逸脱して低下してしまうような場合には空腹感とそれに伴う主観的な不快感情が経験される[5]．

ただし，予測的処理の理論は，予測誤差を縮小するために前掲図 3-1 で示したようなベイズ的計算を主張することに注意しておく必要がある．予測誤差がどのように縮小されるのかは，事前モデルと感覚信号（尤度）の精度比に依存するのであった．内受容感覚の予測は，血糖値や血圧など，生理物理的な要求に従って設定されている．すると，外的刺激によってその予測が過度に動いてしまうのは，望ましくないはずである．そのため内受容感覚の事前モデルは，かなり精度が高いものになっていると考えられる．この場合には図 3-1C のようにモデルの更新はほとんど行われず，そのためここで主観的に経験されるベイジアン・サプライズも小さなものとなる．この場合，モデルの予測に合致する内臓運動指令が出力され身体状態が制御されるが，この際に前述した身体の運動と同じようなメカニズムで，そのように内臓を動かしたらどのような感覚が得られるかという予測が生成されると想像することができる．その予測が実際に内臓から得られた感覚と一定範囲で一致していれば，一種の「内受容感覚

---

5) 内受容感覚だけでなく，感覚一般における予測誤差（自由エネルギー）の変化が感情を創発するという主張も見られる（Joffily & Coricelli, 2013）．

の自己主体感」が形成されて，そのように内臓を動かしたのは自己であると認識され，感覚減衰の原理により感覚信号は弱められる．血糖値，血圧，心拍，発汗などの生理的現象は実際には常にゆれ動いているにもかかわらず，われわれがその変化をほとんど意識しないのは，このように説明できる（Craig, 2014）．たとえばある個人が，いつもの朝と同じように牛乳を飲んだとしたら，その個人の体内環境は大きく変化する．しかしそれは十分に精度の高いモデルが形成されている事象であるので，その個人は自己の身体状態の変化を意識することはない．

　しかし，何らかの理由で内受容感覚のある側面の事前モデルの精度が低くなってしまっているような場合，あるいは過度に精度の高い感覚信号が入力された場合には，図 3-1B のようにモデルの予測が大きく更新され，大きなサプライズを経験する．たとえば，海外旅行に行って経験したことのない飲み物を試したような場合である．このような際にはおそらく，身体に生じた変化は自己由来ではなく外的刺激により引き起こされたと認識され，「お腹がゴロゴロする」などの意識的経験が生じるのではないかと推測される（Farb et al., 2015）．そして，そうした内受容感覚による身体制御が，限度を超えて慢性的に不全であると，うつ，不安，発達障害，疲労などの精神病理を誘発すると主張されている（Feldman Barrett & Simmons, 2015; Stephan et al., 2016; Bonaz et al., 2021）．

　ここまで述べてきた予測的処理の理論では，内受容感覚の予測誤差の変化を快―不快感情の源泉と考えるのであった．一方，報酬と報酬予測誤差の変化を快―不快感情，特に気分（mood）の源泉であるとする考え方も存在する．先に述べたケラマティ（Keramati & Gutkin 2014）のモデルにも組み込まれている強化学習のシステムでは，内受容感覚の信号をもとに計算された報酬が予測され，ある行動を選択した際に実際に得られた報酬と比較される．この両者の間の差分を報酬予測誤差（reward prediction error）と呼ぶ．報酬予測誤差が正の値ならば期待より得られた報酬が大であったことを，負の値ならば期待より実際の報酬が小であったことを意味する．これらの値によって，選択された行動の価値を更新するのが強化学習の基本的な枠組みである．

　強化学習は，動物やロボットなど機械の行動をも説明する汎用的なモデルであるので，本来，それが表現する学習や意思決定の過程に感情などの内的状態

が関与することを想定していない．しかし，エラン・エルダーら（Eldar *et al.*, 2016）は，直近の報酬履歴によって快─不快の気分が規定されると主張した．正の報酬予測誤差が拡大している際には幸福のような気分を経験し，負の報酬予測誤差が拡大すれば落胆のような負の気分を経験すると考えるのである．また彼らは，こうして生成された気分は学習過程を調整するように働くと主張した．幸福気分の際には強化学習モデルの学習率が大きくなり，柔軟で速やかな学習が進行するが，これは学習が不安定になるというデメリットもある．落胆気分の際には学習率が小さくなり，安定して慎重な学習が行われる．このようにして，学習と感情の相互作用が生じると主張されている．

さらに，エルダーら（Eldar *et al.*, 2018）は，1週間にわたり金銭的報酬を追求するギャンブリング課題を実験参加者に課して，そこでの報酬履歴と日常生活における気分状態の関連を検討した．彼らは，脳波の解析から，通常の強化学習モデルが前提とするような直近の報酬履歴に対応する脳活動と，それより長い時間単位の報酬履歴を反映する脳活動を分離した．そして，短い時間単位の脳活動は1時間単位の気分状態を，長い単位の脳活動は1日単位の気分状態を規定していることを示している．

こうした理論的モデルと実証的研究の知見に基づいてエルダーら（Eldar *et al.*, 2021）は，報酬予測誤差の拡大縮小の方向が快─不快という感情価を，その拡大縮小のモメンタム（運動量）が覚醒を規定するという概念モデルを提唱した．さらに彼らは，それらの感情価と覚醒の組み合わせが，快─高覚醒：幸福・興奮，不快─高覚醒：怒り・欲求不満，快─低覚醒：リラックス・安静，不快─低覚醒：悲しみ・落胆，のような異なる種類の感情を生起させると提案している．

先に述べた内受容感覚の予測誤差と，エルダーらが提唱した報酬予測誤差が，どのように関連し，また統合されて経験される感情状態を創り出すのかは興味深い問題であるが，現在のところ両者は独立に検討されている．

4　内受容感覚の神経基盤──解剖学的知見

ここまでで述べてきた内受容感覚の予測的処理は，長い間，仮説の域を出な

いものであった．しかし最近になり，徐々にこの理論を支持する知見が報告されつつある．そこでまず，内受容感覚を支える神経解剖学的構造を検討する．どのような機能も，それを支える構造があってこそ実現するものだからである．

身体と脳を結ぶ神経経路

　身体内部からの信号は，ホルモン（身体内部の様々な腺から分泌される情報伝達物質）やサイトカイン（免疫細胞により分泌される炎症性物質）などによる液性経路によって伝えられるものもあるが，大量の身体信号を速やかに脳に伝達する機能は，ほぼ神経に負っていると考えられる．そうした身体から脳へ向かう神経経路は，脊髄—脳幹—視床経路と，迷走神経経路に大別される（Berntson & Khalsa, 2021: 図 3-3A）．身体各部に存在する化学受容体，液性受容体，エルゴ受容体，機械受容体などが，各臓器，血管，筋，皮膚などの状態やそこにある物質の情報を小径の神経線維により，これら二つの神経経路に入力する．こうした神経線維は，外受容感覚，固有感覚，運動を担う神経線維より細く伝達速度も遅い．これは，身体内部情報は断絶なく常時伝えられる必要があるため，伝達のためのエネルギー消費の節約に寄与していると考えられる．この事実に基づきアーサー・クレイグ（Craig, 2014）は内受容感覚を，「全身から届く小径線維の感覚入力」と定義する．これによって内受容感覚と外受容感覚とを解剖学的に明確に区分することができる．また，この定義によれば，皮膚の温感や痛みも内受容感覚に包含されることになる．

　内受容感覚の脊髄—脳幹—視床経路においては，身体各所の受容体からの小径線維は脊髄後角の第Ⅰ層ニューロンに入力する．この第Ⅰ層ニューロンは脊髄を上行し，まず脊髄胸部の交感神経細胞柱へ投射する．この部位には身体各部へ下降する交感神経が存在し，この回路によって，身体状態をモニターした上で身体状態を制御する最も基礎的な機能が可能となる．さらに第Ⅰ層ニューロンは吻側延髄腹外側部（rostral ventrolateral medulla: RVLM）や椀傍核（paraventricular nucleus）などの脳幹部位，視床（thalamus）の腹内側核（ventromedial preoptic nucleus: VMpo），腹内側基底核（ventral midbrain: VMb），背内側核の腹胸側部（ventral caudal part of the medial dorsal nucleus: MDvc）に投射する（Craig, 2002, 2009, 2014）．さらに，視床の VMpo や VMb から島（insula）の後

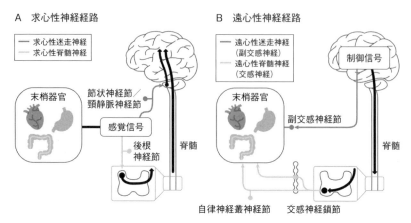

A 求心性神経経路

- 求心性迷走神経
- 求心性脊髄神経

末梢器官

節状神経節／
頸静脈神経節

感覚信号

後根
神経節

脊髄

B 遠心性神経経路

- 遠心性迷走神経
  （副交感神経）
- 遠心性脊髄神経
  （交感神経）

制御信号

末梢器官

副交感神経節

脊髄

自律神経叢神経節　　交感神経鎖節

図 3-3　身体と脳を結ぶ神経経路（Chen *et al*., 2021 を改変）

部へ，MDvc から前部帯状皮質（anterior cingulate cortex: ACC）という大脳皮質へ向かう神経投射が存在する．また，これらの視床の各神経核は，扁桃体や線条体などの皮質下構造にも投射する（図 3-3A）．

　脳幹部への第Ⅰ層ニューロンの投射は，身体内部の吻側から尾側にかけての空間的構造が保たれている．これは，初期視覚野である V1 に網膜に対応した視野マップがあり，体性感覚野には身体マップが存在することと同様に，内受容感覚が身体内部の高度な分解能を持って脳に表象されていることを示唆する．クレイグ（Craig, 2014）は，視床，さらに島への投射にまで，こうした内受容感覚に関する高精度の空間構造が保存されていると主張している．

　一方，内受容感覚の迷走神経経路は，そのほとんどが，節状神経節（nodose ganglion），頸静脈神経節（jugular ganglion）を経由して脳幹の孤束核（solitary nucleus）に投射する．この経路の信号は，孤束核から先は脊髄―脳幹―視床経路と同様に，視床の VMpo，VMb を経由し，島や前部帯状皮質，扁桃体や線条体に投射される．この経路では，臓器ごとに異なる解剖学的・遺伝学的特性を持つ迷走神経によって身体状態の信号が脳に伝達されるとされているが（Prescott & Liberies, 2022），その詳細は未知の部分が多い．

　身体から脳へ向かう脊髄―脳幹―視床経路と迷走神経経路とが対応して，ちょうどそれらの経路を逆にたどり，脳から身体へ向かう経路がある（図 3-3B）．

これは，いわゆる自律神経系の交感神経と副交感神経であり，よく知られているように相互拮抗的に身体活動を制御している．クレイグら（Craig, 2014; Strigo & Craig, 2016）は，身体内部の交感神経が支配している部位の状態の信号を脊髄—脳幹—視床経路が，副交感支配している部位の状態の信号を迷走神経経路が，それぞれ脳に伝えると考え，身体と脳の二重の相互連絡を主張している．この考え方は今のところ仮説と見なすべきであろうが，いずれにしろ，内受容感覚の予測的処理が主張する，脳が身体状態をモニタリングしつつ，その状態をダイナミックに制御していくメカニズムの基盤となる神経解剖学的構造が存在していると言ってよいであろう．

内受容感覚に関連する大脳皮質部位

　大脳皮質のうち内受容感覚の予測的処理において重要なのが，島と前部帯状皮質である（図3-4A）．島は両側の側頭葉の内側に位置し，その最も後部の背側部にすべての身体内部からの信号が入力される（詳しくは，大平，2017a 参照）．視覚や聴覚などの外受容感覚の信号は，それよりは前よりの島の中部に入力され，ここで内受容感覚と統合されて現在の経験が形成されると考えられている（Craig, 2014）．また後部島には，前部帯状皮質を含む内側前頭前皮質（medial prefrontal cortex）や前頭眼窩皮質（orbitofrontal cortex）からも密な神経投射がある．こうした解剖学的事実から，フェルドマン・バレットら（Feldman Barrett, 2017; Feldman Barrett & Simmons, 2015）は，前部島，内側前頭前皮質，前頭眼窩皮質などが内受容感覚の内的モデルを形成し，後部島において身体信号との予測誤差が計算されると主張している（図3-4B）（大平，2017b 参照）．また，島が身体内部の感覚を形成するのに重要であるのに対して，前部帯状皮質と前頭眼窩皮質は内臓運動皮質であることが知られており，予測誤差を縮小するために内臓などの身体を能動的に動かすことにより制御する機能において重要な役割を果たす（Craig, 2014）．

　これらの皮質部位が内受容感覚の予測的処理において重要なのは，いずれの部位も顆粒皮質（granular cortex）と無顆粒皮質（agranular cortex）を併せ持つからだと考えられている（Feldman Barrett & Simmons, 2015）[6]．視覚，聴覚，体性感覚などの感覚入力を受ける脳部位は，顆粒皮質と呼ばれる．顆粒皮質に

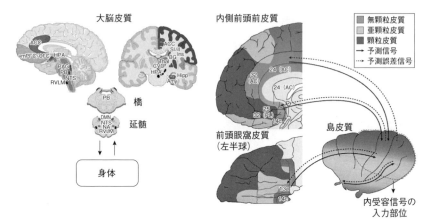

A 内受容感覚を支える大脳皮質と脳幹 (橋・延髄) の部位 (Berntson & Khalsa, 2021 を改変)

B 内受容感覚のハブ部位である島 (Feldman Barrett & Simmons, 2015 を改変)

図 3-4　内受容感覚に関連する脳部位

OFC：前頭眼窩皮質, vmPFC：腹内側前頭前皮質, HPA：視床下部, ACC：前帯状皮質, Hipp：海馬, PAG：水道周囲灰白質, PB：傍腕核, NTS：孤束核, RVLM：吻側延髄腹外側部, DMN：背側運動核, NA：無名核, Amy：扁桃体, Ins：島, SI/II：体性感覚皮質, BG：基底核, Thal：視床, CVO：脳室周囲器官.

島皮質は, 腹吻側から, 無顆粒皮質, 亜顆粒皮質, 顆粒皮質に分かれており, これら島内の密な神経連絡を持つとともに, 内側前頭前皮質や前頭眼窩皮質と連絡している. 無顆粒皮質は予測を形成して出力し, 顆粒皮質ではその予測信号 (実線矢印) と感覚入力信号を比較して予測誤差が計算され, 予測誤差信号 (破線矢印) として無顆粒皮質に送り返される (大平, 2017a 参照). この予測に基づく処理が多重的に行われることにより, 脳の様々な機能が実現される. 島皮質の点線範囲は, 身体からの内受容信号の入力範囲を示す.

は明瞭な 6 層の構造があり, 特に第 4 層において丸い形をした顆粒細胞 (granule cell) を豊富に含む. ピラミッド形の錐体細胞 (pyramidal cell) が長い軸索を持ち, 異なる脳部位への出力を担うのに対して, 顆粒細胞の神経連絡は局所的であり, 脳部位局所で入力された信号を増幅する機能を担っている. このため顆粒皮質の構造は感覚情報の処理に適している.

　これに対して, 顆粒細胞を含まず層構造が未分化な無顆粒皮質は, 運動野や帯状皮質など出力に関連する脳部位である. 脳の様々なレベルで, 顆粒皮質の浅層から無顆粒皮質の深層へ, 無顆粒皮質の深層から顆粒皮質の浅層へという

---

6)　顆粒皮質と無顆粒皮質の間には, 両者の中間的性質を持つ, 亜顆粒皮質 (dysgranular cortex) も存在する (図 3-4B).

双方向の神経連絡があり，感覚入力の処理とその調整という機能単位を構成している．こうした解剖学的な知見から，無顆粒皮質は過去の経験に基づく感覚の予測を担うと考えられている（Barbas & Rempel-Clower, 1997）．この予測は，無顆粒皮質の深層に存在する錐体細胞群の発火パターンにより符号化されている．この情報は顆粒皮質の浅層に送られ，ここに入力される感覚信号と照合されて予測誤差が計算される．この予測誤差の情報は無顆粒皮質の深層に送り返され，モデルの更新に利用される．この過程が休まず繰り返され，それにより主観的な経験が連続的に形成される．この考え方は視覚などの外受容感覚を対象にしているが，フェルドマン・バレットら（Feldman Barrett & Simmons, 2015）はそれを内受容感覚にも拡張して解釈している．ただし，クレイグ（Craig, 2014）は島の顆粒皮質と無顆粒皮質にこうした機能を当てはめることに賛成しておらず，現在のところ，この議論の妥当性に関する合意は得られていない．

　また，近年では一般に，個々の脳部位が特定の機能を果たしているというよりも，脳内の大規模なネットワークのダイナミクスにより様々な機能が創発されると考えられるようになった．内受容感覚とアロスタシスについても，そのような大規模ネットワークの存在が報告されており，本節で述べた皮質，皮質下の脳部位がそうした内受容感覚ネットワークのハブとして働いていることが示されている（Kleckner *et al.*, 2017）．

5　島の予測的処理に関する神経生理学的知見

動物研究

　内受容感覚が予測的処理によって創発されるという主張について，最近，動物を対象にした神経生理学的研究からも支持的な知見が提出されている．前述のように，島は，身体からのすべての信号が最終的に投射される脳部位であり，内受容感覚の重要な脳部位である．マウスの島ニューロンの活動を，ナイーブ・ベイズ分類器という人工知能技法を用いて解析した研究によると，島は普段は現在の餓えや渇きの状態を反映する活動パターンを示すことが示唆された．ところが，マウスを飢餓あるいは渇水の状態に置いた際，食物あるいは水とあらかじめ連合された手がかり刺激を提示すると，あたかもそれらを摂取して満

足した状態のような活動パターンに変化する（Livneh *et al.*, 2020）．この時点では，実際にはまだ餓えや渇きは癒えてはいないのだが，島ニューロンは，それらの状態を予測するように活動する．おそらくその機能は，実際の身体状態との予測誤差を積極的に惹起し，それを縮小するために餌や水を摂取する行動を動機づけることにあると考えられる．この研究では，そうした行動への影響は検討されていないが，島における内受容感覚の予測的処理が意思決定と関連していることを示唆する知見であると言えよう．

また，島は食物や水だけでなく，嫌悪的な内受容感覚である痛みの予測にも関連する．電撃により痛みを動物に与える際に中性的刺激を提示すると，その刺激が与えられただけで，すくみ反応（フリージング）を示すようになる．この現象を恐怖条件づけ（fear conditioning）と呼ぶ．この時，中性的刺激が提示されている間の島の活動が，すくみ反応の強度と相関することが示され，島が嫌悪的刺激の予測を担っていることが示唆された．さらに，内受容感覚の重要な経路である求心性迷走神経を光遺伝学（optogenetics）と呼ばれる方法により興奮させると，すくみ反応の強度が促進された（Klein *et al.*, 2021）．光遺伝学とは，光によって活性化されるタンパク分子を，遺伝学的手法を用いて特定の細胞に発現させ，その機能を光で操作する技術である．この結果は，恐怖条件づけという現象が，求心性迷走神経によりもたらされる痛みに関する内受容感覚の予測を基盤にしていることを示唆している．

これら二つの研究（Livneh *et al.*, 2020; Klein *et al.*, 2021）では，内受容感覚およびその予測的処理に関する重要な文献（Garfinkel & Critchley, 2016; Craig, 2002; Feldman Barrett & Simmons, 2015; Owens *et al.*, 2018; Paulus *et al.*, 2019）が多く引用されており，本章で紹介している理論的枠組みを神経生理学的に検証しようとしていることが理解できる．

さらに，島は免疫の働きに重要な炎症に関する内受容感覚の予測にも関連していることが示されている．2種類の薬物によりマウスの大腸と腹膜に炎症を発生させると，それぞれの炎症に特化して活性化するニューロン群が島に発見された．この研究では，炎症が回復した後にそれらのニューロン群をDRE-ADD（designer receptor exclusively activated by designer drugs）と呼ばれる方法で活性化した．これは，ウイルスベクターを利用して脳の特定の場所に人工受

容体を発現させ，その人工受容体に結合する作動薬を投与して，ニューロンの興奮を高めたり抑制したりする技術である．驚くべきことに，この操作によって島ニューロンを活性化することで，大腸と腹膜に，それぞれ特異的な炎症が生じた（Koren *et al.*, 2021）．Koren *et al.* (2021) は，この現象を炎症の記憶と解釈している．しかし単なる記憶であれば，わざわざ有害な炎症を身体に作り出す必要はないだろう．これらの島ニューロンは末梢身体における炎症の予測を高い空間解像度で符号化しており，それらのニューロンが DREADD により活性化されたことで炎症の予測誤差が生じ，その予測誤差を縮小するために積極的に炎症を起こしたのであろうと考えられる．もちろんこの現象は身体に有害であろうが，脳はそれよりも予測誤差の縮小を優先するのだ．この知見は，内受容感覚の予測的処理が脳の原理として強力に働いていることを示唆する．

ヒトを対象とした研究

　ヒトを対象として，内受容感覚の予測的処理の妥当性を直接検証した例はまだほとんど見られないが，いくつかの傍証が報告されている．その一つとして，高脂質・高エネルギーの食品と低脂質・低エネルギーの食品の画像を提示すると，視覚誘発脳電位の反応が明瞭に異なることが示されている（Toepel *et al.*, 2009）．刺激提示 300 ミリ秒以内では，視覚野である後頭葉や注意に関連する頭頂葉，そして島を含む側頭葉で高エネルギー食品への反応が強まったのに対し，それ以降の時間帯では，意思決定に関連する腹内側前頭前皮質を中心とした前頭領域で強い反応が観測された．島が報酬の予測を符号化するという前述の動物研究（Livneh *et al.*, 2020）を参照すると，このヒト研究の知見は，われわれが過去の経験から，食品の外見，名称，カテゴリーなどからその食品に含まれるエネルギーを見積もることができ，それを摂取した際の味，口腔感覚，消化器感覚などの内受容感覚の予測が，島において符号化されることを示唆する（Leonard *et al.*, 2003）．その予測は，現在の身体が空腹状態であれば，予測誤差を惹起することになる．島が薬物依存における渇望（craving）の感覚を惹起する（Garavan, 2010）ことを考えれば，この脳部位が食物への渇望に関する主観的経験をも創り出していると考えることには合理性があるだろう．そして，そうした渇望が，その食物を摂取するという意思決定を導くのであろう．

またハリソンら（Harrison *et al.*, 2021）は，呼吸学習課題（breathing learning task）と呼ぶユニークな実験パラダイムを開発して，島における内受容感覚の予測的処理を直接可視化しようと試みている．装置により引き起こされる呼吸困難感を，80% あるいは 20% の確率で予告する視覚刺激が提示され，実験参加者は呼吸困難が生じるか否かの予想を報告する．これはちょうど，意思決定研究でよく用いられる金銭報酬を使ったギャンブル課題と同じ構造であり，手がかりに対して，報酬の代わりに呼吸困難という嫌悪的な内受容感覚を随伴させた課題である．それゆえに，この課題における学習の推移を報酬による意思決定と同様な強化学習モデルで表現し，参加者ごとに，1 試行ごとの呼吸の予測誤差を推定することができる．課題中の脳活動を fMRI で観測した結果，前部島と前部帯状皮質の活動が，呼吸の予測誤差と強い相関を示すことが明らかになった．報酬の予測誤差がいわゆる報酬系の中心部位である側坐核の活動と関連することはよく知られているが（Schultz, 2015），島を中心とした脳部位が，同様な形で内受容感覚の予測誤差の計算に関与していることが示されたのである．この研究では，通常の参加者では負の予測誤差（呼吸困難が生じないと予想したのに生じた）が，正の予測誤差（呼吸困難が生じると予想したのに生じなかった）よりも強い前部島の活動を惹起したのに対し，特性不安が高い参加者では予測誤差の正負が分離されず，常に高い島活動が観測された．この結果は，内受容感覚を適切に予測できないことが，不安という将来の不確実性に対する主観的な不快感情を創り出すことを示唆している．

　一方で，内受容感覚を正確にモニタリングできることが，身体状態の適切な制御につながるという知見も存在する．心拍カウント課題により評価された内受容感覚の正確さが高い個人は，糖の水溶液を飲ませた際の血糖値の上昇が緩やかであることが報告されている（Young *et al.*, 2019）．こうした糖負荷試験が糖尿病のリスクを診断する検査として用いられていることからわかるように，内受容感覚のモニタリングが予測に基づいて糖代謝に関連する各種ホルモンを適切に分泌することで，血糖値を妥当な範囲に保つことができるのだと考えられる．また，内受容感覚が正確な個人は，身体のエネルギー消費効率もよいことが示唆されている．15 分間エアロバイクで運動した際，心拍カウント課題の成績が高い個人は，低い個人と同じ程度の疲労を報告したのだが，消費した

エネルギー量はより少なかった（Herbert *et al.*, 2007; Paulus *et al.*, 2012）．この結果は，内受容感覚の精度が高いと，運動に伴うエネルギー消費の予測に基づいて適切にエネルギー配分を行えたことを示唆する．これらの知見で重要なのは，個人が自らの血糖値やエネルギー消費量を意識的に知覚できるわけではないことである．それにもかかわらず，内受容感覚のメカニズムは，こうした身体状態をモニタリングし，制御していくことができる．

　本節で述べた知見はいずれも，内受容感覚の予測的処理を直接証明するものではないが，少なくともその理論的枠組みに矛盾せず，その妥当性を示唆するものであると言えるだろう．

6　内受容感覚・意思決定・感情の計算論モデル

　予測的処理の理論としての利点は，それがもともと数理的表現を志向しており，様々な形式の計算論モデルと相性がよいことである．これは，本章で扱っている内受容感覚，意思決定，感情のような複雑な現象を説明する上で好都合である．それらのような，要因やパラメータが多く，要因間に相互作用も多いメカニズムから生じる現象のダイナミズムを，一般的な心理学や認知科学の理論のように自然言語で記述することは困難だからである．

内受容感覚のモデリング

　おそらく，内受容感覚の予測的処理を初めて計算論的に表現したのは，クラース・ステファンらが提唱した一種の時系列モデルである（Stephan *et al.*, 2016）．ここでは，内受容感覚の一つとして血圧を例にとる．脳に血圧の内的モデルが保存されており，それは正規分布による確率分布で表現され，ある時点 t におけるその平均値を μ_t，分散を π_t^{-1}（π は精度で分散の逆数）とする．平均値 μ_t は，この時点における血圧の予測であり，この時点における血圧の目標値となる．一方，この時点における実際の血圧を x_t と表す．この値は，ある関数により脳に伝えられる．この時ノイズ e_1 が加わると考え，それを平均 0，分散 π_{body}^{-1} の正規分布で表す．こうして，この時点における血圧の脳における神経表象 y_t が形成される[7]．出力された予測 μ_t と血圧の神経表象 y_t が比較

され，予測誤差 $y_t - \mu_t$ が計算される．予測的処理の原理は，この予測誤差を縮小しようと働き，次の時点 $t+1$ における内的モデルの平均と精度が，ベイズの定理により更新される [8]．同時に，予測誤差を縮小するために，身体に働きかけてこれを変更しようとする行為（action: a）が発動される [9]．血圧の場合は，交感神経系と副交感神経系活動などの変更がこれに当たる．血圧は，これにより一定の時間遅れを伴って連続的に変化する [10]．

　このモデルは，シンプルではあるが，予測的処理に基づく内受容感覚の動作をうまく表現している．そこで筆者は，このモデルを拡張し，ケラマティら（Keramati & Gutkin, 2014）が提唱した内受容感覚と意思決定を統合する枠組み（前掲図 3-2）を表現することを試みた．ある個人が，二つの選択肢について報酬が確率的に与えられるシンプルな意思決定課題を遂行する場面を考える．この課題遂行に伴う血圧モデルを制御するために，高次階層のモデルを追加する（図 3-5）．この高次モデルもまた正規分布による確率分布で表現され，ある時点 t におけるその平均値を μ_{ht}，分散を π_{ht}^{-1} とする．課題の開始とともにこの

---

7)　ステファンらの論文（Stephan *et al.*, 2016）では，生理的状態が脳に伝えられる際の関数が明記されていない．筆者はこれを双曲線関数として次のように表現し，先行研究の再現を行った（大平，2018）．

$$y_t = \tanh(\beta_1 * x_t) + e_t^1$$

8)　確率分布におけるベイズの定理に基づいて，内的モデルの平均値と精度は次のように更新される．

$$\text{平均値}: \mu_{t+1} = \mu_t + \frac{\pi_{body}}{\pi_t + \pi_{body}} * (y_t - \mu_t)$$

$$\text{精度}: \pi_{t+1} = \frac{\pi_t + \pi_{body}}{\pi_t * \pi_{body}}$$

9)　この行為（a）の効果量を定める関数も先行研究（Stephan *et al.*, 2016）では明示されていないが，神経を介する情報伝達なので，やはり双曲線関数で表現することとする（大平，2018）．ここでも予測と生理的状態の精度比を乗じて，次のように規定する．

$$f(a) = \tanh\left(w_2 * \frac{\pi_t}{\pi_t + \pi_{body}} * \beta_2 * - (y_t - p_t)\right)$$

10)　行為（action: a）により生理的状態を変化させる関数も，いろいろなものを考えることができるが，ここでは次のように規定する．

$$\frac{d_x}{d_t} = f(a) + e_2$$

$$f(a) = (1 - e^{-a_{(t)}/\tau})$$

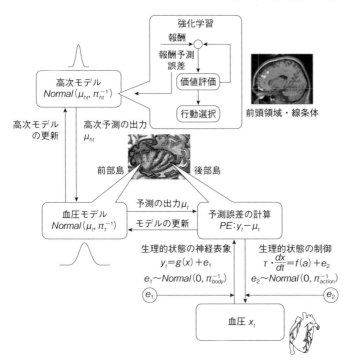

図 3-5 内受容感覚の階層的な予測的符号化と強化学習（大平，2019）
Normal：正規分布，*PE*：予測誤差，*e*：正規分布で表現されるノイズ.

高次モデルが適用され，その平均値 μ_{ht} が血圧モデルの高次の予測として出力される．すると血圧モデルの値 μ_t と高次の予測 μ_{ht} の差異，つまり予測誤差が計算され，これにより高次モデルの平均値と精度が同様に更新される．一方，高次モデルの適用開始とともに，血圧モデルの値 μ_t と高次の予測 μ_{ht} の予測誤差は血圧モデルの更新にも影響すると考える（計算の詳細は，大平，2019 を参照）．

さらに，前述のように，課題遂行に伴う報酬予測誤差の拡大による目標の情報修正，報酬予測誤差の縮小による目標の下方修正を表現するために，典型的な強化学習である Q 学習（Q learning）を導入する [11]．前述したように（第 3

11) この研究では，典型的な強化学習である Q 学習を用いている．
$$Q_{(a(t))}(t+1) = Q_{a(t)}(t) + \alpha(R(t) - Q_{a(t)}(t)), \quad (1)$$
$$\mathrm{RPE}_t = R(t) - Q_{i(t)}(t), \quad (2)$$

節），報酬予測誤差が血圧の高次モデルに影響すると考える．具体的には，報酬予測誤差の絶対値が増加する場合には高次モデルの平均値を引き上げ，報酬予測誤差の絶対値が減少する場合には平均値を引き下げる．その際，n 試行前までの報酬予測誤差が一定の割引率をもって影響すると考える．この累積された報酬予測誤差の「変化」が高次モデルに影響すると考える．以上により，意思決定における報酬予測誤差が身体状態（本章では血圧）の目標値を能動的に変更することにより身体状態が制御されていく，アロスタシスの動態をモデリングできる．

　筆者は，このモデルを用いてシミュレーションを行うことにより，内受容感覚と意思決定の関連を考察した（大平，2019; Ohira, 2020）．その一つでは，実験条件として，一方の選択肢が 80%，他方の選択肢が 20% の確率で報酬と結びつく学習可能条件と，どちらの選択肢も 50% の確率でランダムに報酬が与えられる学習不能条件を設定した．筆者らは先に実験研究において，学習可能条件では血圧，心拍，さらには免疫反応などの生理的反応が，課題開始とともに

$$P(a(t)) = \frac{1}{1 + \exp[-\beta(Q_a(t) - Q_b(t))]}, \quad (3)$$

　式 (1) 中の $Q_{(i(t))}(t)$ は，二つの選択肢 i=a, b の時点 t における価値を表す．a を選択したことで報酬 $R(t)$ が得られたとしたら，予測 $Q_{(a(t))}(t)$ との差が時点 t における報酬予測誤差（reward prediction error: RPE$_t$）であり（式 (2)），これを縮小するように価値の更新がなされる．ここでは報酬を，得られる場合には常に 1，得られない場合には常に 0 としている．正の報酬予測誤差は結果が予測よりよかったことを意味し，選択肢の価値は上げられる．負の報酬予測誤差は結果が思ったほどよくなかったことを意味し，選択肢の価値は下げられる．こうして二つの選択肢の価値は刻々と更新されていき，最終的には各々の選択肢の報酬期待値に収束する．これを踏まえて，ある時点での意思決定，すなわち選択肢 a, b から a が選択される確率は，式 (3) のように表される．式 (1) 中のパラメータ α は学習率と呼ばれ，報酬の予測誤差により 1 回につきどれくらい価値を更新するかを制御する．学習率が高いと学習が早いが，高すぎると 1 回ごとの結果に大きく影響され，課題遂行が不安定になる．式 (3) 中のパラメータ β は逆温度と呼ばれ，選択肢の選択確率に価値の差によりどの程度重みをかけるかを制御する．β が大きいほど少しでも価値の高い選択肢を選ぶ確率が高くなり（この方略を搾取（exploitation）と呼ぶ），β が小さいと価値の低い選択肢をも選ぶ確率が高くなる（この方略を探索（exploration）と呼ぶ）．強化学習モデルは動物やヒトの意思決定を抽象的に表現したものであるが，そこで推定される報酬予測誤差，学習率，逆温度などの変数やパラメータの動態は，線条体や前部帯状皮質の機能とよく対応することが知られている（Garrison et al., 2013）．

A　学習可能条件

B　学習不能条件

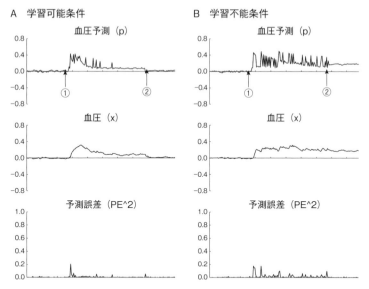

図 3-6　意思決定により影響される血圧反応のシミュレーション

上から，内的モデルが出力する血圧の予測，実際の血圧，血圧の予測誤差，の推移を表す．①の時点で意思決定課題が開始され，②の時点で終了する．学習可能条件（A）では課題により高まった血圧は学習の成立とともにベースラインに回帰していくが，学習不能条件（B）では課題が終了してもなお血圧が高い状態が維持される．

に顕著に上昇し次第に馴化していくのに対し，学習不能条件ではそれらの反応が緩慢に上昇していくこと（Kimura *et al.*, 2007）を見出していた．図 3-6A・Bは，こうした意思決定課題の遂行時における血圧のシミュレーション結果を表している．学習可能条件（図 3-6A）では，課題開始とともに生じる報酬予測誤差の増大が血圧モデルに影響することにより，血圧の目標値が上方修正され，顕著な血圧上昇が生じる．しかし，学習の成立とともに報酬予測誤差は縮小していくので，血圧の目標値が下方修正されて血圧は速やかに低下していく．そして，課題終了とともにベースラインに回帰する．一方，学習不能条件（図 3-6B）では報酬予測誤差が収束しないために血圧モデルへの影響が持続し，血圧の馴化的な低下が生じず，血圧が高い状態が慢性的に維持されている．これは，いわゆるアロスタシス負荷の状態であり，この状態が続くと全身性炎症が生じ，高血圧，心疾患，脳梗塞，糖尿病などのリスクが高まる．

　これらのシミュレーションの結果は，筆者らの実験データと類似した動きを

示している．この実証的知見は，筆者らの研究では繰り返し観測されている頑健なものであるが（Ohira *et al.*, 2009），これまではそうした現象を報告するのみであり，その背後にあるメカニズムを明示的に示すことはできなかった．内受容感覚の予測的処理という理論とそのモデルにより，極めてシンプルな形ではあるものの，潜在的なメカニズムの可能性の一つを記述することができた．これは，本章で述べてきたアプローチの有用性を示す一例であると言えるだろう．

　平井ら（2021）は，筆者のモデルをさらに拡張し，内受容感覚だけでなく，視覚などの外受容感覚，物体の把持感覚などの固有感覚も同様な原理によって表現し，上位階層のモデルによりそれらを統合するモデルを提案している．さらに，このモデルをコンピュータ上の仮想的なロボットに実装し，いろいろな物体をつかむ行動を繰り返すことで，次第にそれぞれの物体に分化した概念が自発的に形成されること，その過程では内受容感覚の予測誤差の縮小が重要な役割を果たすことをシミュレーションによって示している．これはたとえば，われわれが未知の物体を見て（視覚），それをつかんだり振ったりして（固有感覚），その形状，堅さ，重さなどを知り，それを持つことがどんな感覚であるか，その物体がどんなイメージであるかを学習する過程を表現していると考えることができる．その過程において内受容感覚は，把持のためにどれくらいの力が必要かを予測する機能を果たしていると考えられる．

　これらのモデルは抽象的なものであるため，現実の実験データに直接当てはめて解析を行ったり，将来の実験データを予測したりすることはできないという制約がある．そのため前述したように，シミュレーションによる挙動を，実験データと定性的に比較することしかできない．この制約を克服し，モデル中のパラメータを実験データから推定する方法を開発する研究が開始されている．たとえば，血圧などの内受容感覚を予測する内的モデルの精度を，時系列的に変化するフリー・パラメータと見なし，血圧の実測データからその精度の変化を推定する方法が提案されている（Unal *et al.*, 2021）．

7　検討されるべき課題

　内受容感覚に関する計算論的研究は端緒についたばかりであり，今後検討されるべき多くの課題が残されている（Petzschner *et al.*, 2021）．最後に，そのいくつかを指摘しておこう．

①内受容信号の特性とその統合

　本章で取り上げたステファン（Stephan *et al.*, 2016）や大平（2019）のモデルでは，血圧など内受容感覚の単一の指標を対象とし，その予測誤差の計算が連続的に行われ制御されることが前提とされていた．しかし現実には，内受容感覚の信号は，あらゆる臓器や身体部位から到来し，超多次元な性質を持つ[12]．しかも，それらの信号には大きな時間特性（time scale）の幅が存在する．たとえば Kimura（2019）は，意思決定課題の報酬への脳活動が，心臓の収縮期において拡張期よりも強められることを示した．これは，1～2 Hz で振動する内受容感覚信号がリアルタイムに脳機能を修飾していることを示唆する．一方で，胃の蠕動運動のような 0.01 Hz 程度で緩慢に振動する内受容感覚信号が，脳の大規模ネットワークの機能形成に重要な役割を果たしているという指摘もなされている（Azzalini *et al.*, 2019）．これほどまでに多次元で広範な信号を，脳はどのように統合しているのかは，ほとんど未知である．

　また，内受容感覚を意思決定と関連づけてモデリングしようとすると，前者が連続的現象であるのに対し，後者が離散的現象であることが課題となる．大平（2019）のモデルでは，意思決定の 1 試行を 5～10 秒程度の離散的事態と見なし，血圧などの生理的状態もそのたびに観測される離散的変数として扱っている．ただしこれは意思決定の実験パラダイムに依存した処理であり，現実への一般化可能性に乏しい．そこでアレグザンダー・シャンツらは，生理的状態

---

12)　内受容感覚信号は多次元的であるだけでなく，性質の異なるものがあるとする主張も存在する（Sennesh *et al.*, 2022）．この研究では，内受容感覚を血糖値のように実体が存在する制御される資源（regulated resource）と，血圧のようにそれを実現するための統制過程（controlled process）に分けて考えて，モデリングが試みられている．

はステファンらと同様に微分方程式で記述される連続的事態として扱い，離散的事態である意思決定は部分観測マルコフ決定過程（partial observable Markov decision process: POMDP）によりモデリングし，両者を接合する提案を行っている（Tschantz *et al.*, 2022）．またライアン・スミスらは，複数の生理的反応も POMDP で扱い，意思決定だけでなくそこで経験される感情までも表現しようとしている（Smith *et al.*, 2020; Smith, *et al.*, 2021）．さらに先に紹介した平井ら（2021）は，潜在ディリクレ配分法（latent Dirichlet allocation: LDA）と呼ばれるいわゆるトピック・モデルによって，内受容感覚のみならず外受容感覚や固有感覚までを統合するメカニズムの表現を試みている．これらのモデルの妥当性については，今後の検討が待たれる．

②内受容感覚のベイズ的計算

　予測的処理の理論では，図3-2 に示したようなベイズ的計算が想定されるのであった．たしかに視覚のような外受容感覚では，おそらく数十ミリ秒程度の極めて短時間の間に知覚像が成立すると考えられる．この限りにおいては，精度の高いモデルが形成され同時に感覚信号との予測誤差が最小化されることは，知覚の客観性を高めてより適応的な状態をもたらすと考えてもよいであろう．一方，内受容感覚については，循環，消化，代謝などの生理的活動に応じて身体内部からの信号は常にゆれ動いている．図3-7 は，最初の事前モデルの前後の平均値を持つ様々な内受容感覚信号が与えられたと想定し，それに伴い内受容感覚の事後モデル（内受容感覚の主観的な経験を反映する）が更新される様子を表している．図3-7A は，この更新が前述のようなベイズ的計算によりなされた場合を示している．図から明らかなように，ステップを経るにつれ事後モデルの精度は高まり，その平均値は動かなくなっていく．このままでは，固着した内受容感覚モデルが成立してしまい，そこから得られる身体内部の主観的経験も現実とは乖離したものになってしまう．さらに問題なのは，この状態では内受容感覚の予測誤差が慢性的に大きく維持されることになり，Feldman Barrett & Simmons（2015）が言うように，うつ，不安，発達障害，疲労などのリスクが高まる．これは非現実的であるので，内受容感覚が外受容感覚と同じベイズ的計算により成立していると単純に考えるのは難しそうである．

A　ベイズ的計算による内受容感覚の予測的処理

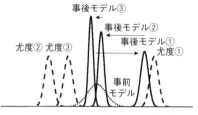

B　カルマン・フィルタによる内受容感覚の予測的処理

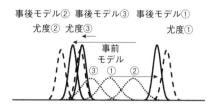

図 3-7　内受容感覚の予測的処理（大平，2021）

A・B とも，最初の事前モデルの平均値から同じ距離，同じ精度を持つ三つの尤度（内受容感覚刺激）が順に入力され，事後モデルの更新による内受容感覚の経験と，事前モデルの更新がなされる様子を表現している．A では事後モデルをそのまま次の時点の事前モデルとし，B ではカルマン・フィルタにより事前モデルの更新がなされている．矢印は，各ステップで経験されるベイジアン・サプライズを表している．

　これを回避する一案として筆者は，次の時点の事前モデルは，事後モデルを考慮しつつも独自に更新されるという，状態空間モデルによる時系列処理を提案した（大平，2021）．状態空間モデルでは，ある時点の真の値は，隠れて見えない状態からサンプリングされて出現すると考える．観測される値にはノイズも含まれているので，真の値を推定するには隠れた状態を考慮する必要がある．隠れた状態を事前モデル，観測値を尤度，真の値の推定を事後モデルと読み替えれば，前述したベイズ的計算と同じことになる．ここで，事後モデルをそのまま次の時点の事前モデルと見なすのではなく，事後モデルの影響をある程度受けつつ，独立なノイズが加わり更新されると考える[13)]．ここでは，カルマン・フィルタと呼ばれるアルゴリズムの最もシンプルな形式を例として考えた．図 3-7B は，このようなモデルによるシミュレーションの結果を示している．内的モデルの精度が一方向的に高くなり中心近くで動かなくなる図 3-7A に比べて，図 3-7B では内受容感覚信号に近い事後モデルが推定され，その一方で

---

13)　事後モデルから次の時点の事前モデルは次のように更新されると規定する．
　　平均値：$\mu_{t+2} = a^* \mu_{t+1}$
　　分散：$\sigma^2_{t+2} = a^2 * \sigma^2_{t+1} + \rho^2$
　　a は 0〜1 の間を取り，推定された事後モデルを，次の時点の事前モデルにどの程度反映させるかを表す定数である．a=1 の場合は，事後モデルをそのまま次の事前モデルと見なす場合と同じことになる．ρ^2 は，たとえば内受容感覚とは無関係な脳活動などを反映するノイズである．このノイズの大きさがモデルの精度を規定する．

内的モデルはある程度の精度を保ちつつ柔軟に変更されている様子が見てとれる．このような場合，瞬間ごとの内受容感覚予測誤差は大きく縮小され，ベイジアン・サプライズに反映される主観的経験は大きく経験される．しかしその一方，身体状態の目標値を示す事前モデルは柔軟でありながらも安定性を保つ，という状態が実現されている．これは一つの仮説的な提案に過ぎないが，今後，内受容感覚の特殊性を考慮したモデリングがなされることが期待される．

③内受容感覚への介入とその効果

これまでの内受容感覚の研究では，主に観察的方法が用いられてきた．つまり，心拍カウント課題などで評価した内受容感覚の正確さと，様々な心理，行動，疾患症状，生理，神経活動などの指標が測定され，それらの間の関連が検討されてきた．内受容感覚の計算論的研究も，それらの研究知見を基盤として構想されており，たとえば血圧モデルの精度などのパラメータは，個人ごとに決定される一種の特性のようなものとして考えられてきた．しかし本章で考察してきたように，内受容感覚は個人内でも状況によりダイナミックに変容する現象であると考えられる．そうした現象をモデリングするためには，内受容感覚を実験的に操作する研究が必要であろう．たとえば，心拍検出課題を訓練することで個人の内受容感覚を高めると，より合理的な意思決定が優勢になったという報告がある（Sugawara *et al.*, 2020）．こうした現象のメカニズムをモデリングすることも興味深い．

また，内受容感覚を高める行動的介入としてマインドフルネス瞑想が注目されている（Weng *et al.*, 2021）．この方法の効果を予測的処理の視点から考察した研究がある（Manjaly & Iglesias, 2020）．それによると，マインドフルネスの実践により身体や感覚刺激に注意が向けられることにより感覚信号の精度が高められる一方，経験をよし悪しの評価をせずに眺める脱中心化により内的モデルの精度が低下するとされている．これにより，今・ここの経験に鋭敏になり，予測誤差を速やかに最小化することで快の主観的状態を得ることができると主張されている．この考え方には反論も提出されている（Verdonk & Trousselard, 2021）が，その妥当性の検証は興味深い課題である．

④内受容感覚の意識とメタ認知

　内受容感覚の多くは無意識的で自動的な過程であるにしても，われわれは自分の身体状態の少なくとも一部を意識することができる．そしてその意識が，内受容感覚を変容するというようなこともありそうに思える．たとえば，自分が病弱だという信念を有する個人は，通常なら無視される程度の身体状態の変化にも敏感に反応し，またそれゆえに身体感覚信号の精度がさらに高まるということもありえる．また，われわれは自身を鳥瞰的に認識して統制しようとするメタ認知（meta cognition）の能力を持っている．食欲の渇望が生じたとしても，ダイエットという上位の目標が設定されていれば，食事を抑制することもある．内受容感覚をモデリングしようとする場合にも，こうした主体とその意志の問題を避けて通れない．これが，計算論的研究にはある種の制約となる．内受容感覚の予測的処理を何らかの計算論モデルで記述できたとしても，そこにおける分布の精度，モデルのパラメータは，主体の意志により変更され調整されるということになる．では，その主体の意志はどのようにモデリングされるのであろうか．内受容感覚に限らず，人間の精神現象や行動に関する計算原理を扱う研究では，今後，この意識と意志の問題に正面から取り組まねばならないだろう．

8　おわりに

　本章では，内受容感覚を脳と身体の双方向的な相互作用ととらえ，そのメカニズムとして予測的処理を設定することによって，知覚，運動，認知，恒常性維持，感情，意思決定，などの広範な心理的・認知科学的な現象を統合的に，同じ理論的枠組みで理解しようとする考えを紹介した．そして，その考えに対する，神経解剖学的，神経生理学的な知見を概観し，さらには計算論モデルを提案することによって，その考えの妥当性を検討した．

　内受容感覚が感情や意思決定の基盤であるという主張は，ジェームズ（James, 1884）やダマジオ（Damasio, 1999）の理論に見られるように，心理学や認知科学において古くから存在した．また，脳が予測に基づいて知覚などの精神現象を創発しているという考えも，必ずしも新しいものではない．しかし，

それらの従来の理論は，その適用範囲は限定されており，何よりメカニズムの記述に欠けるという恨みがあった．フリストン（Friston, 2010）により提唱された予測的処理の理論は，それらの多くの理論や研究知見の断片を，1枚の絵の中に描き出す可能性を感じさせる．しかし，本章で述べたように，現段階ではその主張の多くは未知であり，解明が待たれている．それでも，内受容感覚の予測的処理に基づいて人間の精神現象と生理的現象を位置づけようとする研究志向は，心理学や認知科学における人間観を一新するインパクトを秘めている．今後の研究の発展を期待したい．

引用文献

Alink, A., Schwiedrzik, C. M., Kohler, A., Singer, W., & Muckli, L. (2010). Stimulus predictability reduces responses in primary visual cortex. *Journal of Neuroscience, 30*(8), 2960–2966.

Azzalini, D., Rebollo, I., & Tallon-Baudry, C. (2019). Visceral signals shape brain dynamics and cognition. *Trends in Cognitive Sciences, 23*(6), 488–509.

Barbas, H., & Rempel-Clower, N. (1997). Cortical structure predicts the pattern of corticocortical connections. *Cerebral Cortex, 7*(7), 635–646.

Berntson, G. G., & Khalsa, S. S. (2021). Neural circuits of interoception. *Trends in Neurosciences, 44*(1), 17–28.

Blakemore, S. J., Frith, C. D., & Wolpert, D. M. (1999). Spatio-temporal prediction modulates the perception of self-produced stimuli. *Journal of Cognitive Neuroscience, 11*(5), 551–559.

Blakemore, S. J., Wolpert, D. M., & Frith, C. D. (2000). Why can't you tickle yourself? *Neuroreport, 11*(11), R11–16.

Bonaz, B., *et al.* (2021). Diseases, disorders, and comorbidities of interoception. *Trends in Neurosciences, 44*(1), 39–51.

Chen, W. G., *et al.* (2021). The emerging science of interoception: Sensing, integrating, interpreting, and regulating signals within the self. *Trends in Neurosciences, 44*(1), 3–16.

Craig, A. D. (2002). How do you feel? Interoception: The sense of the physiological condition of the body. *Nature Reviews Neuroscience, 3*(8), 655–666.

Craig, A. D. (2009). How do you feel--now? The anterior insula and human awareness. *Nature Reviews Neuroscience, 10*(1), 59–70.

Craig, A. D. (2014). *How do you feel? An interoceptive moment with your neurobiological self.* Princeton University Press.

Crapse, T. B., & Sommer, M. A. (2008). Corollary discharge across the animal kingdom. *Nature Reviews Neuroscience, 9*(8), 587–600.

Damasio, A. R. (1999). *The feeling of what happens: Body and emotion in the making of consciousness*. Harcourt.

Egner, T., Monti, J. M., & Summerfield, C. (2010). Expectation and surprise determine neural population responses in the ventral visual stream. *Journal of Neuroscience, 30* (*49*), 16601–16608.

Eldar, E., Pessiglione, M., & van Dillen, L. (2021). Positive affect as a computational mechanism. *Current Opinion in Behavioral Sciences, 39*, 52–57.

Eldar, E., Roth, C., Dayan, P., & Dolan, R. J. (2018). Decodability of reward learning signals predicts mood fluctuations. *Current Biology, 28*(*9*), 1433–1439.

Eldar, E., Rutledge, R. B., Dolan, R. J., & Niv, Y. (2016). Mood as representation of momentum. *Trends in Cognitive Sciences, 20*(*1*), 15–24.

Farb, N., *et al.* (2015). Interoception, contemplative practice, and health. *Frontiers in Psychology, 6*, 763.

Feldman Barrett, L. (2017). The theory of constructed emotion: An active inference account of interoception and categorization. *Social Cognitive and Affective Neuroscience, 12*(*1*), 1–23.

Feldman Barrett, L. (2020). *Seven and a half lessons about the brain*. Mariner Books. （高橋洋（訳）(2021). バレット博士の脳科学教室 7 ½ 章　紀伊國屋書店）

Feldman Barrett, L., & Simmons, W. K. (2015). Interoceptive predictions in the brain. *Nature Review Neuroscience, 16*(*7*), 419–429.

Felleman, D. J., & Van Essen, D. C. (1991). Distributed hierarchical processing in the primate cerebral cortex. *Cerebral Cortex, 1*(*1*), 1–47.

Freud, S. (1891). *Zur Auffassung der Aphasien: Eine Kritische Studie*. Herausgegeben von P. Vogel, bearbeitet von I. Meyer-Palmedo, Einleitung von W. Leuschner (1992). Fischer Taschenbuch. （中村靖子（訳）(2009). 失語症の理解にむけて　フロイト全集 1 (pp. 1–127)　岩波書店）

Friston, K. (2010). The free-energy principle: A unified brain theory? *Nature Reviews Neuroscience, 11*(*2*), 127–138.

Frith, C. D., Blakemore, S. J., & Wolpert, D. M. (2000). Abnormalities in the awareness and control of action. *Philosophical Transactions of the Royal Society B, 355*, 1771–1788.

Garavan, H. (2010). Insula and drug cravings. *Brain Structure and Function, 214*(*5–6*), 593–601.

Garfinkel, S. N., & Critchley, H. D. (2016). Threat and the body: How the heart supports fear processing. *Trends in Cognitive Sciences, 20*(*1*), 34–46.

Garrison, J., Erdeniz, B., & Done, J. (2013). Prediction error in reinforcement learning: A meta-analysis of neuroimaging studies. *Neuroscience and Biobehavioral Reviews, 37*(*7*), 1297–1310.

Harrison, O. K., *et al.* (2021). Interoception of breathing and its relationship with anxiety. *Neuron, 109*(*24*), 4080–4093.

Helmholtz, H. (1886). *Handbuch der Physiologischen Optik*. Voss.

Henle, J. (1871). *Handbuch der systematischer Anatomie des Menschen* (*Dritter Band zweite Abtheilung*). Vieweg.

Herbert, B. M., Ulbrich, P., & Schandry, R. (2007). Interoceptive sensitivity and physical effort: Implications for the self-control of physical load in everyday life. *Psychophysiology, 44*(2), 194–202.

平井優芽・堀井隆斗・長井隆行 (2021). 予測的符号化を用いた内受容感覚・外受容感覚・固有感覚の統合モデル 人工知能学会全国大会論文集, 第35回, セッション ID: 4D3OS4b03. doi: 10.11517/pjsai.JSAI2021.0_4D3OS4b03

Huang, Y., & Rao, R. P. N. (2011). Predictive coding. *Wiley Interdisciplinary Reviews: Cognitive Science, 2*(5), 580–593.

James, W. (1884). What is an emotion? *Mind, 9*(34), 188–205.

Joffily, M., & Coricelli, G. (2013). Emotional valence and the free-energy principle. *PloS Computational Biology, 9*(6), e1003094. doi: 10.1371/journal.pcbi.1003094

Keramati, M., & Gutkin, B. (2014). Homeostatic reinforcement learning for integrating reward collection and physiological stability. *eLife, 3*, e04811. doi: 10.7554/eLife.04811

Kimura, K. (2019). Cardiac cycle modulates reward feedback processing: An ERP study. *Neuroscience Letters, 711*, 134473.

Kimura, K., Ohira, H., Isowa, T., Matsunaga, M., & Murashima, S. (2007). Regulation of lymphocytes redistribution via autonomic nervous activity during stochastic learning. *Brain, Behavior, and Immunity, 21*(7), 921–934.

Kleckner, I. R., *et al.* (2017). Evidence for a large-scale brain system supporting allostasis and interoception in humans. *Nature Human Behaviour, 1*, 1–14.

Klein, A. S., Dolensek, N., Weiand, C., & Gogolla, N. (2021). Fear balance is maintained by bodily feedback to the insular cortex in mice. *Science, 374*, 1010–1015.

Koren, T., *et al.* (2021). Insular cortex neurons encode and retrieve specific immune responses. *Cell, 184*(24), 5902–5915.

Leonard, W. R., Robertson, M. L., Snodgrass, J. J., & Kuzawa, C. W. (2003). Metabolic correlates of hominid brain evolution. *Comparative Biochemistry and Physiology Part A: Molecular & Integrative Physiology, 136*(1), 5–15.

Livneh, Y., *et al.* (2020). Estimation of current and future physiological states in insular cortex. *Neuron, 105*(6), 1094–1111.

Manjaly, Z. M., & Iglesias, S. (2020). A computational theory of mindfulness based cognitive therapy from the "Bayesian brain" perspective. *Frontiers in Psychiatry, 11*, 404. doi: 10.3389/fpsyt.2020.00404.

McEwen, B. S. (1998). Stress, adaptation, and disease: Allostasis and allostatic load. *Annals of the New York Academy of Sciences, 840*, 33–44.

Ogawa, K., & Inui, T. (2007). Lateralization of the posterior parietal cortex for internal monitoring of self-versus externally generated movements. *Journal of Cognitive Neuroscience, 19*(11), 1827–1835.

大平英樹 (2016). 内受容感覚とマインドフルネス 貝谷久宣・熊野宏昭・越川房子 (編),

マインドフルネス——基礎と実践（pp. 33-50）日本評論社

大平英樹（2017a）. 内受容感覚に基づく行動の制御 *BRAIN and NERVE, 69(4)*, 383-395.

大平英樹（2017b）. 予測的符号化・内受容感覚・感情 エモーション・スタディーズ, *3(1)*, 2-12.

大平英樹（2018）. 内受容感覚の予測的符号化——福島論文へのコメント 心理学評論, *61*, 322-329.

大平英樹（2019）. 脳と身体の予測的符号化とその不全——守谷・国里・杉浦論文へのコメント 心理学評論, *62(1)*, 132-141.

Ohira, H.（2020）. Predictive processing of interoception, decision-making, and allostasis: A computational framework and implications for emotional intelligence. *Psychological Topics, 29*, 1-16.

大平英樹（2021）. 予測する脳の機能調整——マインドフルネスの効果——藤野, 高橋・荻島, 牟田・木甲斐論文へのコメント 心理学評論, *64(3)*, 344-353.

Ohira, H., *et al.*（2009）. Regulation of natural killer cell redistribution by prefrontal cortex during stochastic learning. *Neuroimage, 47(3)*, 897-907.

Owens, A. P., Allen, M., Ondobaka, S., & Friston, K. J.（2018）. Interoceptive inference: From computational neuroscience to clinic. *Neuroscience & Biobehavioral Reviews, 90*, 174-183.

Paulus, M. P., Feinstein, J. S., & Khalsa, S. S.（2019）. An active inference approach to interoceptive psychopathology. *Annual Review of Clinical Psychology, 15(1)*, 97-122.

Paulus, M. P., *et al.*（2012）. Subjecting elite athletes to inspiratory breathing load reveals behavioral and neural signatures of optimal performers in extreme environments. *PLoS One, 7(1)*, e29394.

Petzschner, F. H., Garfinkel, S. N., Paulus, M. P., Koch, C., & Khalsa, S. S.（2021）. Computational models of interoception and body regulation. *Trends in Neurosciences, 44(1)*, 63-76.

Prescott, S. L., & Liberles, S. D.（2022）. Internal senses of the vagus nerve. *Neuron, 110(4)*, 579-599

Quigley, K. S., Kanoski, S., Grill, W. M., Barrett, L. F., & Tsakiris, M.（2021）. Functions of interoception: From energy regulation to experience of the self. *Trends in Neurosciences, 44(1)*, 29-38.

Rao, R. P. N., & Ballard, D. H.（1999）. Predictive coding in the visual cortex: A functional interpretation of some extra-classical receptive-field effects. *Nature Neuroscience, 2(1)*, 79-87.

Sato, A.（2008）. Action observation modulates auditory perception of the consequence of others' actions. *Consciousness and Cognition, 17*, 1219-1227.

Schultz, W.（2015）. Neuronal reward and decision signals: From theories to data. *Physiological reviews, 95(3)*, 853-951.

Sennesh, E., *et al.*（2022）. Interoception as modeling, allostasis as control. *Biological Psychology, 167*, 108242.

Seth, A., & Friston, K. J. (2016). Active interoceptive inference and the emotional brain. *Philosophical Transactions of the Royal Society B, 371*. doi: 10.1098/rstb.2016.0007

Sherrington, C. (1952). *The integrative action of the nervous system*. CUP Archive.

Smith, R., et al. (2020). A Bayesian computational model reveals a failure to adapt interoceptive precision estimates across depression, anxiety, eating, and substance use disorders. *PLoS Computational Biology, 16(12)*, e1008484. doi: 10.1371/journal.pcbi.1008484

Smith, R., et al. (2021). Gut inference: A computational modelling approach. *Biological psychology, 164*, 108152.

Sperry, R. W. (1950). Neural basis of the spontaneous optokinetic response produced by visual inversion. *Journal of Comparative Physiology and Physiological Psychology, 43(6)*, 482–489.

Stephan, K. E., et al. (2016). Allostatic self-efficacy: A metacognitive theory of dyshomeostasis-induced fatigue and depression. *Frontiers in Human Neuroscience, 10*, 550. doi.org/10.3389/fnhum.2016.00550.

Sterling, P. (2012). Allostasis: A model of predictive regulation. *Physiology and Behavior, 106(1)*, 5–15.

Strigo, I. A., & Craig, A. D. (2016). Interoception, homeostatic emotions and sympathovagal balance. *Philosophical Transactions of the Royal Society B, 371*. doi: 10.1098/rstb.2016.0010

Sugawara, A., Terasawa, Y., Katsunuma, R., & Sekiguchi, A. (2020). Effects of interoceptive training on decision making, anxiety, and somatic symptoms. *Bio Psycho Social Medicine, 14*, 1–8.

Tane, K., Ohira, H., & Ohta, K. (under review). Estimating feelings of surprise with an information gain calculation model: An experimental study based on pupil diameter measurement.

寺澤悠理（2022）．心と身体を結ぶ内受容感覚——感情と記憶から考える　嶋田聡太郎（編），認知科学講座1　心と身体——身体性認知科学（pp. 97–121）　東京大学出版会

Toepel, U., Knebel, J. F., Hudry, J., le Coutre, J., & Murray, M. M. (2009). The brain tracks the energetic value in food images. *Neuroimage, 44(3)*, 967–974.

Tschantz, A., et al. (2022). Simulating homeostatic, allostatic and goal-directed forms of interoceptive control using active inference. *Biological Psychology, 169*. doi: 10.1016/j.biopsycho.2022.108266

Unal, O., et al. (2021). Inference on homeostatic belief precision. *Biological Psychology, 165*. doi: 10.1016/j.biopsycho.2021.108190

Verdonk, C., & Trousselard, M. (2021). Commentary: A computational theory of mindfulness based cognitive therapy from the "Bayesian brain" perspective. *Frontiers in Psychiatry, 12*. doi: 10.3389/fpsyt.2021.575150.

von Holst, E. V., & Mittelstaedt, H. (1950). The reafference principle. *Naturwissenschaften, 37*, 464–467.

Weng, H. Y., *et al.* (2021). Interventions and manipulations of interoception. *Trends in Neurosciences, 44*(*1*), 52–62.

Wolpert, D. M. (1997). Computational approaches to motor control. *Trends in Cognitive Sciences, 1*(*6*), 209–216.

Wolpert, D. M., Ghahramani, Z., & Jordan, M. I. (1995). An internal model for sensorimotor integration. *Science, 269*, 1880–1882.

Young, H. A., Gaylor, C. M., de Kerckhove, D., Watkins, H., & Benton, D. (2019). Interoceptive accuracy moderates the response to a glucose load: a test of the predictive coding framework. *Proceedings of the Royal Society B, 286.* doi: 10.1098/rspb.2019.0244

第4章 自由エネルギー原理
──ホメオスタシス維持によるあらゆる脳機能の実現

◆

乾 敏郎

自由エネルギー原理（free energy principle）は 2006 年にカール・フリストンが提唱し，その後急速に発展しつつある脳の大統一理論である．本章ではこの自由エネルギー原理の概要を紹介する．

1 はじめに──自由エネルギー原理とは何か

不確実性最小化によるホメオスタシス維持

自由エネルギー原理の基本的な考え方は，感覚の不確実性（感覚エントロピー）最小化を目的にして環境と相互作用することにより，広義のホメオスタシス（生体恒常性）を維持するというものである．そして，この考え方を定式化することによって，あらゆる脳機能を説明できるというのが自由エネルギー原理の魅力である（Friston, 2011; Corcoran *et al.*, 2020; Friston *et al.*, 2020）．

自由エネルギー原理は，基本的に人間を含む動物が推論機械であると考え，環境の状態を推論するために感覚世界をモデル化し，感覚の予測を行い，その予測を行動によって実現するという考え方に基づいている．そしてこのような環境との相互作用によってエコニッチ（econiche）の最適なモデルを獲得するのである．この内部モデルには，環境の一部として自分自身の身体および内臓も含まれている．したがって，自分自身が環境のモデルでもあり，環境には自分自身が含まれているため，内部モデルは自己の存在のモデルであるとも言える（図 4-1）．また動物が存在するためには，その身体や身体の内部状態がごく限られた範囲に常に維持されなければならないという事前の期待が，そのモデルに含まれていなければならない．もしこのような事前の期待がなければ，熱力学第二法則に従ってエントロピーが限りなく大きくなり，もはや存在できな

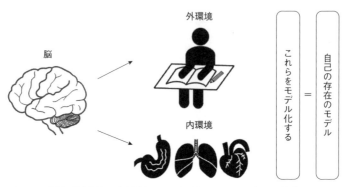

図4-1　環境（外環境と内環境）をモデル化することは自己の存在そのもののモデル化でもある

くなってしまうからである.

　図4-1では，自己の身体（特に見ることが可能な手足）も外環境に含めた.
Friston（2017）は，乳児が持つ内部モデルの学習には，自己と非自己の区別
と，養育者のタッチによる内環境の身体経験と外環境の身体経験の統合が必要
だと考えている．自己の存在のモデルが，第2節で述べるように自己証明する
脳（self-evidencing brain）という概念につながる.

なぜ自由エネルギーなのか

　自由エネルギーは，イマヌエル・カントの思想を受け継いだヘルマン・フォ
ン・ヘルムホルツが考えた物理量であり，実際に人間が自由に使えるエネルギ
ー量（内部エネルギーからエントロピーを引いた量）という意味である．自由エネ
ルギー原理における自由エネルギーは，ヘルムホルツが考えた物理的なエネル
ギーではなく，変分自由エネルギー（variational free energy）と呼ばれる情報
論的自由エネルギーであるが，その式は物理的な自由エネルギーと同一である.
　一方，知覚は感覚データから外界の状態を推論した結果であり，ヘルムホル
ツはこの機能を無意識的推論と呼んだ．無意識的推論は，知覚が単なるデータ
駆動型処理すなわちボトムアップ信号のみによって得られるものではなく，知
識駆動型処理すなわちトップダウン信号との相互作用によって得られるとする
カントの考え方を支持するものである．すなわち，視知覚は，網膜像から中枢

体温　36.6〜37.2℃

存在するためには状態が限られた
空間に入るように維持しなければ
ならない

収縮期血圧　100〜119mmHg

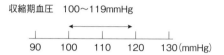

不確実性（エントロピー）の最小化

空腹時血糖　70〜99mg/dl

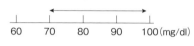

図4-2　ホメオスタシスによる限定された状態空間
自由エネルギーを最小化することによって，ホメオスタシスを維持することができる．これは第2節で述べるように，サプライズの最大値が自由エネルギーだからである．

に伝えられるボトムアップ的な感覚信号と中枢から伝えられるトップダウン信号の処理によって，外界の構造や状態が無意識的に推論された結果なのである．この無意識的推論をベイズ推論の枠組みで定式化すると，興味深いことにヘルムホルツの自由エネルギーと等価な変分自由エネルギーを最小化する過程であることが示された（Friston *et al.*, 2006）．すなわち，自由エネルギー最小化によって外環境の状態が推論され，知覚されるのである．

　自由エネルギー原理で特筆すべきことは，自由エネルギー最小化によって，知覚のみならず注意や運動も説明することができることである．これによって，これまで定式化されてこなかった知覚と運動の循環をうまく説明できるのである．そして，自由エネルギー最小化によって説明できるこのような過程を，Friston *et al.* (2009) は無意識的推論と対比させて能動的推論（active inference）と呼んだ．能動的推論の考えは，人間を含む動物が外界と能動的に相互作用することによって，熱力学第二法則[1] に抗して自己の身体の秩序を維持するという広義のホメオスタシス維持を基本として，様々な機能が作り上げられているという考えにつながる．ホメオスタシス維持には知覚と運動機能や未

---

1)　熱力学第二法則側によれば，外部とやりとりのない孤立系または断熱系における自発変化では，エントロピーが必ず増大する．

来の予測機能などが必要であり，第8節以降で詳しく述べる．

2　自由エネルギー最小化と知覚・運動循環

　なぜ知覚と運動が自由エネルギー最小化で結びつけられるのかという点について，簡単に説明する．知覚は，感覚データから外界の状態を無意識的に推論した結果である．後に述べるように，この推論は近似的にしか計算できないので，真の状態にできるだけ近い近似値を求めることを考える．このプロセスをベイズ推論に基づいて計算すると，変分自由エネルギー最小化の問題として表すことができる（コラム1・2参照）．変分自由エネルギーはおおよそ次のような形をしている．

　　（変分自由エネルギー）＝（無意識的推論の近似の誤差）

　　　　　　　　　　　　　－（与えられた感覚データ y が生起する対数確率）

　この関係から変分自由エネルギーの第1項を最小化することによって，正確な知覚推論がなされる．変分自由エネルギーの第2項は $-\ln p(y)$（ln は自然対数）なので，生起確率が小さい感覚が生じると，この項が大きくなる．これをシャノンサプライズと呼ぶ（以下では単にサプライズと呼ぶことにする）．また知覚が正確であればあるほど，第1項は限りなくゼロに近くなり，変分自由エネルギーはサプライズに等しくなる．すなわち知覚が正確であれば，

　　（変分自由エネルギー）≈ サプライズ

が成り立つ．したがって，変分自由エネルギーをさらに小さくしようとするにはサプライズが起きないようにするとよい．

　それでは，どのようにしてこれを実現できるのだろうか．そのためには，与えられた感覚データ $p(y)$ の生起確率を大きくすればよい．y は感覚データなので，感覚データ自体を変化させなければならない．これは，信念を変化させて感覚データを説明する知覚とは異なる点である．具体的な例を挙げれば，それは眼球運動などの運動によって感覚信号を自ら再度入力すればよい．言い換えると，サプライズを最小化するように感覚を選択的にサンプリングすればよいのである．

コラム 1 ◆ ベイズの定理とベイズ推論

ベイズの定理

二つの確率的に生ずる事象を考え，それらを x と y とする．たとえば，x を「泥棒が入る」という事象，y を「窓ガラスが割れている」という事象としよう．この時，泥棒が入る確率 $p(x)$ を「事前確率」，泥棒が入った時に窓ガラスが割れている確率 $p(y|x)$ を「条件つき確率」と呼ぶ．窓ガラスが割れている時に泥棒が入ったと言える確率 $p(x|y)$ を「事後確率」と呼ぶ．

一般に

$$p(y|x) \cdot p(x) = p(x|y) \cdot p(y)$$

が成り立つので，

$$p(x|y) = \frac{p(y|x) \cdot p(x)}{p(y)}$$

となる．この式から事後確率が条件つき確率と事前確率の積に比例することがわかる．

ここで，様々な事象 $x_1, x_2, \cdots\cdots, x_n$ が互いに素，つまり，無関係に生じるものであり，かつ，$x_1 \cup x_2 \cup \cdots\cdots \cup x_n = \Omega$（すべての事象：基礎空間）である時，

$$p(y) = p(y|x_1) \cdot p(x_1) + \cdots\cdots + p(y|x_n) \cdot p(x_n)$$

が成り立つので，

$$p(x_i|y) = \frac{p(y|x_i) \cdot p(x_i)}{\sum p(y|x_k) \cdot p(x_k)}$$

となる．これが「ベイズの定理」である．x_1 は「泥棒が入った」という事象を，x_2 は「子どもがキャッチボールをしている」事象だと考えよう．y は前述と同様，「窓ガラスが割れている」という事象である．また，この関係は，$p(y|x)$ から $p(x|y)$ を求める式なので，ベイズモデル反転（Bayesian inversion）とも呼ぶ．

ベイズの定理はこのように推測過程をモデル化する道具として使えるが，x_i がすべてわかっていないと使えない．それゆえ，Friston *et al.*（2006）は，このような厳密解を求める方法ではなく近似事後確率を求める方法を採用した．

　一方，ここで大きな問題が生じる．それはそもそも与えられた感覚データの生起確率を求めることは困難であり，したがってサプライズの大きさを評価できないことである．しかし，変分自由エネルギーの式には重要な関係が存在する．それはサプライズの上限が変分自由エネルギーであることを簡単に示すことができることである．すなわちこの関係から，変分自由エネルギーを運動によって最小化すれば，サプライズは自ずと小さくなるのである（コラム 2 参照）．

　またこのサプライズを各時点で小さくすると，サプライズの時間平均である感覚のエントロピーすなわち不確実性を最小化することになる．少し長い目で

見れば，自由エネルギー最小化は感覚の不確実性を最小化することに等しいのである．これが自由エネルギー原理の重要なメッセージであり，われわれは，われわれが感じる不確実性を最小化するように行動しているのである．

まとめると，

①知覚は自由エネルギーを最小化するように信念を変化させて感覚データを説明することであり，

②運動は自由エネルギーを最小化するように感覚データそのものを変化させることである．

③各時点で，サプライズを最小化するように行動すれば，感覚入力の不確実性が最小化される．

コラム 2 ◆ 変分自由エネルギーと KL ダイバージェンス, 動的世界の生成モデル

コラム 1 で述べたように，真の事後確率 $p(x|y)$ は直接計算できないが，近似事後確率 $q(x)$ は計算可能である．二つの分布の非類似度（擬距離）である KL ダイバージェンスを $D_{KL}[q(x) \| p(x|y)]$ とすると，

$$D_{KL}[q(x)\|p(x|y)] = \int q(x) \ln \frac{q(x)}{p(x,y)} dx + \ln p(y)$$

$p(x|y) = p(x,y)/p(y)$ を用いて式を変形すると

$$D_{KL}[q(x)\|p(x|y)] = \int q(x) \ln \frac{q(x)p(y)}{p(y,x)} dx + \int q(x)\, dx \ln p(y)$$

ここで $\int q(x) dx = 1$ なので

$$D_{KL}[q(x)\|p(x|y)] = \int q(x) \ln \frac{q(x)}{p(y,x)} dx + \ln p(y)$$

が得られる．

右辺第 1 項がヘルムホルツの自由エネルギー F と同じ式であり，第 2 項は $q(x)$ に関係のない項であり，$p(y)$ の（負の）サプライズである．

$F = \int q(x) \ln \dfrac{q(x)}{p(y,x)} dx$ を用いて上式を書き換えると

$$D_{KL}[q(x) \| p(x|y)] = F + \ln p(y)$$
$$F = D_{KL}[q(x) \| p(x|y)] - \ln p(y)$$

（ヘルムホルツの自由エネルギー）＝（KL ダイバージェンス）＋（サプライズ）
を導くことができた．次に世界の生成モデルについて考える．

　動的世界をモデル化するには対象のダイナミクスを考慮しなければならない．そこで，隠れ原因 $v(t)$ と隠れ状態 $x(t)$ を導入する．原因が世界のカテゴリカルな観点をモデル化し，状態はそのダイナミクスをモデル化している．状態の例として，物体の運動や回転する物体の明るさの変化，手足の関節角の変化である．

　ここでこれらの状態が下記のような運動方程式に従って時間発展すると仮定する．具体的には，いくつかの隠れ原因 v，隠れ状態 x および生成モデルのパラメータ θ をまとめて $\vartheta=\{x, v, \theta\}$ とし，それらの事前確率 $p(\vartheta)$ が与えられたとき，ある感覚信号 y が得られる尤度（第4節参照）$p(y|\vartheta)$ となるダイナミカルな生成モデル $p(y, \vartheta)=p(y|\vartheta)p(\vartheta)$ を考える．この種のモデルは以下のように結合微分方程式で書くことができる．

$$y = g(x, v, \theta)+z$$
$$\dot{x} = f(x, v, \theta)+w$$

ここで，f と g は θ をパラメータとする連続非線形関数であり，θ は式を明示的に書くのに必要なすべての未知のパラメータであり，たとえば筋肉の弾性や粘性などである．一般に，第1式は観測方程式 observation equation と呼ばれ，第2式は状態方程式 state equation と呼ばれるものである．f は環境のダイナミクスを表すものである．また，観測（感覚）ノイズを $z(t)$，隠れ状態の動きのランダムな揺らぎを $w(t)$ とした．これらのノイズが混入することによって，y と x は確率的に変化する．ここで $z(t)$ と $w(t)$ はランダムな揺らぎであり，その逆分散を精度 γ と呼ぶ．

3　なぜ確率なのか，どんな確率が知識として必要なのか

すべての事象は確率的である

　われわれの感覚はニューロンの反応によって伝えられる．ニューロンは電気信号を伝達することによって中枢に信号を送るのであるが，ここに大きなノイズが含まれている．実際に信号がない時でもノイズによる電気信号が発生し，これを自発放電と呼ぶことがある．したがって，本来の感覚信号がSであっても，伝達される信号はノイズNを含みS＋Nの信号が中枢に伝えられる．

ノイズは一般に正規分布の形をしていると仮定されるので，中枢で得られる信号は平均値を μ，分散を σ^2 とする正規分布の形をしている．また，外界の状態自体も一般に確率的に生起するため，感覚データから外界の状態を推論する過程は，ベイズ推論で定式化されるのである．

推論に必要な知識

これまで述べてきたように，知覚とは感覚データから外界の状態を推論することであった．ここでいくつかの用語の定義をしておく．外界の状態は直接観測できない推論されるべき対象であり，これを隠れ状態（hidden state）と呼ぶ．ここで感覚データを y，隠れ状態を x とすると，y から x を推論する問題になる．この時，$p(x)$ を事前信念（prior belief），$p(x|y)$ を事後信念（posterior belief）と呼ぶ．自由エネルギー原理では，各個人が持つ世界の内部モデルを生成モデル（generative model）と呼び，ここではそれを $p(x, y)$ とする．生成モデルは個々人によって異なるので，この点を明確にする時は，各々が持つモデルを m として，事前信念は $p(x|m)$ と表し，事後信念を $p(x|y,m)$ と表す．最後に，事後信念 $p(x|y,m)$ は，新たな観察結果を得た後の自分の新しい信念（すなわち，可能な信念に対して更新された確率分布）がどうあるべきかを符号化したものである．

環境との関係を表現する生成モデル

生成モデルは，現在の状況（世界における隠れ状態 x）によって感覚データ y が生じる随伴性（contingency）についての確率分布であり，環境と主体の関係を表したものである．また，間接的であるが観察者自身の行動も含まれており，知覚・運動循環の評価基準となる（運動実行や行為選択の節を参照）．生成モデルは，自己が置かれている世界の状態によって，自己の感覚がどのように生成されるかについて，人間や動物が持っている信念を表現したものである．

生成モデルのパラメータは，変分自由エネルギーの時間積分である変分作用（variational action）を最小化することによって学習可能であることが示されている（乾・阪口，2021 参照）．これは，長い時間スケールで自由エネルギーを最小化したことになる．この計算で得られるパラメータの学習則は，近似的にニ

ニューロンのシナプス結合の学習則として広く知られているヘッブ学習と等価であることが示されている（Friston, 2008）．また，事後信念（すなわち推論した結果）の平均値が，ニューロンの活動強度で表現されていると考えられている．したがって，世界の外部状態を反映して短いタイムスケールで変化する，ニューラルネットワークの動的変化によって世界の隠れ状態が表現され，より遅いネットワークの動的変化によってニューロン間の結合荷重が変化し，生成モデルのパラメータが学習される．モデルのパラメータの最適化は，学習に対応するものであるが，モデル自体の最適化は，神経発達や進化の時間スケールで最適化される（Friston, 2011）．

まとめると，

①感覚データから生成モデルを用いて，外界の隠れ状態を推論している．

②生成モデルは主体と世界の関係（随伴性）を表したものであり，ヘッブ学習によってモデルパラメータが学習される．

4 ベイズ推論から自己の存在を証明する脳へ

ベイズ推論の概要

ベイズ推論（詳細はコラム1参照）は，新しく得られたデータに照らし合わせて，自己の信念を更新する最適な方法である．ベイズ推論に必要な知識は，先に述べた事前信念以外に，尤度（likelihood）と呼ばれる条件つき確率 $p(y|x, m)$ がある．これは，隠れ状態 x が生起した時に，特定の観察 y が生じる確率を符号化したものである．

また，$p(y|m)$ は「モデル証拠（model evidence）」であり，ある観察が生成モデルとどの程度一致するかを表す．これは，すべての可能性のある隠れ状態 x によって y が生じる確率の総和であり（したがって，$p(y|x, m)$ から x が消える），周辺尤度（marginal likelihood）という．

信念を更新し新しい事後信念を得る手順は，以下の通りである．

①事前に信じていた情報（事前信念）$p(x|m)$ と，

②新しい観察結果と自己が持つ様々な信念との整合性の程度（尤度）$p(y|x, m)$ とを組み合わせて，

③生成モデルに含まれる信念の集合のもとで，その観察結果がどのくらいの可能性があるか，すなわちモデル証拠 $p(y|m)$ を考慮する．最後に，事後信念の総和が1になる確率分布であることを確認する（正規化）．

自己の存在と存在証明する脳

　サプライズを最小化（抑制）することは，感覚入力のエントロピーを最小化することでもあり，生理学的な観点からは，ホメオスタシス（体内で感知した身体状態の変動を最小限に抑え，設定された範囲内に収める機能）を維持することと考えることができる．たとえば，人間は限られた範囲の温度でしか存在できない．この範囲内で快適に過ごせる温度を感知すると，この範囲外の温度よりも人の存続のより大きな証拠になる．また，サプライズが負の対数のモデル証拠であることを考えると，サプライズを最小化することは，自己が持つ世界のモデル証拠を最大化することと等価である．このようにサプライズを最小化することは，人または動物が能動的に自己の存在を維持するために，自己のモデル証拠を最大化する感覚データを能動的に探すことになる．それゆえ，このような脳の働きを「自己証明する脳（self-evidencing brain)」や自己の存在証明という（Hohwy, 2014）．

5　予測誤差最小化と精度制御

予測誤差最小化で事後信念を更新する

　先に述べたベイズ推論の方式は，現実の問題に適用するのは困難な場合が多い．その理由は，特定の感覚データ y が生じる隠れ状態 x が数多く存在する可能性があり，それらの尤度をすべて計算することが難しいからである（コラム1参照）．そこで真の事後分布 $p(x|y)$ を計算する代わりに，近似する近似事後分布 $q(x)$ を考え，これをできる限り真の事後分布に近づける方法で事後信念を求める．つまり，近似ベイズ推論によって隠れ状態の近似事後分布を推定する．この事後分布が事後信念である．自由エネルギー原理では，近似事後分布を真の事後分布にできるだけ近似することによって自由エネルギーが最小化され，逆に自由エネルギーを最小化することによって，できるだけよい近似事

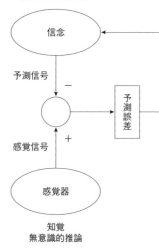

予測誤差がなくなるように
信念を書き換える

信念

予測信号

予測誤差

感覚信号

感覚器

知覚
無意識的推論

図4-3　予測誤差最小化による無意識的推論（知覚）のメカニズム

後分布すなわち事後信念が得られるのである（第2節で述べた変分自由エネルギーの第1項が近似誤差であったことを思い出そう）．ここで確率分布がガウス分布（正規分布）であると仮定すると，以下に述べるように，予測誤差最小化という形式で表現することができる．

予測誤差とは，感覚入力が現在の信念とどの程度矛盾しているかを示すものである（図4-3）．予測誤差が発生すると，新しい信念すなわち修正された事後分布を見つけて，感覚入力との整合性を高め，誤差を最小化する．これはカント以来の知識駆動型処理の具体的なアルゴリズムであり，神経回路はこのようにして無意識的推論を実現していると考えられている．すなわちボトムアップ信号が感覚信号であることから，トップダウン信号が信念を感覚信号に変換することで，これらの信号の誤差を最小化することによって信念を書き換えるのである．トップダウン信号は予測信号と呼ばれ，この方式は予測誤差最小化方式あるいは予測符合化モデル（predictive coding model）と呼ぶ．

信号の精度と精度制御

すでに述べたように，信号にはノイズが含まれており，そのノイズの分散がσ^2であった．そこでノイズの分散の逆数を信号の精度（precision）と呼ぶ．精度が高いということは，不確実性が低いということである．予測誤差最小化方式では，トップダウン信号の精度とボトムアップ信号の精度の比率によって信念の更新が大きく変わる．これはベイズの信念更新の式から導くことができる（乾・阪口，2020，2021）．

具体的には，ボトムアップ信号と比較してトップダウン信号の精度が高い場合は，信念が書き換わりにくい．逆にトップダウン信号と比較してボトムアップ信号の精度が高い場合には，信念は変わりやすくなる．

　実は，自由エネルギー原理においては，この信号の精度を制御することができると考える．具体的にはドーパミンやノルアドレナリン，アセチルコリンなど，神経修飾物質（neuromodulator）と呼ばれる物質によって，精度が制御されたのと同じ効果が得られるのである．

6　注意機能と自閉症モデル

注意機能（ゲイン調整の部分のみ）

　図4-3は予測誤差最小化による無意識的推論の流れを示したものである．予測誤差が最小化するように信念を書き換えることにより，正しく外界の隠れ状態を推論することができる．ところで，一般に注意機能は，ある対象に対する注意からの解放，注意の移動，そして注意すべき対象の感覚信号の増強の，三つの機能から構成されると考えられてきた（Posner & Raichle, 1994）．ここでは，感覚信号の増強機能（注意の集中）について説明する．なお，注意の移動（注意を向けるべき場所の決定）は，自由エネルギー原理では行動計画の一部として扱われているので後述する．

　注意機能によって感覚信号の精度を上げると予測誤差が大きくなり，信念の更新が起こる．これがある対象に注意を向けた時に生じる状態だと考えられている．実際，ある対象に注意を向けると，その処理に関係する視覚野のニューロン反応が大きくなることが知られている（たとえば，Luck et al., 1997）．また，これは注意機能によりアセチルコリンが働き，シナプスゲインの増強が起こるためであると考えられている（Parr & Friston, 2017a）．ちなみに，眼球運動も含む行動計画における精度制御は，主にドーパミンによるものであると考えられている（Friston et al., 2012b; Parr & Friston, 2017a, 2018）．このようにして注意によってニューロン反応が増大する原因は，計算論的には，神経修飾物質によって予測誤差が大きくなり（正確には予測誤差の重み係数である精度が大きくなり），より大きなシナプス後電位が生じるためと考えられている（Friston et al., 2012b）．

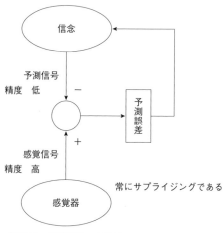

信念

予測信号
精度　低

感覚信号
精度　高

予測誤差

常にサプライジングである

感覚器

（外受容・自己受容・内受容）

図 4-4　予測信号の精度が感覚信号の精度に比べて低い場合

自閉症スペクトラム障害（ASD）のモデル

　図 4-4 は信念に基づく予測信号の精度と比べて感覚信号の精度が高い場合の例を示している．このような状態が続くと，予測誤差によって信念が常に書き換えられる．情報価値がない感覚の予測誤差にウェイトをかけすぎることは，結果として高次のレベルで絶え間ない変動と大きな不確実性を導く．そして，それはすべてにかかわる抽象的な概念理解の困難を表す．

　また，相対的に高い精度の予測信号によって符合化することができないと，比較的予測可能な刺激でさえ，絶えずサプライズとして知覚されることを意味する．感覚信号と予測信号の精度のバランスの異常によって，感覚の詳細が支配的になり，般化が起こりにくくなり，いわゆる過剰適合になる．過剰適合とは，必要以上に感覚データの詳細な部分にまで適合することである．これは，Friston（2016）によって自閉症スペクトラム障害（autism spectrum disorder：ASD）のモデルとして考えられたものである．ASD の特徴として，全体的統合機能の低さから，弱い中枢性統合（weak central coherence）仮説が知られている（Happé & Frith, 2006）．これは，知覚や認知において，定型発達の場合は詳細な局所情報よりも全体的，大局的情報を優先して処理するが，ASD においてはこのような全体的処理が弱い特徴を説明する仮説である．

　このモデルでは，信念によって感覚信号を予測する信号の精度が低いことにより，外界の隠れ状態を正しく推論することができない．したがって，このようなモデルでは著しい知覚異常が生じることになる．実際，ASD では般化によって作られる抽象的な表現を獲得するのが苦手であり，単一の観察結果や詳細な感覚的な側面を過度に正確に表現する傾向が見られる．このようなことが

原因で，相手の顔の感情表現よりも髪型やシャツの色により注意を払う傾向がある．したがって，おのずとサプライズを回避できる見慣れた環境の中で過ごすことを好むばかりか，日常生活の中で一連の行動の順序を変えないなど，固定された行動様式を求めることになる．また，サプライズが絶えず生じるため，慢性的に高いストレスレベルにあると考えられる．その結果として，自己効力感に対する評価が低くなることも Friston（2016）と類似のモデルで説明されている（Stephan *et al.*, 2016）．さらに，Haker *et al.*（2016）は，ASD に見られる様々な特徴を，以上で説明したモデルに従って説明し，心理療法に関して注意すべき点や検討課題を示している．なお，統合失調症のモデルについては，乾・阪口（2020）を参照されたい．

7　注意のもう一つの機能とワーキングメモリ

注意には二つの機能がある．一つ目は，先に述べた感覚処理における注意によるゲイン制御（attentional gain control）である．もう一つは，顕著性（saliency）が高い隠れ状態を検出する役割である．後者の機能は，行為と密接に関係している．

自由エネルギー原理では，未来の不確実性を最も低下させる行動をとることが要求される．これは行為を実行する前と後（事前分布と事後分布）の差の情報量すなわちベイジアン・サプライズ（Bayesian surprise）が最大になるような行動をとるべきことを意味している（Friston *et al.*, 2012a; Donnarumma *et al.*, 2017）．特に，視覚探索や眼球運動の研究から，われわれは顕著性の高い部分に注意を向けることが知られている．これはベイジアン・サプライズが最大になる（最も多くの情報が得られる）行動をとることに等しい．逆に言えば，不確実性が最大のところに注意を向け，それによって信念を更新することが最適なのである．このようにして行動すると，隠れ状態の不確実性が減少するので，その情報をワーキングメモリに一時的に蓄え，次の行動決定に利用する．正確に言えば，単に蓄えるのではなく，ワーキングメモリに競合する信念に対する（ベイズモデル）証拠を蓄積し，次の行動決定の手がかりとして使用するのである（Parr & Friston, 2017b）．詳細なメカニズムについては次節で議論する．

8 運動実行のメカニズム

知覚と運動を再考する

　知覚は，感覚信号を説明可能なトップダウンの予測信号によって決定され，予測と実際の感覚信号との間のミスマッチを伝えるボトムアップの予測誤差信号によって絶えず修正される．自由エネルギーの値を小さくするためには眼球運動も含めて行動しなければならない．

　知覚による自由エネルギー最小化は，感覚サプライズの上限を与える．この時，われわれは環境に働きかけて感覚入力を変化させ，サプライズを最小化することにより，自由エネルギーをさらに小さくすることができる．これを能動的推論（active inference）と呼ぶ．つまり，予測を修正するのではなく，感覚入力を変化させて，予測誤差を最小化するのである．そこで Friston *et al.* (2010) は，運動は期待される感覚入力を得るために実行されると考えたのである．この考えに従うと，大脳の運動野から出力される信号は，運動指令信号というよりは感覚の予測（または期待）信号であると言える．

感覚の期待によって運動が実行される

　それでは，自由エネルギー最小化のためにはどのような感覚を期待するのであろうか．多くの運動関連ニューロンは多種類の感覚に応答することが知られている．特に重要なのが視覚と自己受容感覚である．これら2種類の信号に関して少し詳しく見てみよう（図4-5）．

　運動にとって最も重要なのが，自己受容感覚（固有感覚）である．まず，運動野から自己受容感覚の予測信号あるいは期待信号が出力される．それが脊髄を経て，脊髄の α 運動ニューロンに伝達される．ここから筋肉にこの信号が伝えられるのであるが，α 運動ニューロンと筋肉の間には反射弓（reflex arc）が存在する．この反射弓は，筋肉にある自己受容器から現在の筋肉の状態を α 運動ニューロンに伝達する．つまり，α 運動ニューロンには中枢からの自己受容感覚の予測信号と筋肉からの自己受容感覚信号が伝えられるので，α 運動ニューロンは予測誤差信号を出力するニューロンであると考えられている．そし

て，この予測誤差が最小化され
るように反射弓が働くのである．
つまり，中枢から α 運動ニュー
ロンに運動の最終状態の筋感覚
すなわち自己受容感覚が伝達さ
れ，それを反射弓が実現するの
である（詳細は，乾・阪口，2021 参
照）．したがって，このような運
動実行プロセスは予測の自己実
現のプロセスであると言われる．

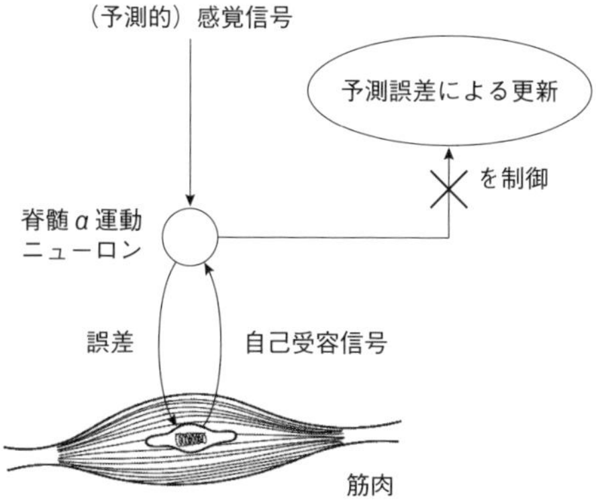

図 4-5　運動制御の基本メカニズム

運動は中枢から伝達される自己受容感覚の予測信号によって実行される．脊髄の α 運動ニューロンは，筋肉からの自己受容感覚の信号と自己受容感覚の予測信号を比較し予測誤差を計算する．筋肉内に書かれているバネは，筋紡錘である．

感覚減衰

　運動実行中に自己受容感覚の
信号が中枢に伝わると，中枢から出力される予測信号が書き換えられ，正確な
運動ができなくなることが考えられる．このことはシミュレーション実験でも
確認されている．それゆえ，この感覚フィードバック信号が中枢に伝わらない
ように，運動実行中の感覚信号は抑制されなければならない．Brown *et
al.* (2013) は，運動実行中は感覚信号の精度を低下させることにより，これは
実現されていると考えた．これを感覚減衰（sensory attenuation）と言う．逆
に，運動野から出力される信号の精度は高くなければならない．
　より正確に言えば，随意運動における感覚減衰は，一次運動野から自己受容
感覚の予測信号が出力されると同時に，一次体性感覚野にも同じ予測信号が遠
心性コピーとして出力される．一次体性感覚野には，時々刻々自己受容感覚信
号が送られてきて，予測誤差が計算される．ここで入力される感覚信号の感覚
減衰が起こり，この予測信号によって一次運動野から出力される自己受容感覚
信号が変更されないようになっている．実際，Adams *et al.* (2013) は，力マ
ッチング課題において自己が出した力の感覚が低く見積もられること（感覚減
衰），統合失調症患者ではこの感覚減衰が不完全であることなどを明らかにし
ている．他の外受容感覚に対しても感覚減衰が起こるようである．感覚減衰の
一例として，眼球運動のサッカード中の視覚信号は抑制されていることが古く

から知られている（サッカード抑制という）．また，自己が発した音声のフィードバックには遅延時間があり，このため音声信号に対しても感覚減衰が生じ，中枢に伝わらないのではないかと考えられている（Friston & Frith, 2015）．

　前述のように，運動実行においては運動野から出力される予測信号の精度を高くすることによって，運動が正しく実現されていると考えられている．一方で，ミラーニューロンは自己が運動する時も，同じ運動を他者が実行しているのを観察する時にも活動するが，他者の運動を観察する時にミラーニューロンが活動しているにもかかわらず，その運動の模倣が生じないのはなぜかという問題がある．これに対して，前述のメカニズムを考えると，自然にこの解答が得られる．それは，運動実行時には自己の運動に注意を向けて運動信号の精度を上げるが，観察時には自己の運動に注意が払われず運動信号の精度が低くなるために運動が生じないからであると考えられている（Friston *et al.*, 2011）．

9　行動決定のメカニズム

目標を達成するためのポリシーを考える

　望ましい目標を達成するためには，各時点において最適な行動を決定する必要がある．望ましい目標は，行動開始時に与えられるか，すでに持っている目標である．ベイズ推論の枠組みでは，選好事前分布（preference prior）として組み込まれる．心理実験では，最初に参加者がするべき課題の説明が行われる（参加者への教示）．教示は参加者の目標であり，選好事前分布を参加者に与えるものである．

　目標を達成するためには，一度の行為で達成されることは稀であり，多数回の行為を通じて達成されることが多い．そのため，各時点において最適な行為系列（行為系列のことをポリシーと呼ぶ）が選択されなければならない．また，未来の行為系列も考えて最適なポリシーを決定するには，各時点の観察結果だけでは不十分であり，そのポリシーによって望ましいゴールを達成できるのかどうかを推論する必要がある．可能性のあるポリシーすべてに対して未来の状態とその状態で観察される成果（outcome）の系列を予測し，それらの異なる未来の状態と成果の系列に関する期待自由エネルギー（expected free energy）

というものを考え，それが最小となるポリシーを選ぶと考える．ここでの成果は，知覚における感覚データに対応する．

正確に言えば，ポリシー選択には，二つの自由エネルギーを考慮して各時点においてポリシーが決定されなければならない．すなわち，変分自由エネルギーと期待自由エネルギーである．

ポリシー選択における変分自由エネルギーの役割は，各時点で得られた成果に基づいて，各時点における自己の（隠れ）状態を推論し，各ポリシーを評価することである．たとえば，目的値の建物まで行く場合は，この状態は各時刻における場所である（乾・阪口，2020 参照）．一方，期待自由エネルギーの役割は未来を予測してポリシーの評価を行うことである．そして，両者の値が最小化されるポリシーを選択する．それぞれの自由エネルギーが意味するところは近似的に，

（変分自由エネルギー F）≈ 各時点における成果のサプライズ（すなわち負のベイズモデル証拠）

（期待自由エネルギー G）≈ 未来の成果のサプライズの時間平均（すなわち成果のエントロピー）の期待値

である．したがって，F が低下するとサプライズが低下し，G が低下すると未来のエントロピー（不確実性）が低下する（この点については，第 11 節参照）．このように，長期的には，サプライズを避け，不確実性を解決することが可能になる．また，各許容可能なポリシーに対して，過去と未来に対して後づけ・事後評価（postdiction）と予測（prediction）に関するワーキングメモリを持っていることが必要である（Friston *et al.*, 2016）．

期待自由エネルギーに対する精度

ポリシーの選択確率には，期待自由エネルギーがどの程度選択に影響を与えるかを定める精度パラメータ γ が考慮される．γ は選択確率の集中度を調整する役割を担う．具体的には，γ の値が大きければ特定のポリシーに集中し，逆に値が小さければ多くのポリシーに広がる．したがって，各ポリシーは $-(F+\gamma G)$ に応じた値によって選択される．正確には $-(F+\gamma G)$ のソフトマックス関数である（Friston *et al.*, 2016）．ソフトマックス関数はそれぞれのポリシ

ーに対する $-(F+\gamma G)$ の値を確率に変換してくれる関数である（正規化指数関数）.

　このようなポリシー選択の不確実性の調整は，探索行動（exploration）や利用行動（exploitation）のバランスを決定するために重要である（第8節参照）. これはある行動をとることによって期待自由エネルギーの値が小さくなる，すなわち未来の不確実性が小さくなる時に，そのポリシーに対する確信度 γ が大きくなるように定められているからである. γ は選択確率の集中度なので，少数のポリシーが選択され（利用行動），逆に γ が小さくなると多数のポリシーの中から選択される（探索行動）ようになるからである.

行動の二つの価値——認識的価値と実利的価値

（変分自由エネルギー）＝（無意識的推論の近似の誤差）

$-$（与えられた感覚データが生起する対数確率）

＝（無意識的推論の近似の誤差）＋（サプライズ）

であった. そして，期待自由エネルギーでは，上式の第1項が（負の）認識的価値（epistemic value）または顕著性になり，第2項が（負の）実利的価値（pragmatic value）または外在的価値（extrinsic value），すなわち行動後に事前の選好が実現される可能性の期待値と書き換えることができる（Friston *et al.*, 2015; Friston *et al.*, 2017a; Parr *et al.*, 2022）.

　認識的価値を最大にすることは，ベイジアン・サプライズの期待値（Itti & Baldi, 2009）を最大にすることに等しい. ここでベイジアン・サプライズは，事後信念と事前信念の差の情報量である. 言い換えると，観察によって提供される隠れ状態についての不確実性の低下量である. 認識的価値は内在性価値とも呼ばれ，内発的動機づけや好奇心につながる（Friston *et al.*, 2017b）.

探索と利用のジレンマ

　研究者は，同じ研究領域の他の研究者の研究結果についても精通している必要がある. しかし，他の研究の調査に時間をかけすぎると，自身の研究に割く時間が短くなり，研究成果の質の低下を招く. それでは，研究者の成果を最大化するには，どのようにこれらを割り振ればよいのだろうか（Berger-Tal *et al.*, 2014）．このようなジレンマは多くの場面で問題となり，探索と利用のジレンマと呼ばれている．このジレンマに関連する実験例として有名なのが，アイオワギャンブル課題である．

　アイオワギャンブル課題では，四つのカードの山が実験参加者に提示される．それぞれのカードの裏には金額が書かれており，プラスの場合は参加者がその金額を獲得でき，マイナスの場合は参加者がその金額を払わなければならない．四つの山のうち二つの山のカードは金額の期待値がプラスになる．すなわち，最終的に参加者がいくらかの金額を獲得できる山であり，残りの二つの山は金額の期待値がマイナスになる．すなわち，最終的に損をする山である．参加者は，試行ごとに1枚のカードを引くことができる．そして，次々とカードを引いていけばよいのであるが，どの山が得する山なのか損する山なのかわからない．この実験において参加者は探索行動または利用行動をする．探索行動とは特定の山のカードに集中せずに，いろいろな山のカードを次々と引いていき，どの山が得する山か損する山かを推論する．一方，ある程度どの山が得する山かがわかってくると，その山のカードに集中してカードを引けばよい．これが利用行動である．この課題ではまさに探索と利用のジレンマを参加者は抱えるのである．期待自由エネルギーの最小化は，認識的価値と実利的価値の両方を最大化する．この考え方によれば，まず認識的に価値のある行動やポリシーを選択することによって，世界に関する不確実性が解消される．不確実性が解消された後は，それ以上の認識的価値はなく，事前選好分布で与えられた実利的な価値を求めて利用行動が生じる．さらに，Schwartenbeck *et al.*（2019）は，これまで述べてきた能動的推論に加えて，必要となる生成モデルのパラメータの学習を能動的学習として，これら2種類の行動を区別して人間行動を分析する試みを行っている．能動的学習（active learning）においては，隠れ状態と成果の随伴性を学習しなければならない（乾・阪口，2020）．そのため，能動的学習においては，新奇な随伴現象を選択し学習する必要がある．これは能動的推論において，（隠れ）状態を正確に推測するために曖昧でない成果をサンプリングする必要があるのと対照的である（Friston *et al.*, 2017b）．

10　ホメオスタシスと自律神経系の機能

ホメオスタシスとアロスタシス

　神経は，感覚神経，運動神経，自律神経に分類される．自律神経は，循環，呼吸，消化，発汗・体温調節，内分泌機能，生殖機能および代謝などの不随意な機能を制御している．自律神経の機能で特に重要なのがホメオスタシス（生体恒常性）である．ホメオスタシスは，外環境の変化によらず身体内の環境すなわち内環境の状態を一定に保つ働きである．第1節で述べたように，自由エネルギー原理においても，広い意味で恒常性維持が最も重要な機能である．

　一方，脅威や危険から身を守るために必要な行動をとるためには，糖分，水，酸素，電解質などのエネルギー消費が前もって必要となるが，そのためにはエネルギーの必要性を予測し，事が起こる前に準備をする機能が必要である．また，環境の変化が起こりそうだと予測された場合には，将来起こりうるホメオスタシスの混乱を回避するために，ホメオスタシスの設定値の変更を先に行う．環境の変化に対応できるように体の状態を準備するのだが，これをアロスタシス（alostasis）と呼ぶ．アロスタシスの機能により免疫系，内分泌系，自律神経系などの活動が調整される．つまり，将来起こるホメオスタシスの異常を回避するために，予測的に状態を変化させるのだが，これがアロスタシスの役割である（乾，2018, p14）．たとえば，血糖値が低下しつつあることが予測された場合，分布の平均値を一時的に上昇させて，血糖値が低下する前に上昇させ，常に許容値内にとどまるようにすることができる．あるいは，何らかの手がかりによって血糖値が予想外の方向に変化しようとしていることがわかると，予測信号の精度を厳しくし，予測誤差を与えて信念の更新に大きな影響を与え，ホメオスタシスの範囲にすばやく戻すことができる（Smith *et al.*, 2021）．また，血糖値がある閾値を下回った場合，食べものが食べられない状況であれば体脂肪の代謝によって，食べものが食べられる状況であれば消費行動によって，ホメオスタシスを維持することができる．現実の状況では，自律神経の反射（体脂肪代謝）と自己受容感覚の反射（消費行動）の両方が，ホメオスタシスを維持するために機能する．いずれも，サプライズの最小化として説明できる（Gu

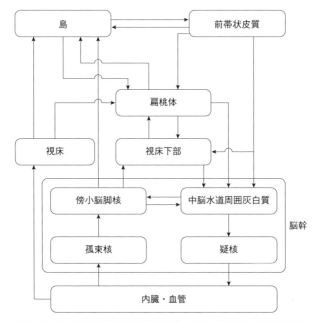

図 4-6　ホメオスタシス反射弓を構成する脳幹と内臓・血管の間の
ループおよびこれを制御する中枢神経系（乾, 2022）
島は内臓感覚皮質と呼ばれ，視床と扁桃体から内受容信号を受け取る．一方，前帯
状皮質は内臓運動皮質と呼ばれ，扁桃体や脳幹の中脳水道周囲灰白質に信号を送る．

et al., 2014)．

ホメオスタシスとアロスタシスを実現するメカニズム

　第 9 節において，随意運動制御が，中枢から伝達される感覚予測を実現する
ために，反射弓を用いて実現されていることを述べた．ホメオスタシス機能に
おいても，同様に反射弓が重要な役割を果たすと考えられる（図 4-6）．ただし，
随意運動とは異なり，ホメオスタシス反射弓によってホメオスタシスが実現さ
れている．ホメオスタシス反射弓は，血管や内臓と脳幹との間に存在する閉ルー
プ（closed loop）である．随意運動では，感覚予測信号が中枢から反射弓に
伝達されることによって，期待通りの運動が実現された（予測の自己実現）．同
様に，ホメオスタシス機能においても，この感覚予測信号が重要である．ホメ
オスタシスにおいては，進化の過程で獲得された適応的事前分布（adaptive

prior）（Vasil *et al.*, 2020）が存在し，これによって感覚予測が実現されると考えられている．すなわち，体温においては 36.5 ℃ を中心とした分布であり，その他の血圧や血糖値なども同様に適応的事前分布によって決められた設定値に従って調節されると考えられている．

　ホメオスタシス反射弓の設定値の調整は，未来の身体状態についてのアロスタシスの予測によって決まる．これらの予測は，現在の身体状態についての正確な推論（理解）に依存する．内環境すなわち内臓の状態の知覚は，外環境の知覚と同様の方法で推論されると考えられている．血管や内臓の感覚を内受容感覚（interoception）と呼ぶ．内受容感覚は，自律神経によって送られてくる内臓からの感覚信号をもとに，内臓の状態すなわち隠れ状態を推論した結果であると考えられる．これは，内環境の状態に関する予測信号を更新することによって達成される（無意識的推論の方法）．したがって，内受容感覚は内環境に対する予測信号であり，われわれはそれを意識することによって内臓状態を知ることができる．また，内環境の予測やアロスタシスが正常に働くためには，外環境の知覚や運動と同様に，予測信号や予測誤差の精度が適切に制御されていなければならない．感情障害は，これらの精度制御の異常としてとらえられている．たとえば，内臓から送られて来る自律神経信号の精度が低ければ，内臓の隠れ状態が推論できず，心と体が分離したような状態になる（乾，2018 参照）．

　自由エネルギー原理に基づき，アロスタシスの階層的モデルを最初に提案したのは，Stephan *et al.*（2016）である．彼らのモデルは階層構造をしており，下位にホメオスタシス反射弓，中間にアロスタシス層，最上位にメタ認知層がある．内受容感覚のサプライズを抑制できない状態が続くと，不正確なアロスタシスの予測信号を発するか，自由エネルギーを最小化できないことによって，ホメオスタシスの乱れが生じ，慢性的なホメオスタシス異常になり，自己効力感の低下やうつ病の発症につながるとしている．うつ病は，エネルギー調節障害と内受容感覚の推論の障害，すなわち予測誤差に対する感度の低下やその精度の誤調整を特徴とするアロスタシスの障害であると考えられている（Barrett *et al.*, 2016）．これらの障害は，内部モデルの更新の障害（認知的柔軟性の低下など）につながり，代謝の非効率性をさらに持続させ，うつ病の典型的な病状で

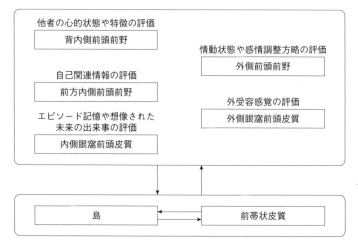

図 4-7 内臓感覚・運動皮質と前頭前野の関係 (Dixon *et al.*, 2017 を改変)
外受容感覚や様々な記憶情報の評価によってアロスタシスが実行される.

ある下方スパイラルを生み出す (Badcock *et al.*, 2017).

　一方, 前頭前野は, 複数の認知プロセスや行動の選択肢を同時に維持し, 統合する必要がある認知的分岐 (cognitive branching) において重要な役割を果たしていることが提唱されており (Koechlin & Hyafil, 2007), さらに意思決定の確信度に関するメタ認知的判断に関与している (De Martino *et al.*, 2013). 図 4-7 は, 前頭前野の各領野における様々な評価とアロスタシスが実行される機構の概略である.

　まとめると, 身体の内部状態を伝える求心性内受容信号と, ホメオスタシス反射弓に作用する遠心性信号があり, これによって知覚と運動の循環が生じるのである (Barrett & Simmons, 2015; 乾, 2018). 両者の信号を伝達しているのが自律神経である.

11　メタ認知と精度制御

　期待自由エネルギーは行動選択にのみ使われ, 各ポリシーに対して期待される負の対数証拠の推定値であった. ポリシー選択はアロスタシス制御にとっても重要であり, 目先の欲求に加えて, 未来の状態を考えることにより, 長期的

に見て自由エネルギーを最小化できる行動をとることが可能だからである．すでに述べたように，期待自由エネルギーがポリシー選択にどの程度影響を与えるかを定める精度 γ がある．この値は，ある行動をとることによって未来の不確実性が低下する時に，大きくなると考えられている（Friston *et al.*, 2018; Hesp *et al.*, 2021）．つまり精度 γ の値は，自分の行動モデルの確信度（信頼度）の変化を反映しているのである．したがって，γ の値を決めるためには，少なくとも二つの状態間における不確実性を比較する必要がある．そこで，Friston *et al.*（2021）や Sandved-Smith *et al.*（2021）は，各状態および状態間の遷移をモニタする階層をもう1階層高いレベルに設けた．特に重要なのが，精度パラメータのモニタ（推定）である．Hesp *et al.*（2021）と Sandved-Smith *et al.*（2021）は，心的行動（mental action）を高次の認知状態に対するメンタルポリシーの選択と見なし，隠れ状態間の比較によって期待される精度（確信度）を調整するメタ認知をモデル化した．すでに述べたように，注意は特定の感覚信号の精度を上昇させる機能である．さらに，この階層より1階層高いレベルでポリシーを考えると，心的行動を実現することが可能である．彼らはこのレベルをメタアウェアネス層と呼び，様々な心的行動が実現できることを示した．

　一方，Friston *et al.*（2018）は，情動（emotion）は随意運動や自律神経による運動がもたらす（身体の）結果に関する信念の確信度（または精度）で，感情（affect）は精度の変化を反映していると考えている．また，Hesp *et al.*（2021）は，事前と事後の精度パラメータ値の変化が感情価（valence）に対応するものとしてモデル化を進めた．具体的には，精度パラメータが上昇するとプラスの感情が得られ，逆に低下するとマイナスの感情が得られるとするものである．これは，自己が持つモデルに対する確信度の増加と減少に対応する．この研究は，感情を，注意によるポリシー選択の結果としての不確実性の低下あるいは増加という観点から説明するものである．また，Joffily & Coricelli（2013）は，期待自由エネルギーではなく自由エネルギーの時間発展と感情を対応させる試み（現象論的モデルとも言われる）を行った（乾，2018 参照）．この研究は，自由エネルギーの時間発展のプロフィールと感情の対応づけなので，行動との関係は考慮されていないものの，感情との対応が詳しく検討されている．

12　おわりに

　量子力学の父として知られるエルヴィン・シュレーディンガーは，科学界に対して，何十年もの間，分野を超えて大きな影響を与えることになる考えを示した.

　　「生物体が崩壊して熱力学的平衡状態（死）へ向かうのを遅らせているこの驚くべき生物体の能力を統計的理論を使ってどのように言い表したらよいのでしょうか？　前には次のように言いました．『生物体は負エントロピーを食べて生きている』，すなわち，いわば負エントロピーの流れを吸い込んで，自分の身体が生きていることによって作り出すエントロピーの増加を相殺し，生物体自身を定常的なかなり低いエントロピーの水準に保っている，と」(Schrödinger, 1944　岡・鎮目訳，2008, p. 145).

　最大の問題は，生物が環境との相互作用を通じて秩序を形成，維持する機構，すなわち，シュレーディンガーが負のエントロピー（ネゲントロピー：negentoropy）と呼んだ機能を解明することであった．自由エネルギー原理は，この難問に対する解答であると言える．すなわち，生物は変分自由エネルギーを最小化するように（不確実性（エントロピー）を最小化するように），環境と相互作用し，秩序の形成と維持を実現しているのである．しかも，この原理のもとで，具体的に脳内の神経回路モデルを自然に導くことができることを様々な機能に対して示している（乾・阪口，2021; Parr et al., 2022）．最近では，エピソード記憶の海馬モデル（Barron et al., 2020），認知発達（Friston, 2017; Cittern et al., 2018; Veissière et al., 2020），音声コミュニケーション（Friston & Frith, 2015; 乾・阪口，2021 参照），脳の進化（Badcock et al., 2019），意識の起源（Friston et al., 2020），精神疾患のモデル（Badcock et al., 2017; Prosser et al., 2018; Ciaunica et al., 2021）など様々な脳機能が，自由エネルギー原理のもとでモデル化されている．なお，自由エネルギー原理の数理的側面については，以下の解説を参照されたい（乾・阪口，2021; Buckley et al., 2017; Solopchuk, 2018, 2019; Smith et al., 2022; Millidge et al., 2021; Parr et al., 2022）.

　　「我々の中の誰かが，諸々の事実や理論を総合する仕事に思い切って手を

着けるより他には道がないと思います」(Schrödinger, 1944 岡・鎮目訳,
2008, p. 6).

引用文献

Adams, R. A., Stephan, K. E., Brown, H. R., Frith, C. D., & Friston, K. J. (2013). The computational anatomy of psychosis. *Frontiers in Psychiatry, 4,* 47.

Badcock, P. B., Davey, C. G., Whittle, S., Allen, N. B., & Friston, K. J. (2017). The depressed brain: An evolutionary systems theory. *Trends in Cognitive Sciences, 21(3),* 182–194.

Badcock, P. B., Friston, K. J., Ramstead, M. J., Ploeger, A., & Hohwy, J. (2019). The hierarchically mechanistic mind: An evolutionary systems theory of the human brain, cognition, and behavior. *Cognitive, Affective, & Behavioral Neuroscience, 19,* 1319–1351.

Barrett, L. F., Quigley, K. S., & Hamilton, P. (2016). An active inference theory of allostasis and interoception in depression. *Philosophical Transactions of the Royal Society B, 371.* doi: 10.1098/rstb.2016.0011.

Barrett, L. F., & Simmons, W. K. (2015). Interoceptive predictions in the brain. *Nature Reviews Neuroscience, 16(7),* 419–429.

Barron, H. C., Auksztulewicz, R., & Friston, K. (2020). Prediction and memory: A predictive coding account. *Progress in Neurobiology, 192,* 101821. doi: 10.1016/j.pneurobio. 2020.101821

Berger-Tal, O., Nathan, J., Meron, E., & Saltz, D. (2014). The exploration-exploitation dilemma: A multidisciplinary framework. *PLoS ONE, 9,* e95693.

Brown, H., Adams, R. A., Parees, I., Edwards, M., & Friston, K. (2013). Active inference, sensory attenuation and illusions. *Cognitive Processing, 14(4),* 411–427.

Buckley, C. L., Kim, C. S., McGregor, S., & Seth, A. K. (2017). The free energy principle for action and perception: A mathematical review. *Journal of Mathematical Psychology, 81,* 55–79.

Ciaunica, A., Seth, A., Limanowski, J., Hesp, C., & Friston, K. J. (2021). I overthink—therefore I am not: An active inference account of altered sense of self and agency in depersonalisation disorder. *PsyArXiv reprints.* doi: 10.31234/osf.io/k9d2n

Cittern, D., Nolte, T., Friston, K., & Edalat, A. (2018). Intrinsic and extrinsic motivators of attachment under active inference. *PLoS ONE, 13(4),* e0193955.

Corcoran, A. W., Pezzulo, G., & Hohwy, J. (2020). From allostatic agents to counterfactual cognisers: Active inference, biological regulation, and the origins of cognition. *Biology & Philosophy, 35,* 1–45.

De Martino, B., Fleming, S. M., Garrett, N., & Dolan, R. J. (2013). Confidence in value-based choice. *Nature Neuroscience, 16,* 105–110. doi: 10.1038/nn.3279

Dixon, M. L., Thiruchselvam, R., Todd, R., & Christoff, K. (2017). Emotion and the prefrontal cortex: An integrative review. *Psychological Bulletin, 143(10),* 1033–1081.

Donnarumma, F., Costantini, M., Ambrosini, E., Friston, K., & Pezzulo, G.（2017）. Action perception as hypothesis testing. *Cortex, 89*, 45–60.

Friston, K.（2008）. Hierarchical models in the brain. *PLoS Computational Biology, 4*. doi: 10.1371/journal.pcbi.1000211.

Friston, K.（2011）. Embodied inference: Or "I think therefore I am, if I am what I think". In W. Tschacher, & C. Bergomi（Eds.）, *The implications of embodiment: Cognition and communication*（pp. 89–125）. Imprint Academic.

Friston, K.（2016）. The Bayesian savant. *Biological Psychiatry, 80(2)*, 87–89.

Friston, K. J.（2017）. Self-evidencing babies: Commentary on "mentalizing homeostasis: the social origins of interoceptive inference" by Fotopoulou & Tsakiris. *Neuropsychoanalysis, 19*, 43–47.

Friston, K., Adams, A. R., Perrinet, L. & Breakspear, M.（2012a）. Perceptions as hypotheses: Saccades as experiments. *Frontiers in Psychology*. doi: 10.3389/fpsyg.2012.00151.

Friston, K., Da Costa, L., Hafner, D., Hesp, C., & Parr, T.（2021）. Sophisticated Inference. *Neural Computation, 33(3)*, 713–763.

Friston, K. J., Daunizeau, J., & Kiebel, S. J.（2009）. Reinforcement learning or active inference? *PLoS ONE, 4(7)*, e6421. doi: 10.1371/journal.pone.0006421

Friston, K. J., Daunizeau, J., Kilner, J., & Kiebel, S. J.（2010）. Action and behavior: A free-energy formulation. *Biological Cybernetics, 102(3)*, 227–260.

Friston, K., FitzGerald, T., Rigoli, F., Schwartenbeck, P., & Pezzulo, G.（2016）. Active inference and learning. *Neuroscience and Biobehavioral Reviews, 68*, 862–879.

Friston, K., FitzGerald, T., Rigoli, F., Schwartenbeck, P., & Pezzulo, G.（2017a）. Active inference: A process theory. *Neural Computation, 29(1)*, 1–49.

Friston, K., & Frith, C.（2015）. A duet for one. *Consciousness and Cognition, 36*, 390–405.

Friston, K. J., Joffily, M., Barrett, F. L. & Seth, K. A.（2018）. Active inference and emotion. In S. A. Fox, C. R. Lapate, J. A. Shackman, & J. R. Davidson（Eds.）, *The nature of emotion: Fundamental questions*（pp. 28–33）. Oxford University Press.

Friston, K. J., Kilner, J., & Harrison, L.（2006）. A free energy principle for the brain. *Journal of Physiology Paris, 100(1–3)*, 70–87.

Friston, K., Mattout, J., & Kilner, J.（2011）. Action understanding and active inference. *Biological Cybertics, 104(1–2)*, 137–160.

Friston, K. J., Wiese, W., & Hobson, J. A.（2020）. Sentience and the origins of consciousness: From Cartesian duality to Markovian monism. *Entropy, 22(5)*, 516.

Friston, K. J., *et al.*（2012b）. Dopamine, Affordance and Active Inference. *PLOS Computational Biology, 8(1)*, 1–20.

Friston, K., *et al.*（2015）. Active inference and epistemic value. *Cognitive Neuroscience, 6(4)*, 187–224.

Friston, K. J., *et al.*（2017b）. Active inference, curiosity and insight. *Neural Computation, 29(10)*, 2633–2683.

Gu, X., & Fitzgerald, T. (2014). Interoceptive inference: Homeostasis and decision-making. *Trends in Cognitive Science, 18(6)*, 269–270.

Haker, H., Schneebeli, M., & Stephan, K. E. (2016). Can Bayesian theories of autism spectrum disorder help improve clinical practice? *Frontiers in Psychiatry, 7.* doi: 10.3389/fpsyt.2016.00107.

Happé, F., & Frith, U. (2006). The weak coherence account: Detail-focused cognitive style in autism spectrum disorders. *Journal of Autism and Developmental Disorders, 36(1)*, 5–25.

Hesp, C., *et al.* (2021). Deeply felt affect: The emergence of valence in deep active inference. *Neural Computation, 33(2)*, 398–446.

Hohwy, J. (2014). The self-evidencing brain. *Noûs, 50(2)*, 259–285.

乾敏郎 (2018). 感情とはそもそも何なのか――現代科学で読み解く感情のしくみと障害 ミネルヴァ書房

乾敏郎 (2019). 自由エネルギー原理――環境との相即不離の主観理論 認知科学, *26(3)*, 366–386.

乾敏郎 (2022). 自由エネルギー原理――内受容感覚にもとづく意識の神経基盤 生体の科学, *73(1)*, 70–74.

乾敏郎・阪口豊 (2020). 脳の大統一理論――自由エネルギー原理とはなにか 岩波書店

乾敏郎・阪口豊 (2021). 自由エネルギー原理入門――知覚・行動・コミュニケーションの計算理論 岩波書店

Itti, L., & Baldi, P. (2009). Bayesian surprise attracts human attention. *Vision Research, 49(10)*, 1295–1306.

Joffily, M., & Coricelli, G. (2013). Emotional valence and the free-energy principle. *PLoS Computational Biology, 9(6)*, e1003094.

Koechlin, E., & Hyafil, A. (2007). Anterior prefrontal function and the limits of human decision-making. *Science, 318*, 594–598.

Luck, S. J., Chelazzi, L., Hillyard, S. A., & Desimone, R. (1997). Neural mechanisms of spatial selective attention in areas V1, V2, and V4 of macaque visual cortex. *Journal of Neurophysiology, 77(1)*, 24–42

Millidge, B., Seth, A., & Buckley, C. L. (2021). A mathematical walkthrough and discussion of the free energy principle. *arXiv preprint, arXiv: 2108*, 13343.

Parr, T., & Friston, K. J. (2017a). Uncertainty, epistemics and active inference. *Journal of the Royal Society, Interface, 14*, 20170376.

Parr, T., & Friston, K. J. (2017b). Working memory, attention, and salience in active inference. *Scientific Reports, 7(1)*, 14678. doi: 10.1038/s41598-017-15249-0.

Parr, T., & Friston, K. J. (2018). The anatomy of inference: Generative models and brain structure. *Frontiers in Computational Neuroscience, 12*, 90.

Parr, T., Pezzulo, G., & Friston, K. J. (2022). *Active inference: The free energy principle in mind, brain, and behavior.* MIT Press. (乾敏郎 (訳) (2022). 能動的推論――心, 脳, 行動の自由エネルギー原理 ミネルヴァ書房)

Posner, M. I., & Raichle, M. E. (1994). *Images of mind.* Scientific American Books.

Prosser, A., Friston, K. J., Bakker, N., & Parr, T. (2018). A bayesian account of psychopathy: A model of lacks remorse and self-aggrandizing. *Computationnal Psychiatry, 2*, 92–140.

Sandved-Smith, L., *et al.* (2021). Towards a computational phenomenology of mental action: Modelling meta-awareness and attentional control with deep parametric active inference. *Neuroscience of Consciousness, 2021(2)*, niab018.

Schrödinger, E. (1944). *What is life? The physical aspect of the living cell*. Cambridge University Press. (岡小天・鎮目恭夫（訳）(2008). 生命とは何か——物理的にみた生細胞　岩波書店)

Schwartenbeck, P., *et al.* (2019). Computational mechanisms of curiosity and goal-directed exploration. *Elife, 8*, e41703.

Smith, R., Badcock, P., & Friston, K. J. (2021). Recent advances in the application of predictive coding and active inference models within clinical neuroscience. *Psychiatry and Clinical Neurosciences, 75*, 3–13.

Smith, R., Friston, K., & Whyte, C. (2022). A step-by-step tutorial on active inference and its application to empirical data. *Journal of Mathematical Psychology, 107*, 102632.

Solopchuk, O. (2018). Tutorial on active inference. Medium. https://medium.com/@solopchuk/tutorial-on-active-inference-30edcf50f5dc

Solopchuk, O. (2019). Free energy, action value, and curiosity. Medium. https://medium.com/@solopchuk/free-energy-action-value-and-curiosity-514097bccc02

Stephan, K. E., *et al.* (2016). Allostatic self-efficacy: A metacognitive theory of dyshomeostasis-induced fatigue and depression. *Frontiers in Human Neuroscience, 15(10)*, 550. eCollection 2016.

Vasil, J., Badcock, P. B., Constant, A., Friston, K., & Ramstead, M. J. (2020). A world unto itself: Human communication as active inference. *Frontiers in Psychology, 11*, 417. doi: 10.3389/fpsyg.2020.00417

Veissière, S. P., Constant, A., Ramstead, M. J., Friston, K. J., & Kirmayer, L. J. (2020). Thinking through other minds: A variational approach to cognition and culture. *Behavioral and Brain Sciences, 43*, e90. doi: 10.1017/S0140525X19001213.

第5章　圏論による認知の理解

布山美慕・西郷甲矢人

1　はじめに

　どのような認知も様々な他の認知との関係性を持つ．またどのような認知の
モデルも，少なくともそれが情報論的なモデルで書かれる限りにおいて，情報
の流れや構造を記述するために何らかの関係性の記述となる．

　近年，こういった関係性の記述に優れた数学として"圏論"への注目が多分
野でなされている（西郷・能美, 2019; 西郷他, 近刊）．日本の認知科学分野にお
いても，2017年度日本認知科学会第34回大会オーガナイズドセッション「同
じさの諸相：認知科学・数学・哲学からの示唆」，2019年同第36回大会オー
ガナイズドセッション「圏論による認知モデリングの可能性：ホモ・クオリタ
スとしての人間理解に向けて」などにおいて，圏論を用いた認知科学が議論さ
れてきた．

　圏論は，第2節で説明するように，先にある"もの"の特徴や内容を考えて，
後でそれらの"関係性"を考えるというより，先に関係性を考えて，後からそ
れらの関係性の結節点（あるいは自分自身へ戻るような関係性それ自体）としても
のをとらえる指向性が見られる．また，関係性の関係性を考えて，関係性どう
しがどの程度同じかを数理的に議論できる．言わば，単に「関係性」を記述す
るというより，「関係性」で対象を記述する．

　筆者らは，こういった圏論の指向性が，認知科学における状況依存性や身体
性といった多様な関係性から認知を見返す研究と響き合うことで，認知科学分
野における圏論への注目が高まっているように感じている．また，意識（土
谷・西郷, 2019）や知覚（日高・高橋, 2021）などの主観性が高い認知対象に対し

て，関係性による対象の特徴づけや，特定の関係性を制約とした処理のモデル化に圏論が利用されてきた．これらは，まさに関係性による対象の記述と考えられるだろう．こういったモデル化の背景には，認知を物理的な対象の観測と類似にとらえる実在論的な態度から，赤／not 赤の差異によって赤の概念をとらえるような（Saussure, 1910）非実在論的な態度への変換もあるのかもしれない．

　本章では，主に近年の認知科学における圏論の応用と今後の展望について記述する．構成は以下の通りである．第 2 節で，認知科学への応用を理解するのに必要な，圏論の基礎的な概念を説明する．第 3 節と第 4 節で，圏論の認知科学への応用事例として比喩理解と多義図形の理解の研究を説明する．第 5 節で，今後の展望として圏代数および圏上の状態の概念に基づく圏構造と確率的構造の融合について説明し，まとめの議論を行う．さしあたって圏論を使いたいわけでなく，認知研究への応用をまずは知りたい場合には第 3・4 節を先に読み，必要に応じて第 2 節の諸定義に当たる読み方が可能である．一方，圏論を実際に認知科学研究において使いたい場合，第 2 節を丁寧に理解すると役立つであろう．

　なお本章で取り上げるものの他にも，認知科学を含めた人文・社会科学分野における圏論の応用が試みられてきた．興味のある読者は，高橋ら（2021）の第 1 章を参照してほしい．なお，第 3 節の一部の執筆に当たっては，日本認知科学会学会誌『認知科学』特集「圏論は認知科学に貢献できるか」に掲載された池田ら（2021）の内容を改変した．

2　圏論の基礎概念の説明

説明の前に

　圏論の基礎概念を説明していくために，まず圏とは何かを説明する必要がある．しかし説明というものは，聞き手や読み手が必要以上に身構えてしまうとどうしても伝わらないものである．そこで，心理的な障壁を下げることから始めたい．

　まずはっきりさせておきたいのは，圏は他の多くの数学的概念に比べても，

理解の前提となる事柄が少ないということである．にもかかわらず，しばしば圏は高度な概念と思われがちであり，圏論の概念を認知科学に活用しようというと，「難しい概念を振り回している」との印象を与えることも多い．

　では，なぜ圏が高度な概念であると思われがちなのか．それはおそらく，まさに「理解の前提となる事柄が少ない」からであろうと思われる．自分がよく知っている（と思っている）事柄を前提にして説明される概念ならば，何となく「頼るものがある」気がするのであるが，基本的な概念であればあるほど，その定義はつかみどころがなくなってくる．「平行四辺形」のような概念よりも「点」といった概念のほうが基本的である（と多くの人は考えるであろう）が，まさにそれゆえに，「○○とは何か」という問いがより深刻なものと感じられるのと同じである．

　現代数学において，概念は結局のところ関係的に定義される．かつて，大数学者ダフィット・ヒルベルトは『幾何学の基礎』において，「点」「直線」「平面」が互いに「いかに関係し合っているか」を「公理」として掲げ，この公理を満たすものなら何でも「点」「直線」「平面」と呼びうるのだ，という立場を鮮明にした．概念を「より根本的な概念」に還元していこうとするのは自然な発想であるが，永遠に続けるわけにもいかない．むしろ，（「還元できる」ということも含めて）概念は互いの関係性によって定義されると考えるべきであり，特に根本的な概念を取り扱う際にはそのことを腹の底から理解する必要があるのだ．

　実は，多くの人々にとって圏論の入口における障壁は，この「概念が関係性によって定義される」ことの理解，そして，ほぼ「それのみ」なのである．そこさえクリアすれば，圏はむしろ近づきやすい概念とさえ言える．「存在する（ある）」「任意の（あらゆる）」「＝」といった基本的な言葉や記号の使い方は別として，特段必要な前提知識がないため，数学科で習うような難しい概念を一切知らなくても理解可能なのだ．むしろ，そうだからこそ圏論にチャレンジしようとする人の総数も多くなり，結果として「難しい」という印象を持つ人の総数も多くなるのだろう（そして，誤った理解の泥沼に陥る人も多くなる．とはいえ，筆者の一人である西郷の持論であるが，「誤った理解」を怖がる必要はない──進んでいくにつれて誤りに気づくからである）．

おそらくこのような事情で，多くの人々にとっては圏論が「あまりに高度な概念」と映ることになる．その一方，圏論以外のどこかで「概念が関係性によって定義される」ことを理解した人にとっては，（少なくとも入口は）入り込みやすく，むしろ，自明すぎて何か意味のあることができるようには思えない，ということになる．

本節では，この両極端の見方に読者が陥りにくいようにしながら，圏論の基礎概念を簡潔に解説しよう．その際，ほとんどの概念については詳細を他書にゆずる（たとえば，西郷・能美，2019など）．近年はインターネット上でも詳細な記述が読めるので，適宜参照されたい．また，本シリーズ第2巻第4章の土谷尚嗣氏の論考内にも本節と補い合う解説がある．

圏

圏とは「対象」と呼ばれるものたちと「射」と呼ばれるものたちからなるシステムであって，以下の条件を満たすものである．これらの条件を総じて「圏の公理」という．

条件1　各射に対して，その「域」と呼ばれる対象と「余域」と呼ばれる対象が定まる．

条件1の「気持ち」解説：「気持ち」としては，対象は「もの」「事象」あるいは「現われ」，射は対象間の向きづけられた「関係」「過程」あるいは「変換」を思い浮かべるとよいだろう．このような「気持ち」にふさわしく，射fの域がAであり，余域がBである時，fをAからBへの矢印として書き表し，fは「AからBへの射」であるという（ただし，「AからBへの射」はf以外にもいろいろあってよいことに注意）．

条件1の補足説明：しかし，前述したような「気持ち」にとらわれる必要は全くない（公理を満たせば何でもよい！）．なお，（対象たちおよび射たちの「全体」が集合論で言う「集合」である場合）この条件1を満たすシステムは「有向グラフ」と呼ばれる．圏ではない一般の有向グラフに関しては，「対象」「射」「域」「余域」といった用語の代わりに，「頂点」「辺」「始点」「終点」という語が用いられる．なお，域と余域は一致する場合もある．域と余域が一致するような

（「ループ」のような）射は，自己射と呼ばれる（自己射も多数存在しうる）．

条件2 射 f の余域が射 g の域と一致するとき，射の（順序づけられた）対 (g, f) は合成可能であるという．合成可能な射の対 (g, f) に対して，「合成射」と呼ばれる射 $g \circ f$ を定める「合成」という演算が存在する．$g \circ f$ の域は f の域と，$g \circ f$ の余域は g の余域と，それぞれ一致する．

条件2の「気持ち」解説：たとえば f と g が「過程」だとすると，f の「終わり」（余域）と g の「始まり」（域）が一致するならば，それらをつないだ過程を考えることができるであろう．この「つないだ過程」に相当するものが「合成射」$g \circ f$ であり，射を「つなぐ」操作に相当するのが「合成」という演算である．

条件2の補足説明：一方の射の余域と他方の射の域とが一致しない場合，合成射は定義されないことに注意．どのような二つの射の対についてもその合成が考えられるのは，対象がただ一つのみの場合である（対象がただ一つの圏は「モノイド」と呼ばれる）．

条件3（結合律）(h, g) および (g, f) が合成可能であるような任意の射 f, g, h について $(h \circ g) \circ f = h \circ (g \circ f)$ が成り立つ．

条件3の「気持ち」解説：要するに「カッコの順序は気にしなくてもよい」ということ．射が「過程」であり，合成が「過程をつなぐ」（余計なことをせず，ただ素直につなぐ）演算だと考えると，当然成り立ちそうな条件ではある．

条件3の補足説明：とはいえ，一般の演算がいつもこのような条件（「結合律」）を満たすわけではない．$(5+3)+2 = 5+(3+2)$ は成り立つが，$(5-3)-2 = 5-(3-2)$ は成り立たない．結合律によって，合成が「過程を（ただ素直に）つなぐ」といったような「かなり単純なタイプの演算」であることを要請しているという見方もできる．各射に「その射を他の射に合成する操作」を対応させるといった，「メタ」な思考を展開する際にも重要な役割を果たす．

条件4（単位律）各対象 A に対し，「余域が A である任意の射 f について $1_A \circ f = f$」および「域が A である任意の射 g について $g \circ 1_A = g$」を満たす，A

から A への射 1_A が（ただ一つ）存在する．射 1_A は A の「恒等射」と呼ばれる．

　条件4の「気持ち」解説：各対象に対して「何もしない」射である恒等射が対応するということ（かけ算で言えば「1」に当たるような役割を果たす射）．この条件により，「各対象をその恒等射と同一視する」ことが数学的に可能になる．したがってこの条件は，「対象は射の一種に過ぎない」と思うことを可能にするものと言える．

　条件4の補足説明：条件4の「（ただ一つ）」の部分は，実は不要である．恒等射が「存在する」ことさえ保証されれば，実は「一意性」（恒等射が各対象に対して一つしかないこと）のほうは自動的に言えるからである（このことの証明自体よい演習問題となる）．なお，恒等射が各対象に対しただ一つだからと言って，自己射は多数ありうることに注意．

　以上が圏の公理である．

　圏の公理のうち条件2から4は，「合成」の概念にかかわっている．この「合成」こそが単なる有向グラフと圏の大きな違いをもたらすものであり，「連想」や「推論」といった認知の重要な特性をとらえる上でも重要であると筆者らは考えている．

　とはいえ，「では一般の有向グラフの話には圏論は無関係なのだな」と考えるのも早とちりである．というのも，有向グラフが与えられたとき，そこから有向グラフの「自由圏」というものを作ることが可能だからである．これは，有向グラフの頂点を対象とし，辺の有限列（「経路」）を射とする圏である．もし有向グラフの辺が頂点間の「直接」の関係を表しているとすれば，自由圏の射は対象としての頂点間の「直接および間接の」関係に対応する（実のところ，「圏ではなく単なる有向グラフで十分ではないか？」と思う人も，実際には知らず知らず自由圏を考えたり利用したりしていることが多い．「知らず知らずのうちに」それを考えたり利用したりしてしまう，というところに「圏論的動物」としての人間の特性が露呈しているように思われる）．

　圏の公理に関して，この段階でもう一つ注意しておきたいことがある．それは，条件4において「恒等射」が与えられることにより，「逆射」の概念が定義できることである．B から A への射 g が，A から B への射 f の逆射である

とは，$g \circ f = 1_A$ かつ $f \circ g = 1_B$ が成り立つことを言う．ある射が与えられたとき，一般にはその逆射は存在しない（存在するならば一つしかないことは，定義より導かれる）．逆射を持つような射は「可逆」な射，もしくは「同型射」と呼ばれる．対象 A から対象 B に可逆な射，すなわち同型射がある時，A と B は「同型」であると言う．なぜ「同型」と呼ばれるかと言えば，同型射で結ばれた二つの対象は，圏の任意の対象との関係が全く同様となるからである．他の対象との関係が全く同様であるならば，二つの対象は（その圏において）全く同様の意義を持つことになる．圏論が「同じさ」について考えるための重要な手がかりとなるゆえんである．

以上，圏とはどのようなものかを述べた．「例がないとわからない」という読者のため，次の項では圏の例をいくつか挙げておく．ただし，本章の残りの部分のほとんどについて，以下の例の理解は本質的に必要でないので，次の項をスキップすることも可能である（読み進める中で必要になった場合に参照するとよい）．

圏の例

前順序集合　圏論の解説や教科書などで圏の例として取り上げられる「集合圏」や「位相空間の圏」（これらの例は本章とは直接に関係しないのでここでは定義などの解説はしない）は，「大きな圏」と呼ばれる．対象や射の全体の集まりが集合論でいう「集合」にはならず，「集合全体の集まり」のような「大きなもの」になるからである（ただし，任意の二つの対象について「その間の射の全体」はそれぞれ集合になるので，「局所的に小さな圏」と呼ばれる）．このような「大きな圏」の例ばかりに触れていると見落としがちであるが，「小さな圏」，すなわち射の全体が集合になる（対象の全体もそうなる）ような圏も無数に存在し，それ自体が一つの「構造を付与された集合」として解釈できる．その典型例が「前順序集合」である．

前順序集合は，「任意の対象 A および B に対し，A から B への射はたかだか一つしかない」という条件を満たす圏，すなわち「痩せた圏」であって小さな圏であるものと定義できる．「たかだか」であるから，A から B への射がない場合もある．一般の圏については，A から B への射は無数にあってもよい

のだから，前順序集合は非常に「構造の貧しい圏」であると言える．その意味では前順序集合は面白味の少ない圏とも言えるが，一方で，理論を前順序集合の場合に考えた上で一般の圏に一般化するというのは，学習においても研究においてもしばしば有効である．

　ちなみに，なぜこれが「前順序集合」と呼ばれるかと言えば，「A から B への射が（一つ）存在すること」をもって「$A \leq B$」と定義すると，

　　　$A \leq A$　（反射律）

　　　「$A \leq B$　かつ　$B \leq C$」ならば「$A \leq C$」（推移律）

という条件を満たす（非常に一般的な）「順序」の構造（「前順序」）が，「対象全体の集合」の上に付与されることになるからである．なお，前順序集合において，さらに

　　　「$A \leq B$　かつ　$B \leq A$」ならば「$A = B$」（反対称律）

が成り立つならば「半順序集合」と呼ばれるし，さらに

　　　$A \leq B$　あるいは　$B \leq A$

が常に成り立つ（任意の二つの対象が「比較可能」）場合には全順序集合と呼ばれる．

密着圏と離散圏　前順序集合の定義において述べた「痩せた圏」の条件の「たかだか一つ」を「ちょうど一つ」に強めると，「密着圏」の定義が得られる．小さな密着圏は，グラフ理論で言う「完全グラフ」（すべての頂点がつながっている単純グラフ）に対応する．密着圏の対極にあるのが「離散圏」で，これは「すべての射が恒等射である圏」として定義される．つまり，（恒等射を対象と同一視するなら）「対象しかない圏」である．小さな離散圏とは，「単なる集合」のことに他ならない．この意味で，集合から圏への移行は，異なる二つの対象の間をつなげる射や非自明な自己射を認める移行であるということができる．

モノイドと群　ここまで挙げた小さな圏の例は，「対象が多くて射が少ない」圏であった．それと好対照をなすのがモノイドである．モノイドは「ただ一つの対象を持つ（小さな）圏」である（別な定義の仕方もあるが）．もちろん射のほうはいくらあってもよい（定義によりすべて自己射となる）．モノイドにおいては

任意の二つの射が合成できるから，合成は通常の「二項演算」となる．モノイドは「代数的構造」の原型と言うべきものであるし，射を「作用」（働き）としてとらえれば「力学系」概念の原型とも言える．

　モノイドであって「すべての射が可逆」であるものを群と呼ぶ（これも別な定義の仕方がある）．言い換えれば，群とは「すべての射が自己同型射（自己射かつ同型射）」であるような（小さな）圏に他ならない．「回転操作の全体」といった対称性にかかわる文脈に群が現われることは，この定義から自然に理解できる．

　群から「可逆」の条件を落として一般化したものがモノイドであるが，「可逆」は保ちつつ，「対象がただ一つ」という条件を落として一般化したものが亜群である．「対称性と言えば群」と考えられがちだが，より広汎な対称性についてのより深い理解のためには，亜群の概念が重要であることが知られている．亜群は密着圏や集合上の「同値関係」の概念の一般化にもなっている．

　亜群からさらに「可逆」を落とす，もしくはモノイドから「対象がただ一つ」の条件を落とすと，圏となる．この意味で，圏は群概念の双方向への一般化であると言える．

関手と自然変換

　圏の概念が確立されたら，「圏を対象とする圏」を考えるのは極めて自然な流れである（「文字通りあらゆる」圏を対象とする圏を考えようとするとすぐパラドクスに陥るが，そこは適切に対処するとして）．それを考えるには，まず何を「圏の間の射」とするべきかを問わねばならない．

　すでに述べたように，対象たちを決めたとしてもその間の射の概念が「自動的に」決まるわけではなく，いろいろな可能性がある．しかし，現状において「圏の間の射」として最も活用されているのが「関手」の概念である．

　定義（関手）：圏 C の任意の射 f および任意の対象 A に対し，圏 D の射 $F(f)$ および圏 D の対象 $F(A)$ を対応させる対応づけ F が「圏 C から圏 D への関手」であるとは，

　①圏 C の任意の射 f について，f が A から B への射ならば $F(f)$ は $F(A)$ から $F(B)$ への射

②圏 C の任意の射[1] f, g について，$F(g \circ f) = F(g) \circ F(f)$

③圏 C の任意の対象 A について $F(1_A) = 1_{F(A)}$

　という条件を満たすことを言う．

　このように定義された関手を「圏の間の射」と思えることは，関手の合成や「恒等関手」を自然なやり方で定義できることから理解できる．より概念的に言っても，なぜ関手の概念が「圏の間の射」にふさわしいかは，圏の公理に戻って考えればよくわかるだろう．圏を圏たらしめる諸概念と整合的な対応づけだということだからである．関手概念のすばらしさの一つは，およそ「表現」「解釈」「モデル」などと呼ばれるものの本質を言い当てていることにある．これらは，ある領域における「ものとものとの関係」を別の領域における「ものとものとの関係」に，「関係性を保ちながら」移すものだからである（このことから，「比喩」「類推」などを理解するためにも重要であろうことは理解できるだろう．第3節も参照）．「具体例」と言われるものも，抽象的な構造を表す圏から「具体化のための素材を提供する圏」への関手として理解できる．「喩」と「例」とがともに「たとえ」であるというのは古人の叡智であろうか．

　しかし，関手についての以上の説明は単なる「たとえばなし」ではなく，数学的な例にも事欠かない．物理学者がよく親しんでいる「群の（線型）表現」（親しみのない読者は，抽象的な群——たとえば，回転全体のなす群——の話を，ある種の行列のなす群の話に系統的に翻訳することだと思ってもらえばよい）は，圏の特殊例である「群」から「線型空間を対象とし線型写像を射とする圏」への関手に他ならない．

　群の表現の例は，非常に教育的でもある．回転操作を「行列」で表現する時に鍵となるのは「座標」であり，行列はその座標という「観点」によって現われてくるものであるが，一般の関手を理解する際にも，それが（何らかの観点についての）「現われ」だと思うと理解が深まるからだ．「同じ」現象が観点を変えれば「異なる」仕方で「現われ」るというような場合，その個々の「現われ」が関手だというわけである．

---

[1]　②の条件において，本当は「(g, f) が合成可能であるような」任意の射と言うべきであるが，文脈より明らかであると思うので省略する．以後，同様な省略を行う．

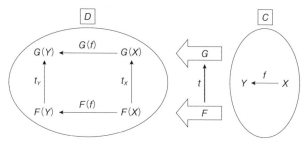

図 5-1　自然変換の定義

　このように関手をとらえたならば，異なる「現われ」の間の関係が気になる
ことだろう．すなわち「関手の間の射とは何か」という問いが生まれるに違い
ない．その（一つの，しかし重要な）答えが「自然変換」である．

　　定義（自然変換）：F, G を圏 C から圏 D への関手とする．圏 C の任意の
　　対象 X に対し，圏 D の $F(X)$ から $G(X)$ への射 t_X を対応づける対応 t が
　　「F から G への自然変換」であるとは，圏 C の任意の対象 X, Y および A
　　から B への射 f に対し，$G(f) \circ t_X = t_Y \circ F(f)$ が成り立つことをいう．

　文章で見るとわかりにくいが，図を描いてみるとよくわかる（図 5-1）．

　要するに，$F(f)$, $G(f)$, t_X, t_Y （およびその域・余域）のなす四角形の「図式」
（射や対象の集まり）に関して，「上側」と「下側」の「二つの道行き」に当たる
「二つの合成射」が一致することを意味している．これにより，関手 F および
G という二つの「表現」「解釈」「モデル」が整合的につながることになる．自
然変換とは，この「整合的なつながり」をつくりだす（圏 C の対象によってパラ
メトライズされた）圏 D の射の集まりなのである．「座標変換」はまさしくこの
ようなものとして解釈できるし，他にも「○○変換」と呼ばれるものを自然変
換としてとらえ直すことを試みるのは，よい演習問題となる．

　ところで，自然変換の定義で出てきた「二つの道行きが一致する四角形」は，
圏論で「可換図式」と呼ばれるものの例である．可換図式とは，射（およびそ
の域や余域）の集まりであって，射の合成をいろいろ考えたとき，域と余域を
それぞれ共有する（合成によって得られる）射たちは互いに等しくなるという条
件を満たすものをいう．要するに，「出所と行先がそれぞれ同じになるような
様々な経路に対応する（合成によって得られる）射が（見かけは違っても）互いに

等しくなる」ということである．適当に考えた図式が可換となることは，（一般には）めったにないことに注意（前順序集合の場合は例外的に，可換性が自明に成立する）．圏論の様々な概念は可換図式を用いて定義されるし，後述する圏論における様々な構成においても重要な役割を果たす．

　さて，自然変換が「関手の間の射」と考えられることは，圏の公理に立ち戻ることですぐわかる．つまり，圏 C, D が与えられると，「C から D への関手たちを対象とし，それらの間の自然変換を射とする圏」を考えられるのである．これが「関手圏」と呼ばれるものである．数学で具体的に現れる「面白い圏」は多くの場合「モデルたちとモデルの構造を保つ対応からなる圏」であり，関手圏と思える．それどころか実は，任意の（局所的に小さな）圏は関手圏の一部として考えられる（「米田の補題」に基づく「米田埋め込み」）．単なる「対象」を「関手」と思うことができ，「射」は「自然変換」と思うことが可能なのである．そしてこの立場から，対応する「関手」の本質的な同じさを通じて「対象」の本質的な同じさを理解できるのである．

　今述べた「関手の本質的な同じさ」を与えるのが，「自然同値」（最近は「自然同型」と呼ばれることが多い）の概念である．これは，「可逆な自然変換」すなわち「関手圏における同型射」である．自然同値の概念は，「表現」「解釈」「モデル」などの本質的な同じさを考える基盤となる．

　自然同値の概念により，「圏の本質的な同じさ」である「圏同値」の概念も定義できる．圏の本質的な同じさとしては「可逆な関手」で結ばれていること（「圏同型」と呼ばれる）を考えればよいのではないかと思うかもしれないが，実はこれは狭すぎて，以下に説明する「圏同値」のほうがより有用な概念なのである．二つの圏 C, D が圏同値というのはどういうことかというと，圏 C から D への関手 F と，D から C への関手 G が存在して，$G \circ F$ および $F \circ G$ がそれぞれ圏 C の恒等関手および圏 D の恒等関手と自然同値となることを言う（「自然同値」ではなく「等しい」というより厳しい条件にしたものが圏同型である．圏同値である二つの圏は「圏論的には」全く同様の性質を持つことになる．もっと言えば，圏同値で保たれるのが「純粋に圏論的な性質」なのである．ただし，このような性質のみが圏論で扱われるというわけではない）．

　この「圏同値」の概念をさらに一歩緩めた「圏の本質的な同じさ」が，「随

伴」である．随伴の詳しい解説は，西郷・能美（2019）などを参照してもらう
として，ここでは，互いに向きが反対となる関手の対が，ある自然変換の対に
よって整合的に関係づけられているという状況であることだけ，押さえてもら
えばよい．この対をなす関手は「随伴関手」と呼ばれる．おもしろいことに，
「特殊なものたちのなす圏」と「より一般のものたちのなす圏」との間にも，
しばしば随伴関手のペアが存在する．これはある種の「特殊」と「一般」が
「緩い意味で等価」ということを述べており，認知科学の主題にとって大いに
役立ちそうな概念であるとわかるだろう（認知科学への応用の試みについては第 4
節を参照）．

　なお，「特殊／一般」のみならず，随伴は至るところに現われる．ある圏が
他の圏（もちろん「自分自身」も含めて）と随伴によって関係づけられているこ
とは，「その圏自身の構造」に関する重要な情報となることにも注意しておこ
う．それどころか，たとえば「集合圏」（あるいはその一般化である「トポス」な
ど）を「圏論的に定義」しようとする場合には，こうした随伴の存在が「公
理」として掲げられさえするのである．要するに，「その圏自身の構造」とい
うもの自体が，随伴などの「関係性」を通じて定まるものなのである．

構成の宝庫としての圏論

　その気になってみれば，圏などというものは至るところに見出せるのである
し（「有向グラフ」から「自由圏」を考えるなど），「（前）順序集合」や「群」とい
ったすでに馴染みを持つ人も多い概念の一般化でもあるわけだから，一般論を
展開する上での圏論の有用性（だけ）は特段の説明を要しないであろう．実際，
圏論的に定式化された概念や様々な定理の証明は，（いかなる圏においても通用す
るがゆえに）「いちいち繰り返して定義したり証明したりしなくて済む」といっ
た種類の利益は確かに重要である．しかし，かつて圏論を評する時によく用い
られた「ジェネラル・アブストラクト・ナンセンス」という言い方にも見られ
る，「一般論を扱う上ではいいとしても，具体的な問題を考える上では無用だ
ろう」という印象は，先に述べたような利益を強調するだけでは払拭できない
と思われる．たとえば「（前）順序集合」や「群」を扱うのであれば，圏論は
不要なはずだと思われがちなのである．しかし，そうではないということを強

調したい．圏論は「予期せぬ利益」をもたらすのである．

その「予期せぬ利益」の一つは，圏論が豊富な「構成（コンストラクション）」を与えるということである．基本的なものから新しい圏を構成していく方法は，よく知られたような概念に適用してすら，新しい研究対象をもたらすことがあるのだ．先ほど説明した「関手圏」というのもその重要な例である．これは二つの圏から新しい圏を作り出す一つの構成であるが，たとえば一方の圏が（圏の特殊例としての）群であり他方が線型空間の圏であるとき，関手圏は「群の表現の圏」となる．つまり，群を「具体化」する方法と，それらをつなぐ変換の仕方の総体がなす圏である．すると，「関手圏の持つ構造から群を復元できるか」という問いが可能になる．「未知なるもの」について，その「現われ」とその間の「変換」から何を・いかに知り得るのかという「哲学的」な問題が，数理的な枠組みに乗り，実際に（ある条件のもとで）肯定的な解答が与えられる（そしてそれが物理学的な重要性を持ったりもするのである）．

他にも様々な構成がある．ある圏 C が与えられた時，その「射」を「対象」とし，二つの射を向かい合う二辺に持つ「四角形」の可換図式を「射」とする圏（「射圏」）を考えることもできる．図式を対象とする圏も同様に考えられる．「関係性」を「他の関係性」との間の関係としてとらえるというような，自然言語のみではどうしても曖昧模糊となってしまう話も，明晰に理解できるのである．それらを大きく一般化したものが「コンマ圏」であり（西郷・能美，2019では，「一般射圏」という用語を用い，「一般射」の上に「コンマ」のルビを当てた），随伴などの諸概念を扱う上で役に立つ．

「コンマ圏」の一般的な定義はここでは省くが（とはいえ，理解に必要なのは圏・関手・自然変換および可換図式の概念だけである．西郷・能美，2019 などを参照），その特殊例であり第3節でも用いる「コスライス圏」について述べておこう（矢印の向きを逆にすると「スライス圏」が得られる）．圏 C と，その一つの対象 A が与えられているとする．この時，コスライス圏 $A \backslash C$ とは，

- 「A を域とする（圏 C の）射」を対象とし
- 「A から X への（圏 C の）射，A から Y への（圏 C の）射，X から Y への（圏 C の）射のなす（圏 C における）可換図式」を射とする

ような圏である（域・余域・合成・恒等射などをどう定めるとよいかは演習問題とす

る）.「(圏 C の)」や「(圏 C における)」という注意をくどいくらいつけたのは,
「コスライス圏 $A \backslash C$ の対象」は圏 C では射であり,「コスライス圏 $A \backslash C$ の射」
は圏 C では（A を一つの頂点とする三角形の）可換図式である, というのを正確
に理解してもらうためである. 直感的に言えば, コスライス圏 $A \backslash C$ とは, A
という「起点」からの圏 C における「波及」のありさまの構造を表すような
圏なのである.「能動的主体 A の活躍の場としての世界 C」とでも言おうか.
これは C の構造や A の特性（すなわち他の対象との関係）を反映する圏であって,
もちろん C と深い関係を持つのではあるが, しかし C そのものではない. 定
義における（圏 C の）射の向きを全部逆にしたものがスライス圏で, こちらは
「受動的主体 A が影響を受ける場としての世界 C」とでも言おうか. いずれに
しても, ある対象 A「にとっての」世界 C というかたちでパースペクティヴ
性を取り込んだものと言える. こうした概念は「圏論を知った人間にとって
は」大変簡単なものではあるが, 自然言語や圏論以前の諸概念だけで明晰に表
現できるとはとても思えない.

　筆者の一人（西郷）は, こうした構成が, たとえば哲学者たちが何とか自然
言語で表現しようと奮闘した「言いたいこと」を, 明晰に表現したり理解した
りするために使えるだろうと考えている（その試みとしてはたとえば, 田口・西郷,
2020 などがある）. もちろんこれは哲学に限った話ではなく, 他の諸科学におい
ても, 実際には「重要ではあるが明確に述べようとすれば難しい概念」があふ
れている. こうした概念に取り組むのを回避して明晰に扱えるところだけを考
えるのではなく, その難しさに正面から向き合って議論を構築する基盤として,
圏論は役立つに違いない（たとえば, 西郷・田口, 2019 を参照. 諸科学との協働に
おける圏論の可能性については, 西郷他, 近刊なども参照）.

3　圏論の概念を組み込んだ認知モデル──不定自然変換理論

　第 3 節と第 4 節では, 二つの研究例を通じて, 認知研究への圏論の応用可能
性を議論する. 認知科学への圏論の応用可能性として, 少なくとも 2 種類が考
えられる. 一つ目は認知モデルそれ自体に圏論の概念を組み込むことである.
数学がモデルの言葉であると思えば, 認知モデルを圏論の言葉を使って書くこ

とに対応する．二つ目は認知モデルの発想や構築に圏論を用いることである．
これは，圏論の言葉を使って思考しよい認知モデルを発見し構築することに対
応する．この場合，結果として生まれる認知モデル自体に圏論の概念が明示的
に入るとは限らない．この二つの応用可能性に対応する研究をそれぞれ第3節
と第4節で紹介する．

　この第3節では，圏論の概念を組み込んだ認知モデルの例として不定自然変
換理論の研究を紹介する．不定自然変換理論（theory of indeterminate natural
transformation: TINT）のモデル内容を説明するとともに，圏論のどのような
特徴がTINTに活かされているかを議論する．なお，TINTの比喩理解理論に
おける位置づけを含む理論の詳細は，Fuyama *et al.*（2020）を参照してほし
い．

不定自然変換理論の概要と概念的な仮説の内容

　不定自然変換理論（TINT）は，比喩理解の認知理論として，arXivにて
Fuyama & Saigo（2018）が提案し，その後比喩理解研究における立ち位置や
発展可能性をより充実させて，Fuyama *et al.*（2020）において出版された．
現在は理論の検証（池田他，2021）や類推や学習への応用（横須賀他，2021）の
試みが進められている．

　TINTは比喩理解を喩辞（たとえるもの）と被喩辞（たとえられるもの）のイメ
ージの構造の間の対応づけと見なす．ここで，イメージの構造はイメージどう
しの関係性であり，したがって比喩理解は，多数のイメージの関係性からなる
構造どうしの対応づけとなる．このイメージの関係性の間の対応づけ（関係性
の関係性）の探索における制約を圏論の自然変換とするのが，TINTの骨子で
ある．加えて，認知の動的過程を記述するために確率過程を導入する（圏に確
率的構造を導入するより系統的な方法については第5節を参照）．

　TINTの概念的な仮説は次の通りである．TINTでは，あるイメージの"意
味"とは，あるイメージから連想される他のイメージとの連想関係の総体であ
ると考える．何らかの契機によってイメージAが生じるとする．このイメー
ジAによって他のイメージBやC等々が連想される時，筆者らはこのAか
らBやC等々への連想関係の総体をAの意味と考える．たとえば，「愛」と

いうイメージに対して「暖か
い」「家族」「悲しい」「恋人」
「ハート」「赤い」など種々の
イメージが連想されるとする
と（なお，ここでは便宜的に言
葉で表現しているが，イメージ
は言語的表象に限定されず，マ
ルチモーダルな表象と考える），
これら「暖かい」「家族」「悲
しい」「恋人」「ハート」「赤

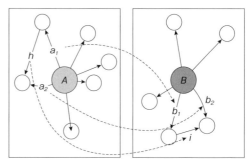

図 5-2　TINT の概念的仮説における A の意味と B の意味の対応づけ

い」への連想関係の総体を「愛」というイメージの意味とする．

　この上で TINT では，比喩「A は B のようだ」の理解は，A の意味と B の意味の間の対応づけと見なす．比喩理解以前の A および B の意味は A や B からの他のイメージへの連想関係であるため，A の意味と B の意味の間の対応づけは，これら A から他のイメージへの連想の関係性と B から他のイメージへの連想の関係性の対応づけとなる（図 5-2）．このように，喩辞と被喩辞の意味的構造間の対応づけによって比喩理解の認知を説明する理論的立場は analogy position と呼ばれ，構造写像理論（Gentner, 1983）など，いくつかの理論が提案されている．既存の理論が，知識（意味）構造を作り込んだ上でモデル構築を行うのに対し，TINT は知識構造の作り込みを最小限にしている点に特徴がある．

圏論を用いたモデル化

　TINT はこの比喩理解の概念的な仮説を，圏論による定式化と確率過程の導入の 2 段階でモデル化した理論である．圏論を用いた定式化として，イメージの意味がコスライス圏によって，構造どうしの対応づけが関手によって，よりよい関手への対応づけが自然変換によって，それぞれモデル化される．次に，この圏論を用いた枠組みに確率過程を導入する．既存の圏論では自然変換の動的探索や，"連想"のような動的過程を記述することはできない．こういった動的過程を記述するために，通常の圏の構造を持つ"顕在圏"と，確率的な重

みつきの射を持つ"潜在圏"，それらをつなぐ射の励起のルールを設定する．

この項では圏論による定式化について説明する．

まず，あるイメージの意味を圏論で表現するために次のように定義する．

　　定義：イメージの圏 C の対象はイメージ，C の射はそれらの間の（直接および関接の）連想可能性とする[2]．

　　定義：A がイメージの圏 C の対象であるとする．この時 A の「意味」とはコスライス圏 $A\backslash C$ のことである．

イメージの意味のコスライス圏を用いた定義は，TINT の概念的説明で述べた定義の圏を用いた定式化と見なせる．

そして，比喩理解過程を，コスライス圏の間の関手の自然変換を用いた探索過程と見なす．まず，「A は B のようだ」という比喩が認識されたとする．すると，イメージ A からイメージ B への連想が起こる．これは，イメージ A の意味を表すコスライス圏 $A\backslash C$ と，イメージ B の意味を表すコスライス圏 $B\backslash C$ の間に，一つの連想関係に対応する射 f が生まれることに相当する（図5-3参照）．なお，この f によって，厳密にはイメージの圏が C から変化するため，これを C' と記す．

この f によって，コスライス圏 $B\backslash C'$ から $A\backslash C'$ への関手 $f\backslash C'$ が一意に生まれる．ここで，関手 $f\backslash C' := \cdot \circ f : B\backslash C' \to A\backslash C'$ であり，たとえば，図5-3の $b_1 \in B\backslash C'$ を $b_1 \circ f \in A\backslash C'$ に写す．この関手を *base of metaphor functor* (BMF) と呼ぶ．この BMF は，図5-3で見れば，「B にとっての y」を「A にとっての B にとっての y」というようなかたちで，B を媒介として y と A との連想関係を作る．

しかし，このようにイメージ B を経由するかたちでは，イメージ A からの直接的な連想関係でないため，比喩の解釈としては不明確で，比喩理解がなされたとは言えない．そこで，より自然な解釈の関手 F を $f\backslash C'$ から自然変換を

---

2) ここで連想「可能性」としていることで，第2節の「圏の例」で触れた「前順序集合」を考えていることになる（圏論的な研究において，まず前順序集合の場合から始めるのは常道である）．将来的には「連想可能性」ではなく，具体的な「連想過程」の多様性を扱うために，前順序集合以外の圏によるモデル化を考えていきたい．とはいえ，現在のモデル化においても，以下に述べるように「圏論ならではの構成」が活用される．

用いて探索する．これは，た
とえば，$b_1 \circ f$ に対応する対象
を元のコスライス圏 $A \backslash C'$
の中で探索することに相当す
る．すでに $b_1 \circ f \in A \backslash C'$ なの
で，この探索は $A \backslash C'$ の内
での射の探索であり，BMF
に対する自然変換の探索に相
当する．この探索によって，
図 5-4 のように，$b_1 \circ f$ に対応
する j が見つかる時，この対
応づけによって新たな関手 F
が見出される（ただし，他の
対象との関係性も含めて自然変
換の定義を満たす対応づけが条
件である）．

　この対応づけでは，「B に
とっての y」は「A にとって
の z」というように，B と A
それぞれから直接に連想され

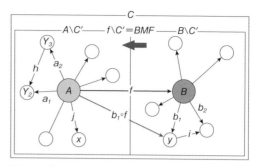

図 5-3　「A は B のようだ」という比喩表現によって
射 f が生まれる．射 f をもとに $f \backslash C'$（BMF）が生まれ
る（池田他，2021）

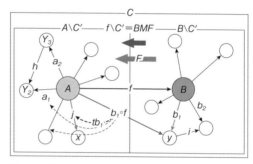

図 5-4　$f \backslash C'$ からの自然変換の探索により，比喩理解
の関手 F が構築される（池田他，2021）

るイメージどうしの間に対応づけがなされ，比喩の意味が解釈される．たとえ
ば，「薔薇のような愛」という比喩なら，「薔薇にとってのトゲ」が「愛にとっ
ての残酷さ」のように対応することで，この比喩の意味の理解が進む．

　ただし，コスライス圏 $B \backslash C'$ 全体から $A \backslash C'$ 全体への関手を見出すことは
通常難しい．この例で言えば，「薔薇」から連想されるイメージすべてに対し
て，「愛」から連想されるイメージのすべてを単一の解釈で結びつけることは
難しい．また認知的に考えても，比喩理解の際に，あるイメージから連想され
るすべての他のイメージが被喩辞側のイメージに対応づくことは不自然に思わ
れる．したがって，コスライス圏 $A \backslash C'$ とコスライス圏 $B \backslash C'$ の部分どうし
を結びつける関手（$A \backslash C' \rightarrow B \backslash C'$ の部分関手）を，自然変換によって探索する，

と考えるのが妥当であろう．なお，部分的な圏を結びつける関手は複数あり，自然変換も複数ありえる．このことは，一つの比喩には複数の解釈がありえ，それらが並存する状態が比喩理解の状態だと見なすことに対応する．

確率過程の導入

次に，このモデルに確率過程を導入する．比喩の措定により射 f が生まれることや，自然変換が探索されて関手 F が見出されること，すなわち圏の時間変化は圏論の枠組みの中では記述できない．そこで，これらの動的過程を表現するために，TINT は圏論に確率的な過程を導入（不定化）する．基本的なアイデアとしては，イメージの圏 C の射である連想可能性に確率的な重み μ を導入し，確率的な重み付きの圏を潜在圏とする．そして連想の連鎖過程のルールとして射の励起と緩和のルールを導入し，実際に励起した射からなる顕在圏を定義する．以下に，この TINT における不定化を比喩理解の過程に沿って説明する．なお，ルールによる確率過程の導入は認知的過程を考慮したある程度アドホックな仮説である．現在，認知実験によってよりよいルールの探索を試みている．加えて，第 5 節で述べるように，今後，圏代数などを用いたより一貫性のある確率過程の導入と，それに基づくモデルの実証的検証が期待される．

まず，すべてのイメージとそれらの間の全連想関係は潜在圏 C としてモデル化される．潜在圏は，各射 f_i に対し連想確率 μ_i を対応させた全結合の構造を持つものと見なせる（第 2 節の圏の例で言えば「密着圏」を考える）．また，ある時点で励起（excite）した射すべてを含む圏を C_{exc} で表し，これを顕在圏と呼ぶ．この時，TINT の比喩理解過程の概要は次のように表現される．

①イメージ A の意味は，コスライス圏 $A \backslash C$ とその中の各射 f_i に付与された連想確率 μ_i の総体によってモデル化される．

②「A は B のようだ」という比喩表現によって，射 $f: A \to B$ が励起する．f はその μ_i 値によらず必ず励起する．この f の射の励起を契機に，励起と緩和の過程を経て BMF からの自然変換により関手 F が構築される．

関手 F の探索における射の励起過程は以下のルールに従う．

① basic rule: 励起した二つの射の合成によってできた射は，μ_i にかかわら

ず励起する.

② neighboring rule: 励起した射の余域を域に持つ射は，確率 μ_i で励起する.

③ fork rule: 域を共有している射が励起している時，その余域の間の射（あるいは間の射に相当する合成射）が探索され，確率 μ_i に従って励起する.

なお，ルール 1 あるいは 2 の特別な場合として，逆射も確率 μ_i で励起する.

緩和の過程は以下のルールに従う（励起に比較して長い時間で緩和過程は起こると仮定する）.

④ anti-fork rule: 域を共有する二つの射が互いの余域間に射を持たない時，つまり，三角構造を持たない時，この二つの射は緩和される．つまり，二つの射はその時点の顕在圏 C_{exc} からなくなる.

これらのルールのもとに，潜在圏 C をもとにして「A は B のようだ」という射 $f: A \to B$ が励起したのを契機にルールを用いて射を励起・緩和させ，顕在圏に浮かび上がらせることで自然変換の探索を行う.

以上の過程を経て，不定であった圏が顕在圏として定まり，励起した射の族は $f \backslash C(BMF)$ からの自然変換をなす．ここで生まれる自然変換を，不定自然変換と呼ぶ．そして，ここまでの不定自然変換の過程によって，μ_i の値が変化する．これは比喩理解による学習に対応する．この連想確率 μ_i の変化はイメージの連想関係の変化であり，この変化によってそのイメージから見た「世界の見え方」に変化が生じる.

意味空間および比喩理解のモデルにおける圏の有用性

TINT では意味空間のモデル化に圏を用いる理由として，①意味空間における相対的な近さ／遠さの判断可能性，②この近さ／遠さの非対称性の許容，③意味間の演算可能性，の 3 点を挙げている（Fuyama *et al.*, 2020; 池田他，2021）．①の相対的な近さ／遠さの判断可能性は，たとえば，「暑さ」から「太陽」へと「暑さ」から「月」への意味的近さを比較できることを指す．②の近さ／遠さの非対称性は，「暑さ」から「太陽」への意味的な近さと「太陽」から「暑さ」への意味的な近さが必ずしも等しくないことを指す．③の意味的な演算可能性とは，たとえば概念合成（永井他，2009 など）として知られるように，「持ち運べる」と「電話」の意味を合成し，「携帯電話」といった別の意味を想起

できることを指す.

この①と③を満たす空間として，これまでベクトル空間上での意味の表現や演算が提案されてきた（Kintsch, 2001; Mikolov *et al.*, 2013）．しかし，ベクトル空間は対称性を持つため，②の条件を満たさず，制約が強すぎる.

圏は射に向きがあるため，この②の条件である非対称性を満たし，合成があるため③の条件も満たす．さらに，相対的関係は射そのものであり，加えて確率を導入することで定量的にも近さ遠さが扱えるので，①を満たす．そのため，Fuyama *et al.*（2020）などで，TINT は，圏を用いた意味空間のモデル化にはベクトル空間よりも妥当性があると主張されている.

加えて，比喩理解の認知モデル，特に analogy position においては，構造どうしの対応づけという，関係性の関係性の探索を表現する必要がある．TINT のモデルで表現されるように，圏論を用いることで，高階の関係性の探索も関手の探索として自然に表現でき，しかも，この高階の関係性の探索を自然変換の探索として元の圏（イメージの意味のコスライス圏）における対象や射の探索に落とし込める（自然変換の探索が関手圏上での確率過程で，それが元の圏の構造に依存すると考えれば，自然なことではある）．このことは，関係性の関係性というメタ的で，ある種トップダウンで定まりそうな制約が，ボトムアップの構造で表現されることを意味する．TINT の著者ら（本章の筆者ら）は，この点に認知モデルとしての魅力や数理的な美しさを感じている．なお，TINT において自然変換をトップダウン的な制約と見なすか，よりボトムアップな認知の結果と見なすかについては，TINT の著者間でも見解に相違がある.

4　圏論を利用したモデル構築——ネッカーキューブの立体視のモデル

次に，圏論を用いて認知モデルを構築した事例として，ネッカーキューブの知覚の研究を紹介する．日髙・高橋（2021）では，ネッカーキューブがなぜ三次元のあの2種類の立方体に見えるのか，その仮説として「知覚＝随伴の構成仮説」を提案し，理論的に議論している．その柱は，情報圧縮の制約としての随伴の仮定と，圧縮に利用される対称性である．随伴は，情報圧縮（モデル化）に対する情報の復号可能性と，情報圧縮の効率のよさを保証する．この理論的

仮説の要の一つは圏論の概念である「随伴」であり，またその数学的証明は圏論の諸概念を用いてなされている．したがって，日髙・高橋（2021）の研究は，この意味で圏論を認知モデリングに用いたものとも言えるが，本稿では，主にそのモデル構築過程における圏論の役割のほうに注目する．解説記事である西郷ら（2021）の第 3 節「認知科学における圏論の効用」において，日髙・高橋は彼らのモデル構築における圏論の役割についても述べている．本稿では，西郷ら（2021）の記述も参照しながら議論を行う．

知覚＝随伴の構成仮説

　まず，日髙・高橋（2021）の理論的仮説である「知覚＝随伴の構成仮説」を，彼らの論文に従い，ネッカーキューブを例にとって簡単に紹介する．詳細は，日髙・高橋（2021）に当たられたい．

　ネッカーキューブは最も有名な多義図形の一つであり，図 5-5 の a の平面上の図形が，多くの場合，b か c の立方体のいずれかに見えるとされる．日髙・高橋（2021）が言うように，ネッカーキューブの見えには大きく二つの問いが生じる．

①ネッカー平面図が二次元の平面図形としてではなく三次元の立体図形として知覚されやすいのはなぜか．

②無限にあり得る立体としての知覚的解釈の中で，典型的に 2 種類のネッカー立体が知覚されやすいのはなぜか（日髙・高橋，2021, p. 27）.

　二つの問いの根本には，網膜上の二次元情報から三次元情報を復元する不良設定問題を人がどう解いているかという問いがある．視覚能力を有する人は，三次元空間上の三次元物体を「見る」ことができる．しかし，網膜上の情報は二次元であるため，二次元から三次元情報を復元しているはずで，この復元は一般に解が多数ある不良設定問題となる．ネッカーキューブは，網膜上と「現実」の情報の両方ともが二次元の情報にもかかわらず，人が視覚の不良設定問題を解いた結果，三次元立体を推定してしまう例である．現実の場面では，この視覚の問題を解くために，両眼視差を始めとする多くの付加的な情報を利用可能な場合が多いが，ネッカーキューブの知覚は静止画であり，状況的な情報も使えない．したがって，ネッカーキューブはこの意味で人の視覚におけるピ

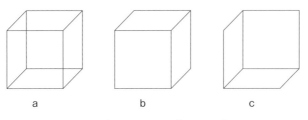

図 5-5　ネッカーキューブの二つの見え

ュアな不良設定問題の解き方を示唆する課題と見なせる．先の二つの問いを考えることで，人がネッカーキューブ以外の視覚情報に対しても，どのように不良設定問題を解いているかの示唆が得られると期待できる．

　日髙・高橋（2021）は，まず知覚を三次元構造を前提にした推定ではなく，符号化ととらえる．そして，復号可能性を担保した効率的な情報圧縮の方法として，情報の対称性の保存に注目し，復号可能性を随伴として定式化している．まず，対称性については，平面上に 10 点がある場合を考えると，復号可能な情報の記録として，素朴にはそれら 10 点すべての座標を記録する必要がある．しかし，もし 10 点が線上に並んでいるならば，線の傾きと一点の座標のみ記録して圧縮すれば（そしてその圧縮方法も記録すれば）復号できる．このように，図形のある種の構造は復号可能な情報圧縮に役立つ．日髙・高橋（2021）は，その構造の特徴は変換群によって不変となる対称性であるとする．たとえば，鏡像対称な図形は，半分のデータと鏡像対称であることを記録すれば復号できる．このように，対称性を見出しながら情報圧縮する過程での復号可能性を随伴でとらえる．加えて，随伴の性質からグラフを不変にする準同型の数を超える符号化が存在しないことが言えるため，最も効率的な符号化を（同型を除いて）特定できる．そして，最終的に知覚されるのは，最も効率よく符号化された結果の情報構造であると考える．まとめると，データ構造から対称性を利用して情報圧縮を行う随伴関手の構築過程を知覚の情報処理と見なす理論的仮説が，知覚＝随伴の構成仮説である．

　この仮説に基づき，日髙・高橋（2021）では，ネッカーキューブが二次元平面より三次元の立方体と見えやすい理由は，ネッカー平面よりネッカー立方体のほうが効率的な符号であるためとする．しかも，ネッカー立方体が最も効率

的（符号化に伴う無駄もない符号化．たとえば，四次元だと変換群を選ぶコストが増える）であるため，四次元以上の立体や他の図形は見えないとする．

理論構築における圏論の効用

日髙・高橋は，西郷ら（2021）において，日髙・高橋（2021）論文の執筆を通して感じた，認知モデル構築における圏論の効用として，以下の 4 点を提示している．以下の①〜③は西郷ら（2021）の p. 80 から引用し，④については同論文の第 3 節の内容を筆者が要約した．

①圏論によって抽象化・たとえを数学的に定式化できる．

②圏論によってモデルを「事前に検証」できる．

③圏論が全体を俯瞰するための地図を与える．

④圏論は複数の認知システム間の統合・接続を可能にする制約となる．

以下，この 4 点について，日髙・高橋（2021）以外の研究も参照しながら論じる．

まず，①「圏論によって抽象化・たとえを数学的に定式化できる」については圏論が多様な「同じさ」を定義可能であることの効用である．知覚＝随伴の構成仮説では，情報の符号化・復号化の変換を随伴で表現する．これは，随伴が処理する情報の構造をある程度保存した変換であることを利用している．そして，実はこのような情報構造を保存した変換は，研究者の認知モデル構築過程とよく似ている．

認知モデルの構築では，対象としたい認知の骨子となる情報処理を見出し，「モデル化」する．対象としたい認知の一つひとつの個別事例は，それぞれの状況に応じて個体差を持ち，一つとして「完全に同じ」認知は存在しない（少なくとも，時間的空間的に完全に一致することはありえない）．しかし，われわれは，たとえば「ネッカーキューブが立体に見える」という認知現象を，見ているA さんとB さんや昨日と今日の違いを超えて，同一の認知だと見なすことができる．この時，「ネッカーキューブが立体に見える」認知の特徴をちょうどよい抽象度でとらえることが，モデル化に対応すると考えられる．西郷ら（2021）において日髙・高橋の言うように，モデルは抽象的すぎても（たとえば，何かを見ること一般と対応する過度な抽象化），また具体的すぎても（この紙に書か

れたネッカーキューブの見えだけを対象とする抽象化）よいモデルとはならない.
彼らは，このちょうどよい抽象化の補助線となる概念の一つが，圏論の随伴で
あるとしている.

　この点，Tsuchiya *et al.*（2016）も，意識現象と数理モデルがどの程度の意
味で同じだと見なせるかを，圏論を用いて定式化しようとしている．二つの圏
の間の類似性は，関手の存在，随伴，圏同値，圏同型によって定義でき，類似
性の程度はこの順に強まる（随伴があれば関手はあるが，関手があっても随伴があ
るとは限らないというような順序がある）．対象とする現象と数理モデルがどの程
度「同じ」だと見なせるか，圏論のこれらの概念を用いて区別することができ，
それによって現象をどの程度捨象した数理モデルであるか，また数理モデル側
の知見がどの程度現象を（原理的に）説明可能かを知ることができる.

　②「圏論によってモデルを『事前に検証』できる」については，圏や随伴な
ど利用する圏論概念の定義がモデルの制約条件となることを意味する．圏の概
念は抽象度が高く自由度も高く見え，一見どのような情報構造にも意味のある
圏の構造が見出せるように感じる．しかし，西郷ら（2021）で日髙・髙橋も指
摘するように，実際に研究対象とする認知の有意味な構造を圏として定義しよ
うとすると，圏の定義が強い制約となり難しいことに気がつく.

　この点，TINT がその主な制約として自然変換を置くことも，同様の制約の
強さを示唆する．つまり，構造写像理論を始めとする多くの比喩理解のモデル
が多様なルールを制約として仮定するのに対し，TINT の制約条件は（圏自体
は非常に緩く定義しているので）比喩理解における喩辞と被喩辞の意味的対応づ
けが関手であり，よりよい関手の探索が自然変換でなされる，というほとんど
1 点にある.

　このような強い制約条件を前提とすることによって，もし圏論の概念で認知
が記述できるならば，モデルは「こうあるべき」という制約ができ，その制約
がモデル構築時のチェック機構になる．ただし，もちろん，認知が圏論の概念
で構築されるべきかは，それ自体が一つの仮説である.

　③「圏論が全体を俯瞰するための地図を与える」は，①と②の性質を基盤に，
圏論がモデリングする研究者の抽象的思考を助ける役割を指す．人のなす一つ
の現象をとっても，そこには様々な認知が含まれ，多様な状況依存性とともに，

目もくらむような多くの情報が含まれる．そのため，モデル化したい認知対象にとってはノイズとなる情報を背景に退けて（もちろん，こういった情報は別の場合には主題になりうる），骨子をつかみモデリングするのは至難の業となる．特に，計算論的なレベルでのモデリングは，目に見えるハードウェアやアルゴリズムのレベルに惑わされずに，その計算を見出す必要がある．圏論は，①で述べたように抽象化のツールとなり，また②で述べたようにモデリングの制約となる．これらの性質によって，圏論は，研究者の無数にありうる情報の取捨選択や抽象化の仕方の選択にかかわる認知的負荷を軽くしうる．

　④「圏論は複数の認知システム間の統合・接続を可能にする制約となる」は，圏論的な構造が，異なる種類の認知システムが相互関連して成り立つ人の認知モデルのプラットフォームになりうることを指す．ここまで述べたように，圏論は対象とする認知の抽象的な情報構造を圏論の制約のもとにモデル化できる．よって，たとえば，視覚と運動制御といった種類の異なる認知に対しても，圏論の制約という「同じ言葉」でモデル化ができる．したがって，原理的には，こういった異なる種類の認知の情報システム間の相互依存関係を圏論の制約として表現できる．もちろん，こういった統合認知の構造がブリコーラジュ的な接続であるのか，よりトップダウンで綺麗な接続であるのかはわからないが，少なくとも研究者がモデルを考える上では，圏論は一つの共通基盤となりうる可能性を秘めている．

　以上の4点は，認知に限らず，対象をモデル化する際に圏論が役立つことを示唆する．圏論に限らず数理的な構造は，その公理系が制約となるため，モデリングにおいてここに挙げた圏論の効用と類似の効用を少なくとも幾分か持ちうる．圏論においては，関係性や同一性（類似性）を主としたモデリングの助けとなりやすい点が，他の数理的構造，たとえばベイズによるモデリングなどよりも，システムの構造自体や構造間のモデリングの優れた助けとなりうると考えられる．

5 展望とまとめ

圏論の認知科学研究への応用可能性と課題

第3節と第4節を踏まえると，圏論は認知モデルの部品としても，またモデリングの際の道具としても，一定の有用性があると考えられる．本章で紹介した研究事例は，いずれも圏論の諸概念のうち初歩的なもののみを用いており，より進んだ概念を用いることで，さらに興味深い認知モデリングの可能性もあるであろう．

ここまでに挙げた圏論の特徴として認知研究に有用だと考えられるのは，関係性や抽象化の表現の豊かさ，そして（意外な）制約の強さにある．これらを使いこなすには，筆者らは，認知科学者が圏論を勉強するとともに，実際に小さな対象に対して"使って"みることが重要だと考える．圏論はその見かけの抽象性の高さから，実際に具体的に使おうとしなければ，その長短を実感することが難しい．また，使おうとして使えなかったとしても，圏論自体が新しい視点となり，研究対象の新たな構造に気がつくこともあるであろう．よって，まずは基礎的な概念までを学習し，簡単に研究対象を表現してみようとすることが，圏論の認知研究への応用のよい第一歩となるのではないだろうか．

ここまで，認知研究にとっての圏論の長所を中心に述べてきたが，重要な課題の一つとして，確率過程の扱い方が挙げられる．圏それ自体に確率的構造が与えられているわけではないため，TINT で比喩理解の動的過程をモデリングする際には，圏論とは別に確率過程をルールベースで導入した．この点，本来的な圏論の制約の強さを弱める結果となりえ，筆者らの懸念事項であった．

確率過程は多くの認知過程，また認知のみならず多くの非決定論的な動的過程を扱うシステムにとって本質的である．よって，現実世界の対象のモデリングに圏論を用いる場合，圏構造と確率的構造がうまく融合できないとすれば，それは圏論的アプローチの大きな短所となりうる．

この問題意識を一つの背景として，筆者の一人である西郷は，通常用いられるコルモゴロフ流の確率論を（量子論をも包含しうるように）一般化した「非可換確率論」の立場から圏構造と確率的構造を融合することに成功した（Saigo,

2021)．この研究は圏論を用いた認知モデリングにも大きく貢献する可能性があるため，展望として次に紹介する．

圏と確率の融合──圏代数と圏上の状態

　圏構造と確率的構造を融合する上で第一歩となるのは，「そもそも確率的構造とは何か」という問題である．「確率測度ありき」で出発する通常の確率論では，たとえば量子論的な「確率的現象」は一般には扱えないことが知られている．このような場合にも通用する枠組みとして，「非可換確率論（量子確率論）」がある．これは，「代数（和・スカラー倍・積の構造を持つシステム）」（通常は共役構造を入れた「*–代数」を考える）と，その上の「状態（線型で，「正値」性を持ち，「1 は 1 にうつる」を満たす関数）」と呼ばれるものの組（「非可換確率空間（量子確率空間）」）を土俵とする理論である．代数は「確率変数の代数」の一般化であり，状態は「確率変数に期待値を対応させる写像」の一般化となっている．

　要するに，確率的構造とは「量の代数構造」と「期待値を定めるルール」との組だというのが非可換確率論のアイデアである．通常の確率論に対してどこが一般化されているのかと言えば，それは代数が「非可換」でもよい，つまり，確率変数の積の順番を変えると結果が変わってもよいということである．通常の確率論は代数が可換な「特殊ケース」として取り込まれる（この場合，確率測度等が再構築できる．なお，代数全体が非可換でも，「一つの確率変数」にのみ注目するなど，可換な部分代数を考える場合には確率測度等を論じることができるようになる）．また，非可換確率空間が与えられると，そこから量子論を始め様々な分野で用いられている「ヒルベルト空間」が構成でき，様々な解析の道具が使えるようになる．非可換確率空間は一見抽象的過ぎて何もできないように見えるが，実際には古典的な確率論の手法や関数解析の手法も取り込める，極めて実用的な枠組みなのである．

　さて，この非可換確率論の立場からすれば，圏構造と確率的構造の融合のために必要なものは，「圏構造を反映した代数」とその上の「状態」である．この「圏構造を反映した代数」こそが「圏代数」，すなわち圏の「合成」演算を反映した「たたみ込み」演算を持つ代数である．簡単に言えば，射の一つひと

つを「不定元」（多項式の「文字」のようなもの）と思い，射である「不定元」ど
うしの積は，「合成可能な対」に対しては合成を，合成可能でない対に対して
は 0，と定めることで得られる代数である．これは一般に非可換な代数となる
（異なる対象間に 1 本でも射があればそうなる）．もちろん，足し算やスカラー倍も
「当たり前の仕方で」定められる．なお，スカラーとしては複素数のみならず，
和と積を持つシステム（rig あるいは semiring と呼ばれる．西郷・能美（2019）で
は「数系」という語が用いられている）であれば何でもよい（実は圏代数にもいろい
ろあるのだが，Saigo（2021）では「任意の小さな圏」で定義できる「1（積の単位元）
を持つ代数」を中心に考察している．これは，ある種の「無限和」のようなものも許容
する興味深いものである）．面白いことに，圏代数は「多項式代数」や「行列代
数」の一般化となっており（前者は「自然数のなすモノイド」，後者は「密着圏」に
ついての圏代数），計算において有用な法則が数多く成り立つ．

　圏代数の概念が与えられれば，その上の「状態」の概念を定義することがで
き，これを「圏上の状態」と呼ぶ．正確には「圏代数上の状態」と呼ぶべきも
のだが，（より一般の場合にも拡張できると思うが，差し当たって）「有限個の対象
を持つ圏（射は無限でもよい）」に対しては，圏代数上の「状態」を定めること
と，「圏の各射に対して（半正定値などの条件を満たす仕方で）スカラーを対応さ
せる」こととが等価となるため（対象が有限個でない場合にも適切な拡張があると
考えているが），このような濫用が正当化できる．要するに，状態を定めるとい
うことは，圏の射に（半正定値などの条件を満たす仕方で）重みを乗せることに他
ならないのである．

　この「射に重みを乗せる」というアイデアは，あまりに素朴であって何の役
にも立たないように見えるが，実際には非可換代数上の状態というかたちで
「確率的構造」を定めるものであり，そこからヒルベルト空間まで再構成でき
るのである．状態の遷移も記述でき，ランダムウォークの「量子版」とも呼ば
れる「量子ウォーク」も取り扱うことが可能である．本章で取り上げた種類の
確率過程の（まだオープンな）概念を，この圏代数上の状態遷移として定式化し，
さらに練り上げていきたいと考えている（たとえ「古典的」な話であっても非可換
確率論の枠組みで扱えることに再度注意しておく）．

　また，圏代数の非可換性に起因する「非古典的」な確率構造が，いわゆる

「量子認知」の本質をえぐり出す可能性も期待できる．「量子認知」は，量子力学などで用いられる「数学的道具」を援用した認知のモデリングであるが，なぜそれが有用なのかについてはまだはっきりしていない部分が多いと思われる．圏論的アプローチと量子認知アプローチが，圏代数と圏上の状態の概念によって融合されることで，「認知とは何か」という大きな問いに，さらに一歩踏み込んでいけるのではないかと筆者らは期待している．

6　おわりに

本章では，圏論の認知科学への応用について，研究事例を中心に議論した．圏論の認知応用については期待する研究者が多い一方で，本節でも述べたように，圏論の認知科学への貢献可能性は未知な部分が多い．興味深い方向性として，認知科学を始めとした“現実世界”のモデル化のための要請によって，自然科学ではない圏論側にも発展がありうる点である（加藤・西郷，2020）．圏構造と（非可換）確率構造の融合はその好例であろう．認知科学と圏論が交わることによる，両者のいっそうの発展を期待したい．

引用文献

Fuyama, M., & Saigo, H. (2018). Meanings, metaphors, and morphisms: Theory of indeterminate natural transformation (TINT). *arXiv preprint arXiv: 1801.* 10542.

Fuyama, M., Saigo, H., & Takahashi, T. (2020). A category theoretic approach to metaphor comprehension: Theory of indeterminate natural transformation. *BioSystems, 197*, 104213.

Gentner, D. (1983). Structure-mapping: A theoretical framework for analogy. *Cognitive Science, 7*(2), 155–170.

日高昇平・高橋康介 (2021). ネッカーキューブはなぜあの立体にみえるのか　認知科学，*28*(*1*)，25–38.

池田駿介・布山美慕・西郷甲矢人・高橋達二 (2021). 不定自然変換理論に基づく比喩理解モデルの計算論的実装の試み　認知科学，*28*(*1*)，39–56.

加藤文元・西郷甲矢人 (2020). 圏論がひらく豊穣なる思考のインタラクション　現代思想，*48*(*9*)，8–18.

Kintsch, W. (2001). Predication. *Cognitive Science, 25*(2), 173–202.

Mikolov, T., Sutskever, K., Chen, K., Corrado, G. S., & Dean, J. (2013). Distributed representations of words and phrases and their compositionality. In C. J. C. Burges,

L. Bottou, M. Welling, Z. Ghahramani, & K. Q. Weinberger（Eds.）, *Advances in neural information processing systems 26*（*NIPS 2013*）(pp. 3111-3119). Curran Associates.

永井由佳里・田浦俊春・向井太志（2009）．創造的概念生成プロセスにおける概念合成と差異性の役割――言語解釈タスクとデザインタスクの比較　認知科学, *16*(*2*), 209-230.

Saigo, H.（2021）. Category algebras and states on categories. *Symmetry, 13*(*7*), 1172.

西郷甲矢人・日髙昇平・高橋康介・布山美慕（2021）．認知科学者が圏論を始めるための参照情報――圏論にまつわる Q & A，圏論の認知科学における効用，文献情報　認知科学, *28*(*1*)，70-83.

西郷甲矢人・能美十三（2019）．圏論の道案内――矢印でえがく数学の世界　技術評論社

西郷甲矢人・田口茂（2019）．〈現実〉とは何か――数学・哲学から始まる世界像の転換　筑摩書房

西郷甲矢人他（近刊）．圏論の地平線　技術評論社

Saussure., F. de.（1910）. *3ème Cours de Linguistique Générale.*（影浦峡・田中久美子（訳）（2007）．ソシュール　一般言語学講義――コンスタンタンのノート　東京大学出版会）

高橋達二・布山美慕・寺井あすか（2021）．特集「圏論は認知科学に貢献できるか」の編集にあたって　認知科学, *28*(*1*)，5-10.

田口茂・西郷甲矢人（2020）．圏論による現象学の深化――射の一元論・モナドロジー・自己　現代思想, *48*(*9*)，202-214.

Tsuchiya, N., Taguchi, S., & Saigo, H.（2016）. Using category theory to assess the relationship between consciousness and integrated information theory. *Neuroscience Research, 107*, 1-7.

土谷尚嗣・西郷甲矢人（2019）．圏論による意識の理解　認知科学, *26*(*4*)，462-477.

横須賀天臣・池田駿介・布山美慕・西郷甲矢人・高橋達二（2021）．不定自然変換理論による連想ネットワークの動的変化　人工知能学会全国大会論文集，p. 1. H2GS1a03

第6章　記号創発ロボティクス

谷口忠大

1　はじめに

記号創発ロボティクスと認知システムのモデル化

　自らの身体を用いた環境との相互作用と，他者との言語を始めとした記号を用いた相互作用を通して，人間は認知発達と環境適応を続ける．記号創発ロボティクスはこのダイナミクスをモデル化し，人間の身体的知能から記号的知能に至る認知を一気通貫でとらえ，その自律的な発達を表現しようとする構成論的アプローチである（谷口，2014, 2020）．構成論的アプローチとは，生命現象や認知現象などの自然界における複雑な現象の一部を，人工的なシステムにより構成し理解しようとするアプローチだ．感覚運動器に基づいた運動や知覚といった低次の認知機能に立脚しながらも，記号や言語といった高次の認知機能に至る経時的な学習・発達をとらえようとする点にその特色がある．

　記号創発ロボティクスでは，身体的な認知のみならず，記号的な認知までをボトムアップにとらえようとする．知覚的および運動的な認知機能のみならず，言語的な認知機能に至るまで，その原因を，その感覚運動情報とその源泉たる身体や環境と，変化していく認知の自律ダイナミクスに求める．この意味において，環境の不確実性や，身体と環境の相互作用が有する構造は，認知発達の説明に不可欠な要素となる．

　認知科学のモデル研究として特徴的なもう一つの点は，それがロボットという身体を用いた構成論的研究である側面にある．ロボットという言葉は「計算機＋センサ・モータ系を持った身体＝ロボット」という意味で用いられる．人間を始めとする動物は，自律的な生命システムであり，絶え間ない環境との相

互作用の中にある．その中で認知が形成されていくことこそ本質である．この全体をモデル化しようとすれば，環境そのものをモデルの中に取り込む必要がある．ゆえに，記号創発ロボティクスは，「計算機」に加えて「センサ・モータ系を持った身体」を必要とするのだ．

情報処理装置としての知能を超えて

多くの人工知能研究が問題にする知能観と，記号創発ロボティクスが問題にする知能観の質的差異を簡単に述べたい．

図6-1左は，人工知能研究の多くが，知能を工学的な意味で機能として開発する際に仮定する知能観である．情報処理装置としての知能観とも言えよう．これは認知科学研究の多くにおいても素朴に適用される．道具的な意味において，人間の知能は機能的な単位に分割され，そのそれぞれの機能が議論される．

たとえば，画像認識器は画像情報（写真など）を入力し，その中に何が写っているかを出力する．これは網膜から視覚像として入ってきた画像をどのように認識するかに関する視覚情報処理の過程に重ね合わされる．たとえば，音声認識器は音声波形を入力とし，多くの場合，それをスペクトログラムやメルケプストグラムといった周波数領域の特徴に変換した後に，その音響的特徴量がどういった言葉を表しているのかを，文字列として出力する．これは，耳から入ってきた音声が聴覚野を通してどのように認識されるかといった，聴覚情報処理の過程に重ね合わされる．

多くの人工知能研究は，このように何らかの個別機能に着目して，その機能を部分的に実現するための手法を開発してきた[1]．一方で，人間の脳は異なる．認知発達していくわれわれ自身を見ればわかるように，われわれの認知システムはそのように機能を分割して開発されているわけではない．この世に生まれ落ちてから，われわれの認知は，視覚や聴覚，触覚，体性感覚などのマルチモーダル情報（多感覚情報）[2]を同時に受け続けることで構成されていくのだ．た

---

[1] 2010年頃までの技術においては，そのような部分的な実現が精一杯であったという面もあるが，部分的な知的情報処理を工学的に活用するという動機によるところも大きい．

[2] 視覚や聴覚といった感覚経路のことをモダリティと呼び，その複数のモダリティから得る情報をマルチモーダル情報と呼ぶ．従来，パターン認識や認知の議論において，視覚のみや

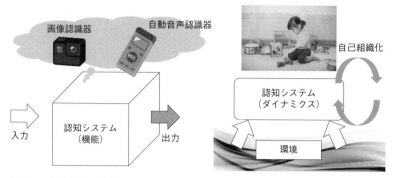

図6-1　機能ごとの情報処理として見なす知能観（左）と情報の自己組織化に基づく認知ダイナミクスとしてとらえる知能観（右）

った一つの身体の上で.

自己組織化現象としての認知システム

　図6-1右は，記号創発ロボティクスで仮定する知能観の描像を表す．主体は，単一の身体により，環境との絶え間ない相互作用を通して，自己組織化的に自らの内部状態を変化させていく．図6-1左に示す従来の人工知能における個別機能に着目した視点が，単一の目的を達成しようとするある種のタスクに着目し，知的情報処理の実現を前提とし，その単位自体の自律性を考慮しない他律的なもの（外部から道具として用いられる存在）であったのに対して，右に示す描像は単一のタスクを前提とせず，認知発達を感覚運動情報の自己組織化過程ととらえ，その主体の自律性に重きを置く．これはシステム論的に言えば，古典サイバネティクスからセカンドオーダーサイバネティクスの認知システム観への移行を表している（河島他，2019）．

　認知とは，発達や学習に先立って存在するものではなく，主体によって経験等を通して経時的に構成されていくものである．このような考え方は，構成主義（constructivism）と呼ばれる．発達心理学の父とも呼ばれるジャン・ピアジ

聴覚のみといった単一のモダリティに基づいた議論が多かったことから，多感覚を強調するためにマルチモーダルという表現がよく用いられる．後に見るように，マルチモーダルであることはただ「種類が多い」という以上に，認知において本質的である．

ェの発生的認識論，ウンベルト・マトゥラーナやフランシスコ・ヴァレラのオートポイエーシス論などが，その代表と言われる（西垣，2004, 2008）．構成主義とは，「知るということは自分の中に意味を構成すること」と考える認識論（epistemology）の一つの立場である．ピアジェによるシェマモデルがその代表的な説明となっている．シェマモデルにおいては，あるシェマ[3] が，外からやってきた情報を同化（assimilation）し，自らを調節（accommodation）することで，そのシェマシステム全体を変化させていく（フラベル，1982）．このシェマシステムは経験を通して構成され，経験を同化することで認識する．シェマモデルはある意味で，認識を，経験の相対的な問題に帰着させたのだ．これは構成主義における，認知の自己組織化現象としての理解を表しており，システム論的には，セカンドサイバネティクスやネオサイバネティクスと呼ばれる視点に重なる，古典的な認識観に対する更新を含んでいる．環境に存在する対象の認識を，古典的な認識観に基づいて素朴にとらえた時には，認識をあるフレームへの「当てはめ」でもって語りがちだ．たとえば，われわれが「椅子」の概念を持っている時に，環境中にある椅子を視覚的に認識するということは，その視覚像をこのフレームとしての概念へと当てはめることをもってなされる．しかし，「椅子」の概念はどこからやってきたのだろうか．われわれの脳が，自らの感覚運動系を通してしか外界にアクセスできず，その「認知的な閉じ」の中で世界を知りゆくのみであることを前提にするならば，われわれの認識の由来そのものに大きなミッシングリンクが生まれる．

「認知的な閉じ」と統合的認知

ここで「認知的な閉じ」とは，われわれが，自らの感覚系によって得られた情報しか知りえないという前提を表す．また，われわれは自らの運動系によってのみ，環境に働きかける．知覚行為循環の中でわれわれは生きている．これは生物記号論の提唱者として知られる理論生物学者のヤーコプ・フォン・ユクスキュルが定義した環世界（Umwelt）とほぼ同義である（ユクスキュル＆クリサ

---

3) ここでシェマは動的に変化する概念のまとまりやカテゴリのような存在と考えておけばよい．情報論的な意味で適応を続ける細胞のようなイメージである．英語ではスキーマ（schema）．

ート，2005）．すべての動物は，それぞれに特有の知覚世界を持っている．動物は，普遍的な時間や空間を環境として生きるというよりは，それぞれの動物主体（種）にとって固有のそれぞれ独自の時間・空間として知覚されている，知覚世界の中を生きているのである．われわれの認知発達も，この前提に基づいて考察される必要がある．

　ここで，たとえば，目の前にある椅子を見て，「『椅子』がある」と認識し，発言する状況を考えよう．ただの画像認識——つまり，画像からクラスラベルへの変換処理として見えるこの状況も，「認知的な閉じ」の視点から考えれば，実際にはマルチモーダル情報に基づいた経時的発達の上に存在する．そもそも，先の事例において，「椅子」というラベルは，言語的意味での単語に基づいている．よって，椅子の視覚入力を「椅子」という単語にマッピングするためには，「椅子」という単語を知らなければならない．

　幼児は，そのような言語的知識をア・プリオリに知っているわけではない．自らの親を始めとした，周囲の人々が語る音声言語から音素を獲得し，単語を発見し，「椅子」という語彙を得ない限りは，椅子の画像を「椅子」という言葉にマッピング（言葉を推論）することなどできない．

　また，椅子というカテゴリは，「椅子」という音列そのものとは質的に異なる存在だ．われわれは自らの経験を通して「椅子」という言葉が指し示す対象を環境（厳密には環世界）から切り出さねばならない．つまり，椅子をカテゴリ化（もしくは概念化）する必要がある．このカテゴリ化には，視覚を始めとした様々なマルチモーダル情報も貢献すると考えられる．さらに，われわれにとって椅子とは，座る行為をアフォードするものであり，そのカテゴリ形成には視覚や触覚といった知覚系のみならず，座るという行為系すら影響を与えるだろう．つまり，共時的な意味において部分的な認知機能を論じるのであれば，単一の認知機能に注目した議論で可能である．しかし，「認知的な閉じ」を前提として，経時的に構成されていく認知システム全体の中での認知機能を議論するのであれば，機能に分割された描像から開始するのは得策ではない．マルチモーダル情報に基づく，統合的な認知システムを議論すべきなのだ．

　この二つの描像は，特に「身体」と「タスク」という概念の相対的な関係に影響を与える．従来の機能先行型の議論においては，タスクとそれを達成する

177

機能が，身体に関する議論に先行していた．人工知能開発においても，物理的デバイス（象徴的にはロボットの身体）はタスクを達成するために開発される．これとは逆に，われわれ人間は単一の身体を用いて様々なタスクを実行するし，日常におけるタスクの多くは人生の中でア・プリオリには存在せず，自らの身体の許す範囲内において構成されている．現実の認知システムにおいて，身体はタスクに先行する．

2　記号創発システム

認知と記号のダイナミクス

記号創発ロボティクスは，自律適応的な認知システムへの構成論的アプローチであると同時に，それを超えて社会まで含んだ記号創発システムへの構成論的アプローチである（谷口，2010）．図6-2に，複数の主体が関与する記号創発システムの概要を示す[4]．

言語——広くは記号——は，心の学問において特別視されがちだ．人間の認知は，感覚運動情報からのボトムアップな情報のみならず，言語を介したトップダウンな情報にも依存する．

このように，言語には「トップダウン」という言葉が頻繁に冠されるが，そもそも進化的に考えれば，言語自体がボトムアップに形成された存在であり，今この瞬間も社会の中でそれを支える人間の認知システムを介して，構成され続けているものである．われわれの日常の中で最も局所的，短期的に起きている．異なる家庭やオフィス，異なる学術分野などにおいて，異なる言葉が頻繁に用いられ，同じ言葉は容易に微妙に異なるかたちで世界を切り取っていく．また，その言語使用は創造的であり，われわれは小さなコミュニティの中であれば，その内部における合意の範囲で自由にカテゴリを形成し，言語を使用することが許されている．つまり，創発的に記号系を形成することができる．この意味で，言語や記号は動的であり，本質的にはボトムアップな存在である．

---

4)　図の中では人間とロボットが入り混じって描かれているが，人間が日常的に用いる言語は，今のところ人間のみによって構成された記号創発システムによって支えられている．

広く受け入れられている
ように，人間の認知が言語
（もしくは記号）の強い影響
下にあるならば，人間の認
知を理解するためには，社
会にわたって構成される，
記号システムの構成を支配
するダイナミクスをとらえ
ることなしに，われわれの
認知のダイナミクスに関す
る議論を閉じることはでき
ないだろう．その動的特性
をとらえるように描かれる
図式モデルが記号創発シス
テムである．

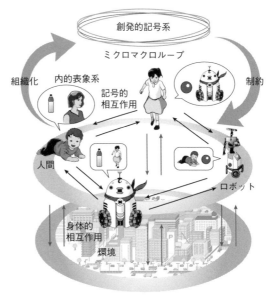

図 6-2　記号創発システムの概要図（谷口，2020）

恣意性と記号的相互作用

　記号創発システムは，人間やロボットといった自然もしくは人工の主体とい
う区分にかかわらず，恣意性を持つ記号を用いて，何らかの事象を表現する記
号的相互作用（記号的コミュニケーション）が実現されるために，必要な基本的
かつ体系的な視点を提供する．各主体は，自らの感覚運動器を用いて，環境と
身体的相互作用を行う——自らの環世界で生き続ける．それと同時に，各主体
は，チャールズ・サンダース・パースの言うところの記号を用いた記号的相互
作用によって，他の主体との間でやりとりを続け，お互いに影響を与え続ける．
　パースの記号論において記号とは，サイン，対象，解釈項の三項関係からな
る記号過程として特徴づけられる．記号がサインと対象の固定的な二項関係で
はなく，解釈項という第三の項によってその対応関係が変化する流動的なもの
であるという点が重要である（池上，1984; Chandler, 2017）．
　記号論や言語学において，記号の持つ性質として恣意性が知られる．大きく
分けてカテゴリ化や分節化の恣意性と，ラベルづけの恣意性がある．前者はど

のような対象を一まとめにするかということであり，後者はその一まとまりの
対象を「何と呼ぶか」ということである．この恣意性の存在が，記号創発シス
テムにおける2種類の相互作用——身体的相互作用と記号的相互作用——を区
分する[5]．

　身体的相互作用における感覚運動情報は，物理的な情報処理や力学によって
世界に解釈される．たとえば，拳を使って特定の力で木をたたけば，結果とし
て一定の痛みが与えられる．りんごを見れば，視覚系は赤い色という感覚を受
け取る．これらの要素は，主体が属するコミュニティによって，変わることは
あまりない．

　一方で，記号論においてサインの意味は，解釈項に依存する．この意味で，
記号的相互作用の持つ効果は，主体による解釈（つまり解釈項）に依存し，ま
たその解釈はその記号系を共有するコミュニティ全体にわたって共有された了
解に依存する．

内的表象系と創発的記号系

　各主体は身体的相互作用と記号的相互作用を通して，徐々に自らの内部に内
的表象系を形成する．この内的表象系形成に関しては，マルチモーダル概念形
成にかかわり，第3節，第4節で取り上げる．ここで内的表象系と，言語のよ
うな外的表象系は異なるということに注意する．記号創発システムにおいて，
記号とは基本的には外的表象を指す．

　内的表象を用いて環境を認知しながら，対象に名前を与え，その解釈をコミ
ュニティ全体にわたって共有することで，徐々に，集団全体にわたって用いら
れる記号系がボトムアップに構成されていく．この記号系を，創発的記号系
(emergent symbol system) と呼ぶ．記号は恣意性を有する．しかし，これは決
して，記号が恣意的に（何でもありで）用いられるということを表しているの
ではない．むしろ，われわれは記号系に制約される．サインには，恣意的に意

---

5) この二つの相互作用は，時折同じ媒体を用いて行われ，またその構成や解釈においてお互
　いに影響を与え合うが，記号論の観点から，両者は区別されたほうが理解の見通しはよくな
　る．

味を与えることができる．その自由度があるからこそ，社会の中で言葉の意味を通じさせるためには，そのコミュニティで守られている記号の用法に従わねばならない．また，他者が自らの言葉をどう理解するかを考えながら，発話しなければならない．これが，創発的記号系からわれわれの行動に課せられる制約である．

さらに，この記号的な制約は，感覚運動情報の知覚にも影響を与えうる．これは，先に述べた，認知におけるトップダウン情報とボトムアップ情報の相互作用に等しい．

記号の意味は，主体と環境との身体的相互作用のみならず，主体間の社会的相互作用にも依存する．たとえば，ある主体が「りんご」という記号の意味を解釈するためには，該当する対象にかかわるマルチモーダルな感覚運動情報に基づいて，知覚的カテゴリを形成するのみならず，社会的相互作用を通じて，その記号の用法を社会において共有する必要がある．

創発的記号系は，マルチエージェントシステムとしての記号創発システムにおいて，ボトムアップに組織化される．創発的記号系は，記号創発システムに属する個々の認知システム（各主体）の結合系に支えられた，情報の自己組織化過程と考えることができる．

記号と創発システム

記号創発システムにおいては，下位層における各主体の相互作用が上位層における創発的記号系を生み出し，この上位層に生まれた秩序が下位層に制約を与えることで，記号的相互作用（記号的コミュニケーション）という機能を発現させている．複雑系において，このような双方向のフィードバックにより，システムに一定の機能が提供され，下位層がもともとは持たない機能を得ることを創発現象と呼ぶ．ここでの上位層と下位層の間の双方向のフィードバックは，ミクロマクロループ（またはミクロマクロ効果）と呼ばれる．このように，創発的な性質を持つ複雑系を創発システムと呼ぶ．

上位層のパターン（あるいは秩序）が下位層の相互作用を通じてボトムアップに組織化され，組織化されたパターンが下位層の相互作用にトップダウンに制約を与えるのである．このような双方向のフィードバック構造が，われわれ

が用いている記号系に内在している．個々の主体から見ると，知覚的分類は，トップダウン的に学習される記号系（たとえば，言語）の影響を受けるし，ボトムアップ的に記号的なコミュニケーションに影響を与える．また，われわれは概念やカテゴリについての議論を言語的ラベルを用いて行う時，暗黙的もしくは明示的に，この記号創発システムの影響を受けているのである．

　記号的相互作用（記号的コミュニケーション）は，複雑系におけるミクロマクロループに基づく機能として形成されている．つまり，記号とはそもそも創発的存在なのである．記号現象とは創発システムというシステム論的描像の上で，初めて議論を閉じることができるのだ．これが記号創発システムという名前の由来でもある．記号は，創発システムという視点を通して論じられるべき存在であるということだ．記号にまつわる個人の認知は，その動的なシステム観の中で位置づけられるべきであろうし，そうしなければ議論は閉じない．

3　確率的生成モデルと認知の表現

予測符号化と確率的生成モデル

　記号創発ロボティクスでは，認知システムのダイナミクスを，究極的には感覚運動情報の自己組織化現象の延長線上でとらえる．では，そのようなダイナミクスを記述する上での，最も一般的な原理や方法は何だろうか．それは予測符号化，もしくは自由エネルギー原理であり，確率モデルに基づく予測と推論である．

　第4章で紹介されているように，近年，自由エネルギー原理（free-energy principle）が注目されている（Friston, 2019; 乾・阪口，2021; Friston *et al.*, 2021）．本章での後の議論に引き寄せて語るならば，自由エネルギー原理とは，環境との相互作用を確率的生成モデルの枠組みで記述し，その予測と推論をもって，脳機能の一般原理とする考え方である．自由エネルギーは，確率的生成モデルの潜在変数を推論するための変分（ベイズ）推論の枠組みに含まれるものであるが，自由エネルギー最小化とは，感覚情報を予測する生成モデルにおいて，妥当な各変数の事後分布を推論するための基準に他ならない．この意味において，予測的符号化（predictive coding）と自由エネルギー原理は，様々な文脈に

おいて，ほとんど交換可能なようなかたちで用いられている（Hohwy, 2013; Ciria *et al.*, 2021）.

このような文脈から，記号創発ロボティクスでは，感覚情報の予測的符号化を表現するために，確率的生成モデルを用いることが多い [6]．確率的生成モデルは，変数間の条件つき依存関係を表現するための広範な理論的フレームワークである．記号創発ロボティクスの多くの研究では，確率的生成モデルのフレームワークに基づき，様々な機能を発現する認知のモデルを構築してきた．

確率的生成モデルの基礎

本項では認知のモデルとして用いる前提で，確率的生成モデルの導入を行う．確率的生成モデルとは，得られる観測 Y が生成される過程を確率モデルによると表現したものである（Bishop, 2006）．観測（observation）Y が得られる確率は $P(Y)$ により表現されるが，確率的生成モデルでは，その観測 Y の原因としての確率変数 Z を仮定することが多い．ここで Z は単一の変数である必要はなく，構造を持つ複数の変数が相互に何らかの従属関係を持っていてもかまわない．この時，Z は直接的に観測できないと仮定することが多く，潜在変数（latent variable）と呼ばれる．

$$P(Y) = \sum_Z P(Y, Z) = \sum_Z P(Y|Z) P(Z) \tag{1}$$

一つ目の式変形は周辺化（marginalization）によるものであり，二つ目の式変形は乗法定理（multiplication theorem）による．ともに確率論の基礎的な式変形である．

この式（1）は確率的生成過程の視点からは，事前分布（prior distribution）$P(Z)$ から潜在変数 Z が生成され，条件つき分布（conditional distribution）$P(Y|Z)$ [7] から観測 Y が生成される過程として理解できる．ここで $P(Y|Z)$ の

---

6)　記号創発ロボティクスの研究が確率的生成モデルによる表現を前提としているわけではないが，前述の概念的な議論を前提とすれば，確率的生成モデルが数学的な表現として親和性が高いこともうなずける．

7)　分野やモデルによっては，要素分布（elemental distribution）や出力分布（emission

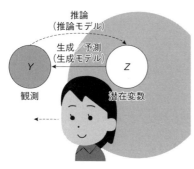

推論
（推論モデル）

生成　予測
（生成モデル）

Y　　　Z

観測　　　潜在変数

図6-3　確率的生成モデルに基づく認知
システムの描像

確率値を尤度（likelihood），$P(Z)$ を事前確率（prior probability）と呼ぶことがある．

　この最も単純な生成過程を図式的に表現したものが図6-3である．このような確率的生成モデルの図式的表現は，グラフィカルモデルと呼ばれる各変数が，丸で囲まれたノードで表現される．また一般的に，白い丸は潜在変数，灰色の丸は観測変数を表す．黒い実線の矢印は，矢印の先の変数が，矢印の元の変数に依存していることを表す．もし Z と Y の間に矢印がなければ，Z と Y は独立ということになり，式（1）において，$P(Y|Z)=P(Y)$ が成り立つ．

近似推論

　確率的生成モデルで認知を表現する場合には，多くの場合，認知主体が得る感覚情報を観測 Y として与える．これに対して，潜在変数 Y をベイズ推論することが，認識やカテゴリ化といった機能の表現となることが多い．このベイズ推論は一般的には以下の式で表される．

$$P(Z|Y) = \frac{P(Y|Z)P(Z)}{P(Y)} = \frac{P(Y|Z)P(Z)}{\sum_{Z'} P(Y|Z')P(Z')} \tag{2}$$

ここで，$P(Z|Y)$ は観測 Y を前提とした Y の事後分布（posterior distribution）を表す．認知のモデルとして確率的生成モデルを扱う時，潜在変数 Z は脳内の内部表現（内的表象）に相当する．

　次節で述べるように，たとえば古典的なカテゴリ化のモデルでは Z が離散変数で表され，対象から得られる観測 Y がどのカテゴリ Z に割り当てられるかを推論すること，つまり，事後確率 $P(Z|Y)$ を求めることが，カテゴリ化に対応する．

---

distribution），観測モデル（observation model）などと呼ばれることもある．

　このように潜在変数 Z の分布を観測 Y から求めることを推論 (inference) と呼び，その過程はグラフィカルモデル上に点線で書かれる．この推論が生成モデルと同じく，具体的なモデルにより表現される時，それを推論モデル (inference) と呼ぶ．

　多変量分布やカテゴリカル分布といった限られた単純なモデルを除き，$P(Y|Z)$ を明示的に求めることは難しく，認知システムを表すほとんどの確率的生成モデルにおいて，$P(Z|Y)$ の計算には近似推論を用いることになる [8]．確率的生成モデルにおける近似推論手法は，大きく分けて 2 種類ある．一つがマルコフ連鎖モンテカルロ法であり，もう一つが変分推論だ．

　マルコフ連鎖モンテカルロ法 (Markov chain Monte Carlo methods: MCMC) は，サンプリングに基づく近似推論手法であり，目標となる確率分布を均衡分布として持つマルコフ連鎖を構成し，そこから繰り返しサンプル系列を生成することによって得られるサンプル群により対象の分布を近似する手法である．本節の文脈では事後分布 $P(Z|Y)$ に従う乱数を継続的に生成することになる．代表的な手法にメトロポリス・ヘイスティングス法やギブスサンプリングがある．特に，確率的生成モデルに含まれる各分布を，共役事前分布を用いるようにして構成すると，効率的なギブスサンプリングに基づくサンプラーを導出することができ，2010 年代の記号創発ロボティクスにかかわる研究ではよく用いられた．更新式も簡単になる場合があり，ギブスサンプリングは，それが導出できる範囲においては有用な手法である．しかし，ニューラルネットワークを含んだ深層生成モデル (deep probabilistic generative model) などでは，サンプラーを構成することは困難になる．

　これに対し，変分推論 (variational inference) は明示的なパラメータ Φ を持つ近似事後分布 $Q(Z; \Phi)$ を準備し，対象の分布 $P(Z|Y)$ との KL 情報量 (カルバック・ライブラー情報量：Kullback-Leibler divergence) $\mathrm{KL}[Q(Z; \Phi) \| P(Z|Y)]$ を最小化することで，近似的な事後分布を得ることを目指す．事後分布 $P(Z|Y)$ が未知のため，この KL 情報量を直接最小化することは難しいが，代

---

8)　このあたりの具体的な数理に関しては，須山 (2017) などでわかりやすく学ぶことができる．

わりに変分下限（evidence lower bound: ELBO）を最大化，もしくは自由エネルギー（free energy）を最小化することで，間接的に求めることができる．

4　マルチモーダル物体概念形成と語彙獲得

マルチモーダル情報の統合によりカテゴリ形成

　記号創発ロボティクスの研究において，その端緒を開いたのはロボットによるマルチモーダル物体概念形成の研究である．代表的な手法であるMLDA（multimodal latent Dirichlet allocation: マルチモーダル潜在ディリクレ配分法）は，比較的単純なモデルでありながら，マルチモーダル情報統合によって確率的生成モデルに基づく内的表象形成を実現する（Nakamura *et al.*, 2012）．これは，ローレンス・バーサローが提唱した知覚的記号システム（perceptual symbol system）理論の構成論になっている（Barsalou *et al.*, 1999）．知覚的記号システムの理論では，マルチモーダルな感覚運動情報のパターンが統合されて，知覚的記号が形成されると考えられる．ここで知覚的記号とは，本章の中では内的表象（もしくは内部表現）と呼ぶことが望ましいものである．MLDAのグラフィカルは図6-4に示される．

　マルチモーダル感覚運動情報に基づくカテゴリ形成は，概念の形成や記号的コミュニケーションの重要な基盤となる．たとえば，「りんご」という概念は，ただその対象が「りんご」と呼ばれるからのみならず，その見た目，手ざわり，味などの感覚情報に基づいて特徴づけられる．ロボットが得た視覚情報 Y^v，聴覚情報 Y^a，触覚情報 Y^h が，観測として確率的生成モデルに与えられる．これらは，それぞれのモダリティに依存した手法により複数の特徴ベクトルが抽出され，ベクトル量子化が行われた後，ヒストグラム形式（離散特徴量の集合）の特徴表現へと変換される．これはbag-of-features形式と呼ばれる．また，言語情報 Y^w を同時に与える場合は，与えられた文が単語分割（形態素解析）され，どの単語が何度観測されるか，というヒストグラム形式の特徴表現へと変換して与えられる．

　MLDAに対しては，ギブスサンプリングや変分ベイズ推論のアルゴリズムを導出することができる．各モダリティ情報に対応したカテゴリを表す潜在変

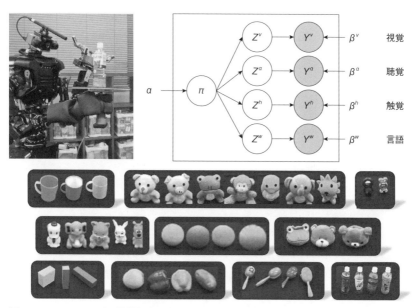

図6-4　マルチモーダル物体概念形成を行う MLDA のグラフィカルモデルと実験の様子（提供：中村友昭）

数 Z^v, Z^a, Z^h, Z^w が推論されると同時に，物体ごとに各モダリティのカテゴリ情報を統合する確率変数 π が推論される．ロボットを用いた実験では，図6-4 に示すような物体カテゴリがこの推論経過として形成された．

　認知のモデルとして MLDA が示唆している点は，われわれにとっての物体カテゴリが，視覚，聴覚，触覚といったマルチモーダルな感覚統合によって形成しうる点だ．

　カテゴリ形成が，それに参画するいくつものモダリティの情報に依存するということは重要だ．われわれはカテゴリ化の議論をする時に，視覚的情報に引っ張られて議論しがちだ．しかし，われわれは，見た目が似ていても，それをつかんだ時に「あ，思っていたものと違う」と感じる瞬間がある．実際に，MLDA を用いた実験において視覚情報に限ってカテゴリ形成を行うと，人間にとって自然なカテゴリ形成には至らず，不十分なカテゴリ形成しかなされない．一方で，今度は「では，視覚や聴覚，触覚，どのモダリティがカテゴリ形成に主要な役割を果たすのか」という質問がなされることがある．答えは「場

合による」であるし，指摘すべきはこれが適切な問いではないということだ．われわれの脳がマルチモーダル情報を統合する時に，そこにあるのは連続的な情報統合である．そこでは，状況によっては視覚が支配的となり，状況によっては聴覚が支配的となるだろう．それはそれでよいのだ．むしろ，それの調整が，全体としての予測性を高めるために自己組織化的になされることこそ重要なのである．

クロスモーダル推論

また，確率的生成モデルをマルチモーダル化することによって，初めてクロスモーダル推論が可能になる．クロスモーダル推論とは，あるモダリティ情報から別のモダリティ情報を推論することである．たとえば，りんごを見た時に，われわれはその見た目からりんごであることに気づき，その手ざわりを想像することができる．これが視覚から触覚へのクロスモーダル推論である．このクロスモーダル推論は，$P(Y^h|Y^v)$ の確率計算として書かれる．この推論は数学的には，$P(Y^h|Y^v)=\sum_Z P(Y^h|Z)P(Z|Y^v)$ と潜在変数を介した推論と，その Z に関する周辺化で書かれる．伝承サンプリングによる近似で考えれば，$Z\sim P(Z|Y^v)$ により物体をカテゴリ化してから，それから $P(Y^h|Z)$ を計算する過程となる．

クロスモーダル推論は非常に一般的な枠組みである．たとえば，物体を見てそれが「りんご」という名前だと言語的なラベルを想起することも $P(Y^w|Y^v)$ で書けるし，逆に「りんご」という名前からその見た目を想起することは $P(Y^v|Y^w)$ で表される．これは，画像認識や画像生成といった機能を軸とした知能の関数的表現においては，別々の関数によりモデル化される存在なわけであるが，マルチモーダルな確率的生成モデルによるアプローチでは，あくまで単一のモデルによって表現された情報を，推論の段階において異なる方向に利用するという違いでしかなくなる．

ここで MLDA における言語情報の取り扱いに着目しよう．しばしば，カテゴリ化や物体認識は，マルチモーダル感覚情報（特に視覚情報）から言語情報（物体名）への写像としてとらえられる．ここでは無意識的に言語情報を特権視し，カテゴリやクラスを言語的ラベルで代表させる描像が導入されている．し

かし，振り返ってみると，発達的にカテゴリ形成を行っていく幼児にとって，言語情報ですら音声を介して与えられる刺激の一つに過ぎず，それもまた観測の一つとして取り扱われる存在なのである．言語情報を特別な地位から下ろしている点も重要である．さらに，同一モダリティに対して，クロスモーダル推論の式を適用し，伝承サンプリングを適用すると，$Z \sim P(Z|Y^v)$ の後に，$P(Y^v|Z)$ を計算するという式が得られる．これはその物体の視覚情報 Y^v を得てから，そのカテゴリを想起し，そのカテゴリに含まれる一般的な視覚情報を想起することに対応する．つまり，一つの「りんご」を見ることでそれが「りんご」だと認識し，様々な「りんご」を思い浮かべることに対応するのだ．英語の冠詞を用いれば，"the apple" から "an apple" を推論することと言えるかもしれない[9]．

　このモデルは，概念とは何かを考える上でも重要である．われわれにとって概念とは，知覚的なカテゴリに対応するものであると同時に，関係性によって支えられるものである．「りんご」とは，赤くて，丸くて，固くて，甘いといったような様々なモダリティの知覚情報と紐づくとともに，「果物」であり，「青森産が多い」といった言語的に記述される知識とも結びつく．連想ネットワークのように，「りんご」という概念を通して，異なる情報がモダリティをまたいで連想されるし，それらの複合的な情報によって「りんご」という概念自体が支えられている．このような観点からも，異なるモダリティ情報の確率的な統合と，それを介したクロスモーダル推論は，カテゴリや概念といった，われわれの認知における現象の重要な部分を表現していると言えるだろう．

教師なし語彙獲得——MLDA＋NPYLM

　MLDA では，言語情報が与えられる時，単語の集合（bag-of-words）表現によって与えられると仮定した．つまり，りんごを見せながらロボットに「これ

---

9)　MLDA とそれに関連する論文などでの研究では，簡単のために Z という離散変数への当てはめでもってカテゴリ化と呼ぶ傾向があるが，実際にはカテゴリ化とは，潜在変数 Z を介して，$P(Y'|Y) = \sum_Z P(Y'|Z) \, P(Z|Y)$ により，まだ見ぬ観測 Y' 上の確率分布を決めること——確率的な意味で含まれるものと含まれないものの境界線を引くこと——だと言えるだろう．

はりんごだよ」と言うと，ロボットはそれを音声認識し，「これ」「は」「りんご」「だよ」と四つの単語を抽出し，それらを Y^w として用いることができるというのだ．しかし，幼児の発達過程を考えると，初めからこれらの語彙を持っていると考えるのは不自然だ．環境から視覚的に「りんご」という対象を分節化し，カテゴリ化する．これと同様に，われわれは言語を学ぶ時に，連続的な音列の中から「りんご」という部分を分節化し，単語発見（word discovery）する必要がある．

　単語とはしばしばカテゴリを表象するものであり，「『りんご』という言葉を知っている」ことと「『りんご』というカテゴリを知っている」ことはナイーブな議論では混同されがちだ．だからこそ，マルチモーダル物体カテゴリ形成の議論と，「単語を知らない状態」から「単語を知っている状態」へ移行する議論が相互依存的になされることは重要だ．

　われわれは単語の単位を知らない状態から，いかに単語知識を得るのだろうか．実は単語知識を事前に持たずとも，われわれは書かれた文や聞かされた音列からある程度，単語の単位に気づき，単語知識を得ることができる．

　理由は簡単だ．われわれの用いる言語には二重分節構造という構造が存在しているからだ．音声言語で言えば，二重分節構造とは，音列が単語という単位に分節化され，単語はまた音素という単位に分節化される 2 段階の分節構造を表す．書き言葉では文字と単語の 2 段階に対応する．この構造があるがゆえに，音列の中には，同じ単語が何度も現れることになる．また単語の並びには一定の確率的な規則性があり，その情報もヒントになる．これらの情報を統計的に用いることにより，われわれは生まれた時には言語を知らないにもかかわらず，耳にする音列から単語を発見することができる．

　このような過程もまた，確率的生成モデルによって表現することができる．持橋大地らが提案した NPYLM（nested Pitman-Yor language model: 入れ子ピットマン・ヨー言語モデル）は，文字がある確率分布（文字 N-gram）に従って配列されることで単語が生成され，それがまた別の確率分布（単語 N-gram）によって配列されることで文が生成される，という確率的生成モデルである（Mochihashi *et al.*, 2009）．持橋らは，この確率的生成モデルに対する推論手法を，ギブスサンプリングに基づき構成した．これにより，十分な量の文章が与えら

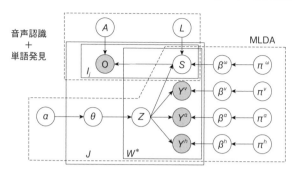

図6-5　MLDA＋NPYLM のグラフィカルモデル

れれば，そこから単語の単位を発見し，単語のリストを獲得することができる
ことがわかった．重要なのは，このような単語発見の過程さえも，確率的生成
モデルを駆動する「予測性の向上」という視点から説明できるということだ．

　中村友昭らは，MLDA とこの NPYLM を言語モデルとして内包した音声認
識器を結合した確率的生成モデルを開発した（Nakamura *et al.*, 2014）．本章で
はこれを MLDA＋NPYLM と呼ぶ．持橋らの NPYLM は書き言葉に対して
適用されたが，中村らの MLDA＋NPYLM は音声言語を対象としている．書
き言葉とは異なり，音声言語の取り扱いには音声認識の問題がついて回り，そ
こでは音声認識誤りが大きな問題となる．NPYLM はそもそも，書き言葉に
おいて「書き間違い」はないことを暗黙の前提としていたが，音声言語からの
語彙獲得を行おうとすれば，そうも行かない．しかし，中村らは NPYLM と
MLDA を結合したモデルを構成し，発見された単語を用いた MLDA による
物体のカテゴリ化と，形成されたカテゴリを用いた NPYLM による単語発見
結果の選別を交互に行うことで，このような音声認識誤りを軽減しながら，マ
ルチモーダル物体形成と単語発見を相乗効果的に実現できることを示した．

　MLDA＋NPYLM のグラフィカルモデルを図6-5に示す．このグラフィカ
ルモデルは，大きく分けて二つの部分から構成される．左上の部分が音声認識
器を表し，A と書かれたノードが音響モデルのパラメータを表しており，L と
書かれたノードが言語モデルのパラメータを表している．音響モデルとは，ど
のような音素が存在し，それらがどのような音声特徴量と対応しているかを表
すモデルである．一方で，言語モデルとは，どのような音素の並びによりそれ

それの単語が構成され，それらの単語がどのような確率で配列されるかを表すモデルである．MLDA＋NPYLM では，この言語モデルに NPYLM を用いることで，音響モデルを用いて認識された音素列から，単語の単位の抽出を可能にしている．

　MLDA＋NPYLM とそれを用いた実験により，事前に単語知識を与えなくとも，音声言語情報と他のマルチモーダル情報から，確率的生成モデルに基づき，単語の発見とカテゴリの形成，およびそれらの間の結びつきの学習を行うことができることがわかった．

　さて，MLDA＋NPYLM では，音素モデル A に関しては事前に与えるものとした．しかし，幼児は生まれた時に音素を知らず，それぞれが育つ時に浴びる言語刺激に依存し，彼らの持つ音素知識を獲得する．つまり，日本語を聞きながら育てば日本語の音素知識を，英語を聞きながら育てば英語の音素知識を得ていく．筆者らは，NPYLM を拡張し，言語モデルと音響モデルをともに含んだ確率的生成モデル，HDP-HLM（hierarchical Dirichlet process-hidden language model: 階層ディリクレ過程隠れ言語モデル）を提案した．これに対してギブスサンプリングに基づく推論手法を構築した．この手法により，音声データから直接的に音響モデル（音素の知識）と言語モデル（単語の知識）を一定程度学習することが可能になった（Taniguchi *et al.*, 2016）．Taniguchi *et al.*（2022a）は，MLDA＋NPYLM における NPYLM の部分を HDP-HLM に差し替えることで，音素知識も単語知識も持たない状態から，マルチモーダル物体カテゴリ形成と語彙獲得を行う実験を行っている．

5　場所概念形成と確率推論によるプランニング

地図と位置と語彙の同時推定──SpCoSLAM

　人間はいつも生活する空間において，「自分がどこにいるのか」を無意識的に理解することができる．人間はこのような空間認識を無意識的に行うために，このタスク自体を明示的に意識することは少ない．しかし，よく考えてみると，われわれが知覚できるのは，自らの視点から眺める景色だけであり，GPS が教えるような自らのいる位置座標を直接的に知覚できるわけではない．

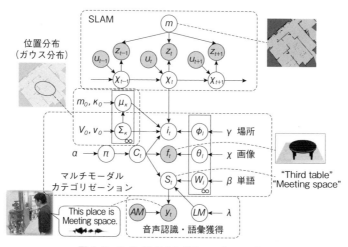

図6-6 SpCoSLAMのグラフィカルモデル

屋外を走る自動運転車や屋内で活動する移動ロボットにとって，自らが地図上のどこにいるのかを知ることは重要である．そもそも地図自体をどう作るのかという問題もある．この二つのタスク，つまり自己位置推定と地図作成を同時に実現する手法が，SLAM（simultaneous localization and mapping: 位置と地図の同時推定）である（Thrun $et\ al.$, 2005）．このSLAMはPOMDP（partially observable Markov decision process: 部分観測マルコフ決定過程）という確率的生成モデルに基づく．このグラフィカルモデルは，図6-6の上部に示される．ここで，mが地図を表す確率変数であり，x_tが時刻tの自己位置を表す．また，z_tは距離センサなどの局所的に得られる情報を表し，u_tはロボット自身が出力する運動情報を表し，この二つが観測情報を構成する．これらの情報から，自己位置x_tと地図mという二つの潜在変数をベイズ推論するのが，SLAMのタスクである．

ところで，「自分がどこにいるのか」という問いかけには大きく分けて2種類の答え方がある．一つ目は，緯度経度やxy座標で表すような，客観的で物理的な位置情報に基づく答え方である．もう一つが，「学校にいる」「トイレにいる」といったようなカテゴリ的，もしくは言語的，概念的な場所認識に基づく答え方である．これらは，前節における物体概念の議論と対応づけるならば，

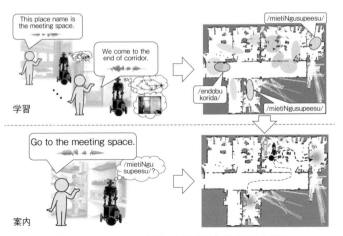

図 6-7　SpCoSLAM を用いた場所概念形成実験の様子

　場所概念とでも呼べる存在に基づく答え方であると言えるだろう.

　Taniguchi *et al.*（2017）は，SLAM と位置・音声言語・画像のマルチモーダル情報に基づくマルチモーダルカテゴリ形成のモデルを結合させて，場所概念獲得モデル SpCoSLAM を提案している. このモデルのグラフィカルモデルを図 6-6 に示す. SpCoSLAM は，大きく分けて四つのモジュールが結合された，複合的なモデルとして解釈できる. SLAM によって推定された位置情報 x_t は，GMM によってクラスタリングされ，位置のまとまりにカテゴリ化される. さらに，これが視覚情報と音声発話から得られた単語情報とともにマルチモーダルカテゴリ化される. また，単語情報は NPYLM を内包した音声認識器によって学習されて認識される. これは概略的には，MLDA＋NPYLM の観測に，SLAM によって推論される位置情報を加えたものに対応する. 対象とするマルチモーダル情報が，ある場所に対応する位置と，そこで見える画像や，そこで語られる言葉に対応するので，類似した確率的生成モデルでありながら，それがカテゴリ化するのは物体ではなく場所となる.

　SpCoSLAM の検証実験の様子を図 6-7 に示す. ロボットは室内環境を移動しながら SLAM により地図を生成していく. 時折，周囲にいる人間がその場所に関連する発話を行う. 「今，廊下のつき当たりに来たよ」「ここは会議室だよ」というようにだ. ロボットは，初期状態では音響モデルは持っているもの

の，単語に関する知識は持っていない．ロボットは SLAM の確率的生成モデルに従い位置を推定し，視覚システムによりその場所の見た目を取得し，また音声発話情報を音声認識器により得る．ロボットは，場所のカテゴリを，これらのマルチモーダル情報をクラスタリングすることで発見する．つまり，潜在変数 C_t と各種パラメータを推定する．このカテゴリ化が，MLDA＋NPYLM における MLDA を用いたマルチモーダルカテゴリ形成に対応する．MLDA＋NPYLM の時と同様に，単語発見とマルチモーダルカテゴリ形成を繰り返すことにより，ロボットは徐々にその場所の名前を始めとした語彙を獲得していくことができる．これを場所概念形成と呼ぶ．

　さて，場所概念形成で重要なのは，ただ位置のまとまりをもって場所と見なすことだけではない．その各種感覚情報の関係性をマルチモーダルかつ複合的な確率的生成モデルにより統合していることが重要なのである．それにより，様々なクロスモーダル推論が機能を持つようになる．

　たとえば，画像情報から位置情報をクロスモーダル推論することは，場所概念を介した，自己位置の推定を表している．逆に位置情報から，その場所の見た目としてもっともらしい画像を言い当てることもできる．さらに，言語情報に関しては，「今，会議室に来たよ」というような音声言語から，自己位置の情報を更新することができる．また，逆に今いる位置からそれに適当な単語を出力することができるのだ．学習初期において語彙を持たないが，ロボットは単語を発見し，それを自らの経験に基づいて解釈し，その意味を実世界に接地したかたちで理解することができるのである．

場所概念と確率推論に基づくプランニング——SpCoNavi

　MLDA や SpCoSLAM において，複合的な確率的生成モデルに基づく単一の認知システムが，潜在変数の推論やクロスモーダル推論によって様々な機能を発現させる様を見てきた．しかし，その多くは位置の推定であったり，単語の意味理解であったり，画像の認識であったりといった知覚にかかわるものであった．行為にかかわるものは少なかったように思われる．確率的生成モデルによる予測と推論という枠組みは，結局のところ認知システムによる知覚の説明にはなるが，行為の説明にはならないのだろうか．答えは否である．確率的

生成モデルによる予測と推論の枠組みは，行動学習やプランニングといった行為の領域をもカバーする．本項では，場所概念モデルの枠組みの延長線の中で，この点に関して議論したい．

　機械学習の一分野でロボットの行動学習やプランニングを扱うものに，強化学習がある．2010年代を通して，徐々に，この強化学習が確率的生成モデルにおける推論問題に帰着できることが明らかになってきた．これは「確率推論としての制御」(control as probabilistic inference: CaI) と呼ばれる (Levine, 2018)．

　強化学習では，エージェントが将来にわたって得る期待報酬を最大化するため，その方策（行動則）を最適化することを考える．最適な方策パラメータの学習問題は，以下の最適化問題に帰着される．標準的な強化学習は，MDP (Markov decision process: マルコフ決定過程) と呼ばれる確率的生成過程を前提とする．MDP では次状態 s_{t+1} が現在の状態 s_t と行動 a_t に依存して決定される（つまり，$s_{t+1} \sim P(s_{t+1}|s_t, a_t)$）ことを仮定する．方策関数は $\pi(s_t, a_t; \theta) = P(a_t|s_t, \theta)$ で定義され，将来にわたる報酬 r_t の（重みつき）和の期待値が最大となる方策パラメータ θ もしくは行動系列を求めることが，その問題となる．

　ここで新たな変数として最適性（optimality）変数 o_t を導入する．ここで最適性変数 o_t とは目標のタスクが達成されているか否かを判定するフラグのような変数だと考えればよい．$o_t=1$ は，そのタスクが達成されている，もしくは最適な軌跡の上にあることを意味する．$o_t=0$ はそうでないことを意味する．

　ここで将来にわたって最適性変数が $o_t=1$ であるという条件のもと（つまり，タスクが達成できるという仮定のもと），妥当な将来の行動系列 a_t をベイズ推論するという問題を考える．この時，最も確からしい行動系列を推論する問題は，ある種の強化学習アルゴリズムと等価であることが数学的に示される．特に，多くのモデルベース強化学習手法は，最適性変数を所与とした上での将来の軌跡 $\tau = (s_{t+1:T}, a_{t:T})$ を表す事後分布 $P(\tau|o_{1:T})$ の変分推論として解釈できることが知られている．

　MDP において，s_t が直接は観測できない潜在変数であり，何らかの観測変数 y_t 等から推論しなければならないとするのが，POMDP である．先に述べたように，SLAM は POMDP に基づいており，SpCoSLAM の確率的生成モデルはその拡張としてとらえられる．このことから，SpCoSLAM 上で確率推

論としての制御の考え方を援用し，推論としてプランニングを行うことが考えられる．

　SpCoSLAM のモデルにおいて，確率推論としての制御の枠組みを導入し，音声命令が与えられた際の目的地までの軌道計画を行う手法が SpCoNavi である（Taniguchi *et al.*, 2020a）．

　具体的なタスクとしては，「会議室に行って」などの場所の移動に関する命令を受け，ロボットは現在位置から目標状態への行動決定を行う．ロボットは，SpCoSLAM により「会議室」という言葉と位置の確率的な関係をモデル化している．ここで「会議室」という言葉が観測される確率を，最適性変数が観測される確率の代わりに用いることで，ロボットは潜在変数（未来の行動系列）の推論問題を解くことにより，ゴール位置までの軌道計画を実現できるのだ．

　この手法の特徴的な点は，ロボットが自らの経験をもとに自律的に獲得した場所の概念・語彙を活用して，軌道計画が可能であるところにある．これは広い意味でのクロスモーダル推論であると言えるだろう．SpCoNavi は，行動学習やプランニングも，統合的な確率的生成モデルの予測と推論の枠組みで説明しうるという事実を，明解な事例でもって示したのだ．

6　統合的認知アーキテクチャと記号創発

SERKET と全脳確率的生成モデル

　これまでに見てきたように，多くの種類の感覚・運動情報を確率的生成モデルで統合し，内的表象（内部表現）を潜在変数として推論することで，それらのマルチモーダル情報の間に関係性を見出し，そのクロスモーダル推論により様々な機能を発現させることができる．このようなアプローチは，不可避に認知システム，ここでは確率的生成モデルの複雑化を招く．第4節で紹介したMLDA＋NPYLM，第5節で紹介した SpCoSLAM は，一般的に道具として用いられるクラスタリングや予測モデルのための確率的生成モデルに比べると，ずいぶんと複雑である．他にも，より多層に MLDA を結合させた multi-layered MLDA（mMLDA）なども提案されている（図6-8）（Fadlil *et al.*, 2013）．

　このような複雑化は，人間の脳がそもそも広い脳領野にわたり，多様な機能

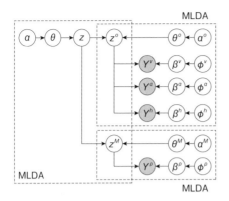

図 6-8　mMLDA のグラフィカルモデル

を相互結合させながら作動していることを考えると，必然であるとも言える．本節の冒頭で述べたように，単一目的・目標指向の機能ではなく，多目的・システム指向の認知アーキテクチャを構築することこそが，われわれの目的でもあるのだから．

一方で，従来のアプローチであれば，新しい複合的な認知システムの提案のたびに，それらの全潜在変数を推論するための推論アルゴリズムを導出しなければならないという問題があった．また，開発者は全体を原則的にフルスクラッチで開発する必要があり，その開発者は画像認識，音声認識，位置と地図の同時推定などにわたる広い知識を求められた．これは，ソフトウェアの分散的な開発を困難にし，真の意味で複合的で統合的な認知システムを構成するという取り組みを阻害する．

そこで，分散的に開発された PGM を統合し，統合後も全体を通して学習を進められる開発フレームワークとして，SERKET が提案されている（Nakamura *et al.*, 2018）．SERKET は PGM ベースの認知モジュールを統合し，複数の認知機能を含む認知アーキテクチャを開発するためのフレームワークである．

前掲の図 6-5，図 6-6，図 6-8 に，MLDA+NPYLM，SpCoSLAM，mMLDA のグラフィカルモデルを示している．図から，それぞれの統合的な認知システムが，複数の要素的 PGM の結合によって表現されていることがわかる．そこで，これらの要素的 PGM をそれぞれ一定の規約に基づいて開発し，これを後にレゴブロックのように結合させることで，より大きく複合的な確率的生成モデルを構成することができ，さらにその推論アルゴリズムが自動的に導出できるならば，統合的認知システムの開発は加速されるだろう．

SERKET は統合的な PGM の推論手順を，各要素 PGM の推論アルゴリズムと，それらの間の通信を行うプロトコルを提供する（図 6-9）．推論段階では，各要素 PGM の内部変数は独立に更新され，複数の要素 PGM を結合させる共

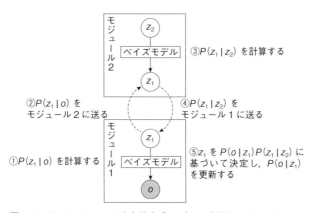

図6-9　SERKETによる確率的生成モデルの分解とコミュニケーション

有ノードでは確率的情報を交換することで更新できる．たとえば，SpCo-SLAMの全体のPGMは，SLAM，GMM，MDPM，音声認識器に分解できる．要素認知モジュール間の通信——メッセージパッシング——により，多数の要素モジュールからなる認知モデル全体，すなわち，SERKETフレームワークにより構成された統合的認知システム全体で学習させることができるのだ．また，Neuro-SERKETはSERKETの自然な拡張である．SERKETはニューラルネットワークベースPGM，すなわち深層生成モデルをサポートしていないが，Neuro-SERKETはそれらをサポートしている（Taniguchi *et al.*, 2020b）．

　しかし，様々な要素PGMモジュール群を結合することで複雑な認知システムを構成できるようになったとしても，その組み合わせの可能性は無限にある．もちろん，人工的な認知システムを作るという意味では，極限まで巨大なシステムを構成するのも悪くないかもしれない．ただし，人間の認知システムの果たす機能を模倣し，人間レベルの発達知能を作りたいという目標に従うのであれば，そこに何らかの参照するフレームがあって然るべきだろう．全脳確率的生成モデル（whole brain probabilistic generative model: WB-PGM）は人間の脳の構造に学び，確率的生成モデルで統合的認知アーキテクチャを作ろうとする取り組みである．これは次章で紹介される全脳アーキテクチャ（whole-brain architecture: WBA）アプローチの開発手法を取りこんだ方法である（Taniguchi *et*

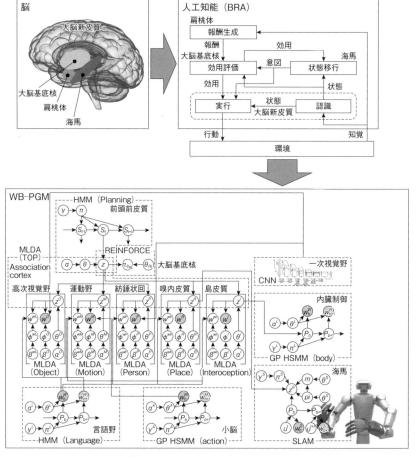

図 6-10　全脳確率的生成モデルのプロトタイプの概要図（Taniguchi *et al.*, 2022b）

al., 2022b）．この開発イメージを図 6-10 に示す．

　WB-PGM の開発方法は，WBA アプローチの視点からは，次章で紹介される BRA（brain-reference architecture: 脳参照アーキテクチャ）駆動型開発（Ya-makawa, 2021）の拡張としてとらえられる．詳細は割愛するが，このようなアプローチにより，脳に学んだ統合的認知アーキテクチャの開発に対してトップダウンな制約を与えることができ，より人間の脳の構造に学んだ開発が可能になると考えられる．Taniguchi *et al.*（2021）は，本アプローチを用いて，海馬

体に対応づくように拡張した SLAM の PGM を設計している．全脳部位をカバーする WB-PGM の開発はこれからの課題であろう．

記号的相互作用の創発

前項までで紹介した PGM に基づくモデルのすべては，個体の内的表象形成にかかわるものである．各主体は環境との身体的相互作用（視覚，触覚，聴覚情報の感覚情報の観測など），他者との記号的相互作用（言語情報の観測など）を通して，それぞれの潜在変数を推論し，学習を進めていく．しかし，これは記号創発システムの構成論としては不完全である．

前掲図 6-3 に示すように，記号創発システムという図式的モデルの重要な示唆は，個体内部の内的表象系のみならず，社会にわたって存在する記号系自体が，複数の主体の身体的相互作用と記号的相互作用によるダイナミクスを下位層に持ちながら，その上位層において自己組織化されるというものである．このような描像をも，確率的生成モデルに基づくアプローチの延長線上で議論できることが明らかになってきた．

Inter-MDM（inter-personal multimodal Dirichlet mixture model）は複数の主体が名づけゲーム（naming game）によりマルチモーダル情報のカテゴリ化を行うとともに，そのカテゴリにつける「名前」の名づけゲームの過程を，確率的生成モデルの推論過程として表現したモデルである（Hagiwara *et al.*, 2022）．このモデルは，SERKET における確率的生成モデルのモジュール分解のアイデアを発展させることによって得られている．

名づけゲームとは言語ゲームの一種で，マルチエージェントシステムにおける記号創発（もしくは言語創発）研究における標準的なモデル化手法として古くから研究されてきた．2 体のエージェントによる名づけゲームではエージェント A がある対象物体を観測し，これに名前を与え，エージェント B に発する．エージェント B は何らかの基準でこれを受け入れて，自らの知識を更新するなり，何らかのフィードバックを行うなどする．

名づけゲームは記号創発システムにおいて，記号的相互作用のためのルールを調整する過程のモデルと見なせる．しかし，名づけゲームにおいて，各エージェントがどのような基準で自らの名づけ（カテゴリに対するラベル）を更新す

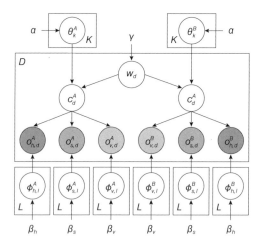

図6-11 Inter-MDM のグラフィカルモデル（Hagiwara et al., 2022）

べきか，またそのルールに基づく名づけゲームがどのような機能をシステム全体に対して与えるのか，つまり，記号系の創発がどのような意味を持つのかは，開かれた問いである．

Hagiwara *et al.*（2022）は，この問題に新たな視点を与える多主体間マルチモーダルカテゴリ形成のモデルInter-MDM を提案した[10]．各エージェントの認知システムとしての PGM を一つの潜在変数でつなげることで，マルチエージェントシステム全体を単一のエージェントと見なす確率的生成モデルを仮定する（図6-11）．ここでは2エージェントの場合に関して説明する．図6-11 は三つのモダリティを持ったエージェント2体を結合したモデルになっているが，共有する変数wを推論することは，六つのモダリティを持つ1体のエージェントが，これらの感覚情報すべてを用いて，マルチモーダルカテゴリを形成することに一致する．

　ここで SERKET の考え方を援用し，wを共有ノードとして，このグラフィカルモデルを各エージェントに対応するように二つに分割することを考える（図6-12）．この時，wの推論手法が問題となるが，これに関してはメトロポリス・ヘイスティングス法に基づくコミュニケーション手法を採用することにする．すると，wのサンプリングを行う場合にエージェントAの潜在変数（信念）のみに依存してサンプリングを行い，またエージェントBの潜在変数（信念）のみに依存してそれを受け入れる（採択する）か否かを決定する，という

---

10)　中心的な考え方はこれに先行して，Hagiwara *et al.*（2019）によって導入されているが，ここではオリジナルの考え方をマルチモーダル化した Inter-MDM を取り上げる．

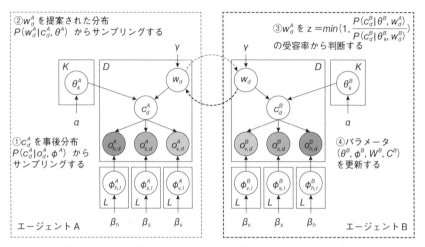

②w_d^A を提案された分布
$P(w_d^A|c_d^A, \theta^A)$ からサンプリングする

③w_d^A を $z = min(1, \dfrac{P(c_d^B|\theta^B, w_d^A)}{P(c_d^B|\theta^B_k, w_d^B)})$
の受容率から判断する

①c_d^A を事後分布
$P(c_d^A|o_d^A, \phi^A)$ から
サンプリングする

④パラメータ
$(\theta^B, \phi^B, W^B, C^B)$
を更新する

エージェント A

エージェント B

図6-12 SERKET により分解された Inter-MDM のグラフィカルモデル (Hagiwara *et al.*, 2022)

アルゴリズムが導かれる.ここで w をカテゴリのラベル,つまり,エージェント A が対象につけた名前であるととらえ,エージェント B が受け入れる(採択する)かどうか判断することを,名づけゲームにおける受け手側の判断だと見なすと,メトロポリス・ヘイスティングス法に基づくマルコフ連鎖モンテカルロ法自体が,名づけゲームと解釈できることがわかる.

　こうして導出された名づけゲームは,その理論的な由来より,マルコフ連鎖モンテカルロ法の理論に基づいて,長期的には全エージェントの観測を与件とした上での真の事後分布 $P(w|o^A, o^B)$ から w をサンプリングするアルゴリズムとなる.

　視覚,触覚,聴覚の実観測データを用いた実験では,名づけゲームを行うことで,各エージェントがカテゴリ形成を行い,その名前を共有することができるのみならず,それらが形成するカテゴリ自体の精度が向上することが示された.これは,ただ実験的にそのことが示されたのみならず,Inter-MDM による名づけゲームが数学的な理論に裏打ちされており,その数値実験的な実証となっていることが重要である.

　このモデルは,われわれの記号的コミュニケーションに関しても新しい示唆を与える.エージェント A からエージェント B にサイン w が渡される時,w

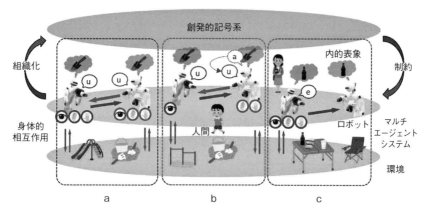

図6-13　マルチモーダル・マルチエージェントカテゴリ化として表現される創発的記号系の形成（a）と，統合されたマルチモーダルカテゴリ化として表現される創発的コミュニケーション（b），主体間クロスモーダル推論として表現される記号論的コミュニケーション（c）（Hagiwara *et al.*, 2022）

は事後分布 $P(w|o^A)$ からサンプリングされる，それを受け取り，w が指し示すマルチモーダル情報を想起するのが $P(o^B|w)$ である．これは結合系のPGM（図6-13）におけるクロスモーダル推論に対応している．つまり，この描像の上で，コミュニケーションとは，エージェントをまたいだクロスモーダル推論——主体間クロスモーダル推論（inter-personal cross modal inference）——としてとらえられる．

　記号創発システムにおける創発的記号系の組織化とは，記号創発システムに属するエージェントの感覚運動系を結合させ，それらの情報を集合的な意味において表現学習し，活用することなのだと見なせる．

　これはわれわれの記号の発生，および言語進化を考える上で，その新しい計算論的な根拠を与えている．言い換えれば，われわれ人間が身体的相互作用を通して得た情報を予測符号化するだけでなく，それを表現しようとする他者からの発話を，自らの信念に基づき適切な割合で受け入れ，適切な割合で否定する自律性こそが，社会において適切な記号系を生み出すための条件であるということである．筆者はこのような個体の能力が，進化的に獲得され，それが人間の持つ記号系を動的に支え続けているのではないかと考えている．

7　おわりに

本章では記号創発ロボティクスのアプローチを紹介し，それがとらえる認知のフレームワークとして，確率的生成モデルに基づく認知システムの表現方法を紹介した．具体的には，マルチモーダル物体概念形成や場所概念形成，およびそれらを用いた語彙獲得や行動計画などについて紹介した．重要なのは，これらが，人間の与えたラベルつき学習データを近似することで，単一の機能を持つ関数として設計されるのではないという点である．すべてのマルチモーダル情報は，複合的ではあるが単一の統合的認知システムによって予測符号化され，その知識は認知システム内部の潜在変数として符号化される．そして，認識や推定，計画やコミュニケーションといった機能は，その単一の認知システムの上の確率推論として実現されるのである．

また，最後には，より複合的な認知システムを構成するための全脳確率的生成モデルや，記号システム全体を確率的生成モデルとしてモデル化する多主体間マルチモーダルカテゴリ形成のモデルに関して紹介した．

われわれの認知は言語（記号）に強く影響されながら，その言語（記号）自体もダイナミックに変容していく．次世代の認知科学の開拓には，記号創発システムの中にある存在としてのわれわれが行う認知をとらえ，そしてまた，ロボットを用いた構成論的アプローチと，脳科学や心理学といった実証的アプローチを協調させていくことが重要であると考える．

引用文献

Barsalou, L. W. *et al.* (1999). Perceptual symbol systems. *Behavioral and brain sciences*, *22*(*4*), 577–660.

Bishop, C. M. (2006). *Pattern recognition and machine learning*. Springer.

Chandler, D. (2017). *Semiotics: The basics*. Routledge.

Ciria, A., Schillaci, G., Pezzulo, G., Hafner, V. V., & Lara, B. (2021). Predictive processing in cognitive robotics: A review. *Neural Computation*, *33*(*5*), 1402–1432.

Fadlil, M., Ikeda, K., Abe, K., Nakamura, T., & Nagai, T. (2013). Integrated concept of objects and human motions based on multi-layered multimodal LDA. *IEEE/RSJ International Conference on Intelligent Robots and Systems*, pp. 2256–2263.

フラベル, J. H. 岸本弘・岸本紀子・植田郁朗（訳）（1982）. ピアジェ心理学入門（上・下） 明治図書出版

Friston, K. (2019). A free energy principle for a particular physics. *arXiv preprint*, arXiv: 1906. 10184.

Friston, K., *et al.* (2021). World model learning and inference. *Neural Networks, 144*, 573–590.

Hagiwara, Y., Furukawa, K., Taniguchi, A., & Taniguchi, T. (2022). Multiagent multimodal categorization for symbol emergence: Emergent communication via interpersonal cross-modal inference. *Advanced Robotics, 36*(5–6), 239–260.

Hagiwara, Y., Kobayashi, H., Taniguchi, A., & Taniguchi, T. (2019). Symbol emergence as an interpersonal multimodal categorization. *Frontiers in Robotics and AI*, 134.

Hohwy, J. (2013). *The predictive mind*. Oxford University Press.

池上嘉彦（1984）. 記号論への招待 岩波書店

乾敏郎・阪口豊（2021）. 自由エネルギー原理入門――知覚・行動・コミュニケーションの計算理論 岩波書店

河島茂生（編）（2019）. AI 時代の「自律性」――未来の礎となる概念を再構築する 勁草書房

Levine, S. (2018). Reinforcement learning and control as probabilistic inference: Tutorial and review. *arXiv preprint*, arXiv: 1805. 00909.

Mochihashi, D., Yamada, T., & Ueda, N. (2009). Bayesian unsupervised word segmentation with nested pitman-yor language modeling. *Proceedings of the Joint Conference of the 47th Annual Meeting of the ACL and the 4th International Joint Conference on Natural Language Processing of the AFNLP*, pp. 100–108.

Nakamura, T., Araki, T., Nagai, T., & Iwahashi, N. (2012). Grounding of word meanings in latent Dirichlet allocation-based multimodal concepts. *Advanced Robotics, 25* (*17*), 2189–2206.

Nakamura, T., Nagai, T., & Taniguchi, T. (2018). SERKET: An architecture for connecting stochastic models to realize a large-scale cognitive model. *Frontiers in neurorobotics, 12*, 25.

Nakamura, T., *et al.* (2014). Mutual learning of an object concept and language model based on MLDA and NPYLM. In 2014 IEEE/RSJ International Conference on Intelligent Robots and Systems (IROS'14), Chicago, IL, USA.

西垣通（2004）. 基礎情報学――生命から社会へ NTT 出版

西垣通（2008）. 続基礎情報学――「生命的組織」のために NTT 出版

須山敦志（2017）. ベイズ推論による機械学習入門 講談社

Taniguchi, A., Fukawa, A., & Yamakawa, H. (2021). Hippocampal formation-inspired probabilistic generative model. *arXiv preprint*, arXiv: 2103. 07356.

Taniguchi, A., Hagiwara, Y., Taniguchi, T., & Inamura, T. (2017). Online spatial concept and lexical acquisition with simultaneous localization and mapping. In 2017 IEEE/RSJ International Conference on Intelligent Robots and Systems (IROS), pp.

811–818.

Taniguchi, A., Hagiwara, Y., Taniguchi, T., & Inamura, T. (2020a). Spatial concept-based navigation with human speech instructions via probabilistic inference on bayesian generative model. *Advanced Robotics, 34(19)*, 1213–1228.

Taniguchi, A., Murakami, H., Ozaki, R., & Taniguchi, T. (2022a). Unsupervised multimodal word discovery based on double articulation analysis with co-occurrence cues. *arXiv preprint* arXiv: 2201. 06786.

谷口忠大 (2010). コミュニケーションするロボットは創れるか――記号創発システムへの構成論的アプローチ　NTT 出版

谷口忠大 (2014). 記号創発ロボティクス――知能のメカニズム入門　講談社

谷口忠大 (2020). 越境する認知科学 5　心を知るための人工知能――認知科学としての記号創発ロボティクス　共立出版

Taniguchi, T., Nagasaka, S., & Nakashima, R. (2016). Nonparametric Bayesian double articulation analyzer for direct language acquisition from continuous speech signals. *IEEE Transactions on Cognitive and Developmental Systems, 8(3)*, 171–185.

Taniguchi, T., *et al.* (2020b). Neuro-SERKET: Development of integrative cognitive system through the composition of deep probabilistic generative models. *New Generation Computing*, 1–26.

Taniguchi, T., *et al.* (2022b). A whole brain probabilistic generative model: Toward realizing cognitive architectures for developmental robots. *Neural Networks, 150*, 293–312.

Thrun, S., Burgard, W., & Fox, D. (2005). *Probabilistic robotics*. MIT Press.

ユクスキュル, J. v., クリサート, G.　日高敏隆・羽田節子 (訳) (2005). 生物から見た世界　岩波書店

Yamakawa, H. (2021). The whole brain architecture approach: Accelerating the development of artificial general intelligence by referring to the brain. *Neural Networks, 144*, 478–495.

第7章 全脳アーキテクチャ
——機能を理解しながら脳型 AI を設計・開発する

◆

山川 宏

1 はじめに——WBA アプローチ

　本書は認知科学に関するシリーズの一角をなすため，その目的は人間の認知を明らかにすることであろう．一方，本章で紹介する全脳アーキテクチャ（whole brain architecture: WBA）アプローチの究極の目的は，むしろ高度な人工知能の構築としての汎用人工知能（artificial general intelligence: AGI）の工学的実現である．しかし，改めて考えれば，計算機能をヒトの脳という物理的実体に対して，ある程度詳細に寄り添ったかたちで理解することが，認知を理解するためにも，工学的に実現するためにも重要であることは明らかであろう．近年の神経科学の進展を背景として，今ようやく，そうしたアプローチが現実的になってきたのかと思われる．

　前述のように，WBA アプローチは，AGI，つまり汎用性の高い人工知能の実現を目指している．しかしながら，そもそも知能とは何であろうか．これは意見が分かれるところである．ここでは，「知能とは，様々な環境下で目標を達成するエージェントの能力を測るものである」（Legg, 2007）もしくは，より簡単には「複雑な目標を達成する能力」（Tegmark, 2017）という定義を受け入れることにする．目標達成の能力から知能をとらえる見方は，主に AI 分野において主流を占める（Albus, 1991; Fogel, 1995; Goerzel, 2006; Gudwin, 2000; Horst, 2002; Kurzweil, 2000; McCarthy, 2004; Russel, 2018）．ここで AGI のアイデアは「十分に広範な（例えば人間並みの）適用範囲と強力な汎化能力をもつ人工知能」として明確化されている（ゲーツェル，2014）．主にこれに沿ったかたちで，WBA アプローチにおいては，「汎用人工知能とは，多様な問題領域において

多角的な問題解決能力を自ら獲得し，設計時の想定を超えた問題を解決できるという技術目標」としての人工知能であるとしている．

　以上で述べた AGI の基本的な性質が，それをソフトウェアとして実現する際の困難さの原因である．現在のソフトウェア開発では，特定の目標を実現できるように，機能を分解して体系化するかたちで設計が行われる．それゆえ，個別の領域において知的にふるまうソフトウェアとしての特化型人工知能は，多くの場合に構築可能である．対して，AGI の目指す広範な問題を解決する能力を実現するソフトウェアの開発手法は存在しておらず，それゆえ，未だ AGI は実現されていない（図 7–1）．

　こうした AGI の能力は世界を一変させるものであることから，その構築を目指す組織は数多く，少なくとも 76 以上の組織が存在し，様々なアプローチが試みられている．以前より，統合的な知能を構築しようとする試みとして認知アーキテクチャの研究がある．自由エネルギー原理，プロジェクション，グローバル・ワークスペース理論，Entification（山川，2022）などといった汎用的な知能についての基本的な設計方法や原理を見出し，それに基づいて構築が進む可能性もあるが，決定的な知能の理論が現れているわけではない．

　近年では，進展が著しい深層学習を中心とした分野から発展させる方法論が有望視されている．実は，ここでもアーキテクチャ設計の難しさが課題となる．つまり，機械学習装置など多くの計算機構を適切に組み合わせてシステムを構築するこの種の人工知能では，そうした組み合わせ自体が生み出す設計空間の広大さが，構築の難しさを引き起こしている．もちろん，われわれ人間が進化によってかなり高度な一般知能を獲得してきたことを考えれば，そのような探索は原理的に可能なはずである．しかし，そうした探索の規模は，既存の最速の計算機によって可能なレベルをはるかに超えているようである．

　つまり，広大な設計空間の中で，組み合わせれば AGI システムとして正しく機能する解の領域はごく一部であり，そこにどう到達するかが問題の本質である．しかし，前述のように，特定の目的を達成するためのシステム構築に適した現在のソフトウェア開発手法は，AGI 構築には有効ではない．そこで，比較的汎用性が高いと思われる人間の脳を参考として設計空間を制約しながら AGI システムを開発するアプローチが有望となる．特に，近年の神経科学の

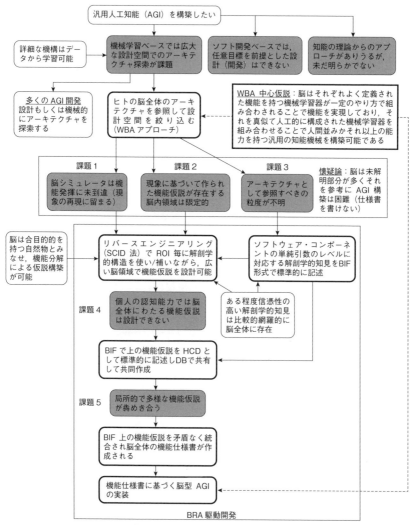

図 7-1　BRA 駆動開発により脳型 AGI を実現できるという論理
太い囲みは WBA アプローチでの選択もしくは行動，網かけは課題，背景となる一般的な技術情報．

急速な発展は，このアプローチをより有望なものに押し上げ続けている．

　こうした背景から，脳を参照して AGI を構築する選択肢の中で，筆者らが推進しているのが，全脳アーキテクチャ（WBA）アプローチである．WBA ア

プローチは「脳全体のアーキテクチャに学びヒトのような汎用人工知能を創る（工学）」としている．このアプローチは「脳はそれぞれよく定義された機能を持つ機械学習器が一定のやり方で組み合わされることで機能を実現しており，それを真似て人工的に構成された機械学習器を組み合わせることで人間並みかそれ以上の能力を持つ汎用の知能機械を構築可能である」という中心仮説を基盤としている（Arakawa & Yamakawa, 2016）．これはつまり，脳神経回路は機能モジュールのネットワークに分解しうるという，準分解可能性を仮定したのである．ここで，準分解可能性を持つシステムとは，サブシステム間の相互作用は弱いが，しかしサブシステムの内部には強い相互作用が働いているシステムである（Simon *et al.*, 1961）．

　以降，本章では，このWBAアプローチを現実的に実行するための開発方法論を説明する．この開発手法の骨子は，標準化されたBRA（brain reference architecture）データ形式を用いて，計算機機能仮説を解剖学的構造と整合するように記述し，それをソフトウェアの設計情報として利用することである．この開発プロセス全体をBRA駆動開発と呼んでいる．

　続く第2節では，中心仮説を具現化し，脳のように認知・行動機能を発揮できるソフトウェアを開発する際に生じる様々な問題点を指摘し，これらの問題点はBRA駆動開発によって克服できることを述べる．次に，第3〜6節で，BRA駆動開発の記述単位，データ形式，構築，評価について，順を追って述べる．そして，第7節では，BRA駆動開発に基づくWBAシステム完成の見通しを得るための技術開発ロードマップについて述べる．

2　BRA 駆動開発——脳型ソフト開発における課題を解決する

　WBAアプローチに対する代表的な懐疑論は，「未だ明らかではない脳から学んでAGIを作れるのか」というものである（図7-1参照）．そこで本節では，懐疑論で指摘される主要な三つの課題，および，より実践的な二つの課題を指摘し，その上で，BRA駆動開発がそれらを解決しうることを説明する．

脳型ソフトウェアの構築における主要な課題

　AGI として機能する脳型ソフトウェアを構築するためには，まず以下三つの課題を克服する必要がある．

課題 1：脳シミュレータは機能発揮に未到達（現象の再現にとどまる）　脳と同様の機能を持つソフトウェアの開発を目指す方法として，脳内の生理現象や解剖学的構造に関する知識をソフトウェアに組み込んで現象を再現する，脳シミュレータのアプローチは自然なものである．

　しかしながら，神経科学知識から構築できる脳シミュレーションは，生理現象のふるまいを近似的に再現できる程度にとどまるのが原状である．このため，脳を参考としつつ，工学的に有用な機能を発揮させうる仕様をヒトが設計する，リバースエンジニアに基づく脳型ソフトウェアのアプローチが有望である（詳しくは，コラム 1 参照）．

課題 2：機能仮説が得られる脳の領域は限定的　現状では脳内において，機能仮説が決定されている脳部位は限定的である．これは主に，生理現象に基づいて機能を決定することの難しさに起因する（詳しくは第 5 節の「SCID 法で得られる機能仮説の優位点」参照）．

　しかしながら，必ずしも脳に関する知識を十分に持たない技術者が，脳に似せてソフトウェアを実装する際には，複数の可能性があったとしても，生物学的に一定の妥当性がある仕様情報となる，機能の仮説が整備されていることが有用である[1]．そこで，未確定ではあるが有力な計算機能仮説の候補を，できるだけ広い脳領域にわたって提供することが望まれる．

課題 3：アーキテクチャとして参照すべき粒度が不明　脳は大規模で複雑なシステムであるだけでなく，様々な粒度を持つ．このため，いかなる粒度まで脳を参考にすべきかについて，一定の合意が必要である．

---

[1]　ソフトウェアの実装と評価を通じて機能的な理解が進みうるため，神経科学の知見から確定的でなくとも有望な仮説が得られていることが有用である．

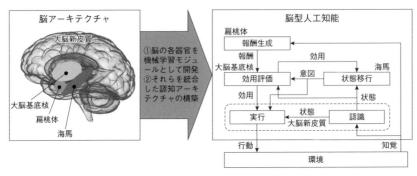

図 7-2　全脳アーキテクチャ・アプローチの基本概念図

2014 年から徐々に形成されてきた WBA アプローチを示す簡略図の改訂版. 図の左側には, 新皮質, 基底核, 海馬, 扁桃体など, 脳の大きな器官の主な例を示している. これらの器官間の接続（図示せず）がアーキテクチャを構成している. 図の右側には, 機械学習を含む計算モジュールが脳の構造を参考に配置され, さらに環境と相互作用する. このように, AGI ソフトウェアは, 脳の構造を参考にしながら作られていく.

　実際のところ, 神経科学における知見の記述の粒度は, 脳器官, 局所回路, ニューロン, コンパートメント, 細胞内小胞などの階層性を持つ. したがって, 様々なレベルにおいて仕様を記述することが可能である. しかし, 必要以上に詳細な記述粒度や, 脳の部位によって異なる記述粒度は, 脳全体を統合するソフトウェアの開発には好ましくない. さらに, 神経科学の知識は膨大である. よって, 仕様に含める神経科学の知識の範囲は, 認知・行動機能に明らかに影響を与えるものに限定する必要がある. よって, 適切な記述レベルを指定するガイドラインが必要であろう. なお, 記述粒度の標準化はソフトウェアの共同開発にとっても必須であり, それゆえ後述する課題 4 の解決にも寄与する.

　詳細は次項にて説明するが, BRA 駆動開発ではリバースエンジニアリング（SCID 法）により ROI（region of interest）ごとに解剖学的構造を使い／補いながら, 機能仮説を設計することで, 課題 1 および課題 2 に対処する（図 7-2）. こうして様々な脳領域において機能仮説の設計を進めていくと, 次の課題が生ずる.

課題 4：個人の認知能力では脳全体にわたる機能仮説は設計し難い　脳は巨大なシステムであるため, 個人の認知能力では脳全体にわたる機能仮説は設計できないという課題が生じる. このため, BRA という標準的な形式で, 多く

の研究者の共同により，設計データを記述して後に統合する必要がある．

課題 5：散在する機能仮説の統合　各研究チームが着目する BRA は，神経回路に対応する機能仮説（hypothetical component diagram: HCD）が独自に提唱される．当然ながら様々な機能仮説は，神経回路（ROI）や達成すべき具体的な目的によって異なる．よって結果として多様で断片的な機能仮説の集合体が立ち現れる．これを一つの脳型ソフトウェアの仕様書とするためには，散在する機能仮説の記述を統合する必要があるという課題が生ずる．

コラム 1 ◆ 脳シミュレータと脳型ソフトウェア

　脳に似た動作を行えるソフトウェアを開発する方法としては，図に示すように，脳シミュレータ（A）と，リバースエンジニアリングによる脳型ソフトウェア開発（B）の二つがある．

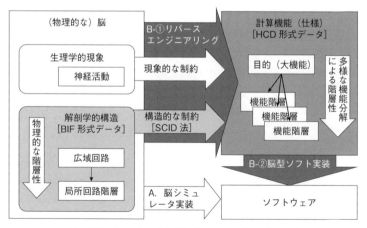

図　脳型ソフトウェアと脳シミュレータのアプローチ

A　脳シミュレータ

　脳シミュレータは，脳内の生理現象や解剖学的構造に関する知識をソフトウェアに組み込み，再現した動作やふるまいを観察・分析するというアプローチである．科学の分野で実績のあるコンピュータシミュレーションの手法を，物理的な存在で

ある脳に応用することは自然な発想である.

　神経科学知見の不十分さによるシミュレータの限界　神経科学知見は急速に蓄積されつつあるが，古典物理学のように普遍性の高い基本法則が得られているわけではなく，脳の領野ごとに蓄積されている知識の程度も大きく異なる．よって，現状での神経科学知識から構築できる脳シミュレーションは，生理現象のふるまいを近似的に再現できる程度にとどまる．つまり，現状の神経科学知見のみに立脚して，工学的に有用な認知行動機能を発揮するシステムの構築は困難である．もちろん将来において，脳全体の個々の神経細胞の活動状態を高い時間分解能で同時測定ができるなどの条件が整えば，脳シミュレーションによって機能を再現できる可能性がある．しかし，まだ道のりは遠いように思われる．

　B　脳型ソフトウェア

　脳型ソフトウェアは，脳シミュレータよりも間接的なアプローチである．まず，物理的な脳にかかわる知見を，仕様としてリバースエンジニアリングし（図 B-①），その仕様に基づきソフトウェアを実装する（図 B-②）.

　これが可能となる前提として，ある体系化された機能が脳内に存在しているとすれば，それは解剖学的なネットワークの階層性と整合しているはずと仮定している．さらにこのアプローチは，脳が物理的な物体であるにもかかわらず可能である．なぜなら，進化による淘汰を経た脳は，自然物であると同時に，様々な目的の実現を目指す合目的システムと見なすことができるからである（田和辻他，2021）.

　計算機能を設計できる脳型ソフトの利点　このアプローチでは，神経科学の知識に基づいて計算機能の仕様を設計するリバースエンジニアリングの段階（図 B-①）で，大きな機能やタスクを達成するように機能を体系化する工学設計が行われる．こうすることで，脳シミュレータにおいて課題となっていた神経科学知見の不足を補い，工学的に有用な機能を発揮させうる仕様を描くことが可能となる．このアプローチは，brain-inspired とも呼ばれ，たとえば，ディープラーニングの元祖である「ネオコグニトロン」は，視覚野の神経サーキットにヒントを得て開発されたものである.

BRA 駆動開発

　BRA 駆動開発は，前述の課題を克服しながら，脳全体のアーキテクチャに基づくソフトウェアを構築する方法論として発展してきた（Yamakawa, 2021）.この方法論の特徴は，認知・行動能力に大きな影響を与える粒度において，膨

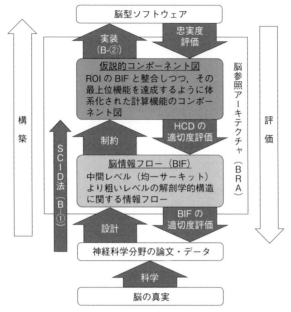

図 7-3　BRA 駆動開発の概要

大だが不十分で矛盾する神経科学の知見から標準的な仕様データを共同で作成
し，それに基づく実装を行うことにある．

　BRA 駆動開発について，図 7-3 を用いて概観する．脳型ソフトウェアの仕
様情報として標準化された BRA データは，主に解剖学的構造を記述した脳情
報フロー（brain information flow: BIF）形式のデータと，仮説的コンポーネン
ト図（HCD）で構成されている．脳型ソフトウェアの構築は，図中左側にある，
BIF の作成，HCD の作成，ソフトウェア実装からなる．成果物の評価につい
ては，BIF の適切度は神経科学知見に基づき，HCD の適切度は BIF の裏づけ
によって，ソフトウェアは HCD への忠実度評価によりその生物学的妥当性を，
評価する．

　以下では，BRA 駆動開発を，BIF データ，HCD データ，脳型ソフトウェ
アという成果物の 3 段階に分けて説明する．構築と評価に必要となる専門性は，
これら成果物の種類によって異なるため，分業できるようになる．これにより，
神経科学とソフトウェア開発の両方に精通した横断的知識を持つ人材が希少で

あることにより，その研究開発が進展しないという課題 2) に対処している.

BIF データの作成と適切度評価　BIF データは，認知行動能力を支える主要な粒度における脳全体の解剖学的構造を記述するために，後述する均一サーキットを記述粒度の最小単位とするかたちで標準化された，一元的なデータである（課題 3 への対応）. こうして BIF において記述粒度を標準化したことが他の諸課題に解決をもたらす起点となっている. BIF の作成は，論文・データを調査した結果を標準的な形式で記載することで行われる. BIF の適切度は，神経科学知見によって裏づけされているかによって評価される. BIF の作成や評価は，神経科学の一定以上の専門性を持って，文献調査を行える人材によって行われる.

HCD データの作成と適切度評価　HCD は，ROI における BIF の構造上に，ROI 全体で実現する最上位機能を達成するように体系化された仮説的な計算機能のコンポーネント図である. HCD の製作者は，それぞれに何らかの ROI における最上位機能の入出力を実現するように，機能を体系的に分解する作業を行う. ここでのリバースエンジニアリングは，SCID（structure-constrained interface decomposition）法と呼ばれ，詳しくは後述するが，比較的脳の広い領域についての機能仮説を設計できる. よって，現状で機能仮説の存在領域が限定的であるという課題 1 を解消する. HCD の適切度は，BIF に対して整合性を持つと同時に，最上位機能を適切に達成しうる構成となっているかという点からも評価される. HCD データの作成と評価は，ソフトウェアの基本設計を行え，かつ，ROI における神経科学知見をある程度理解できる人材によって行われる.

脳型ソフトウェアの実装と忠実度評価　脳型ソフトウェアは，機械学習を含むコンポーネントのネットワークとして構築されるソフトウェアである. それは，一つ（または複数）の HCD データの記述を参照して実装される. 作成され

---

2)　横断的人材の不足は，WBA アプローチにおける初期からの課題であった.

たソフトウェアの生物学的妥当性は，その構造と動作が BRA と一致している
かどうかによって評価され，これを忠実度評価と呼ぶ．具体的には，コンポー
ネントの接続構造が HCD と一致しているか，特定のコンポーネント内の変数
のふるまいが実験で得られた神経活動と相関しているか，などで評価される．
脳型ソフトウェアの実装と評価は，基本的には開発能力のある人材であれば可
能であるが，脳型ソフトウェアの研究開発に興味があることが望ましい．

解剖学的構造に沿って機能仮説を統合する　開発が進むにつれ，様々な
HCD が設計されるが，それらは統合されずに散在しているだろう．よって，
それら HCD を統合し，一貫した一つの HCD を構築するという課題（課題5）
が生ずる．この作業の結果として，脳全体の BIF 上で機能仮説が矛盾なく統
合された HCD を含む脳参照アーキテクチャ（WBRA）が得られる．HCD の
統合により WBRA を構築する作業は SCID 法を拡張することで実行される．
よってその作業は，ソフトウェアの基本設計を行え，かつ，脳の広い範囲にわ
たる神経科学知見をある程度理解できる人材によって行われる．こうして五つ
の課題を克服した研究開発の結果として，WBRA が得られれば，それを仕様
書として脳型ソフトウェアの実装を行える．

　次の第3節では，認知行動能力を支える主要な解剖学的粒度を議論し，
BRA 駆動開発で扱う記述の最小粒度として，ソース脳領域における特定の細
胞タイプからなるニューロン群である均一サーキットが妥当であることを述べ
る．第4節では，標準化した BRA データ形式として，解剖学的構造を記述し
た脳情報フロー（BIF）形式と，それに対して多様な計算機能を記述する仮説
的コンポーネント図（HCD）形式について説明する．第5節では，BRA デー
タを利用した脳型ソフトウェアの構築として，神経科学知見から BIF および
それに整合するように HCD を作成する SCID 法と，BRA に基づく脳型ソフ
トウェアの開発について説明する．第6節では BRA データに対する評価とし
て，脳型ソフトウェアが HCD に整合しているかを見積もる忠実度評価と，
HCD が BIF に整合的かと BIF が信憑性のある神経科学知見にサポートされ
ているかを見積もる適切度評価について述べる．

3　均一サーキット――脳を参照する最小粒度

本節では，脳型ソフトウェアの認知行動能力にかかわりうる主要な解剖学的粒度について議論し，BRA 駆動開発で扱う際の記述の最小粒度として，ソース領域で局在する同一細胞タイプのニューロン群である均一サーキットが妥当であることを述べる.

脳型ソフトウェアで参照すべき解剖学的粒度とは

WBA アプローチでは，その中心仮説において，機械学習器などの計算処理を行うコンポーネントを組み合わせて，人間並みかそれ以上の能力を持つ汎用の知能機械を構築することにした. よって，脳を参照してソフトウェアとして記述する際には，何らかの機能的なコンポーネントのネットワークとして実現することが前提である.

では，開発関係者が理解しながら脳型ソフトウェアを開発する場合において，脳のいかなる粒度をコンポーネントとして記述すべきであろうか.

各ニューロンをコンポーネントの単位と見なすという素朴なアイデアは，以下のような点から見て非現実的である. 一つ目には，膨大すぎる部品点数を設計することは避けるべきである. たとえば，車が数万個，飛行機が数百万個の部品から構成されていることを踏まえれば，ヒトにおける百億個を超えるニューロンを部品とした設計図を記述することは，ヒトの認知能力を超えており非現実的である. 二つ目には，成熟後の脳内において，経験からの学習を通じて獲得するファクターは無視すべきである. つまり，個体の経験に依存して変化する神経細胞間の詳細な結合については，設計の対象とするよりも，機械学習によりチューニングすべきであろう.

以上の議論から見ても，認知行動レベルのソフトウェア実装において，必要とされる以上の詳細な解剖学的粒度で記述がなされることは避けられるべきである. そこで，BRA の記述においては，明らかに認知行動に影響を与える記述レベルの最小粒度として，以下で詳説する均一サーキットを用いることとした.

　なお，脳神経回路における解剖学的構造は階層的なモジュール性を持つため，それを利用して均一サーキットよりも大きな粒度で HCD を設計したりソフトウェアを実装したりしてもよい．より粗い参照粒度を選べば脳からの制約は弱くなるため，自由に開発を行える点はメリットとなる．他方で，参照粒度を粗くするほど脳神経回路との一致性が減るために，脳型という側面が弱いソフトウェアになることは否めない．端的に言えば，脳全体を一つのコンポーネントとした場合，ソフトウェアに対して脳からの制約はなくなる．

ソフトウェアの最小要素としてのコンポーネントの引数

　ネットワーク化されたコンポーネントからなるソフトウェアにおける設計要素において，最小の要素はインタフェースに含まれる単純な引数であろう．単純な引数とは，一次元または多次元のベクトルで表現される変数である．たとえば，強化学習プログラムでは，コンポーネントのインタフェースには，状態，行動，報酬などといった引数があるだろう．

　したがって，脳において参照すべき最小の解剖学的要素としては，単純な引数に対応するものとすべきである．

特定の細胞タイプで構成されたニューロン群としての均一サーキット

　ソフトウェアにおける単純な引数は，機能的に同じ種類の意味をコード化している変数と見なせるだろう．

　脳においてその粒度に対応するのは，機能的に一様な神経活動を表現するニューロンからなるニューロン群とすることが妥当である．そこで，引数に対応する脳内のニューロン群を，以下のような均一サーキットとして定義した．

　　引数に相当する均一サーキット：均一サーキットとは，機能的に同じ種類
　　の意味をコード化していると見なされる，脳内のニューロン群である．

　さらに，以下で述べるように，最小の記述単位を原則として，特定の細胞タイプからなるニューロン群と仮定することとした．

　　細胞タイプに基づく均一サーキット仮説：均一サーキットは，特定の脳領
　　域内の特定の細胞タイプで構成されたニューロン群によって形成される．

　後掲図 7-4B においては，ある脳領域において，2 種類のニューロン群が，

異なる均一サーキットを構成する例を示している.

このように，ソース脳領域における特定の細胞タイプからなるニューロン群を，ソフトウェアコンポーネントの単純な引数に相当する均一サーキットと見なすことは，以下のような議論を踏まえれば合理的であろう.

一つ目には，神経系では，シナプス結合が作られる細胞の組み合わせを制御するシナプス特異性という性質が知られている（Williams *et al.*, 2010; de Wit, 2016）.これは，特定の細胞タイプから投射された軸索が，受信側で特定の層，細胞タイプ，細胞内の場所に，選択的にシナプス結合を形成するという性質である.このシナプスの特異性により，受信側の細胞は，送信側の同じ細胞タイプの神経グループのうち，処理に利用したいものを特定することができ，また，異なる細胞タイプのグループからの投射を区別することができる.

二つ目には，軸索誘導と呼ばれるプロセスにより，領域間の軸索投射であっても，細胞種ごとに正確な標的細胞に誘導することができる.これは，軸索の先端の成長円錐の伸長方向が，細胞種ごとに周囲の誘導分子に対して異なる反応をすることを通じて制御されるプロセスである.このプロセスは，レチノトピーのような，異なる領域間の二次元的な空間関係を保存する投影であるトポグラフィーマップの形成にも貢献している（Triplett *et al.*, 2009）.ソフトウェアコンポーネント間で二次元配列引数を転送するのと似たメカニズムは，このプロセスにより構築しうる.

三つ目に，Bohland *et al.*（2009）は，ある脳領域に局在した同じ細胞タイプによって分類される細胞グループを単位とするという意味での，メゾスコピックレベル[3] のアーキテクチャが，認知行動機能に影響が大きいと指摘している.

均一サーキット記述の多様性

細胞タイプには，生理的・形態的特徴，遺伝子発現，解剖学的位置，投射パターンなど多様な側面があり，それぞれの側面の類似性にはグラデーションが

---

3) メゾスコピックレベルという言葉は，脳の中程度の粒度の解剖学的構造を指す.たとえば，fMRI 測定における数 μ から数 mm サイズのボクセルに対しても用いられるが，それは今回扱っているメタスコピックが指すものとは異なる.

ある（Mitra, 2014）．一方で，哺乳類のシナプスの特異性に関する知識もまだ十分ではない．そのため，細胞種の多種多様な特徴軸の中から，均一サーキットを一意に選択することは困難である．

　よって現状では，HCD を設計する際に必要となる引数の区別が可能となるように，均一サーキットを決定せざるを得ない．このため，HCD が扱うタスクなどに依存して，均一サーキットとして扱うニューロン群の範囲が異なるという課題が生じる．これに対しては，より詳細なレベルで均一サーキットを記述することが，現実的な解決策となっている．

4　BRA データ形式による標準化

　本節で説明する，標準化された BRA データ形式は，主に解剖学的構造を記述した脳情報フロー（BIF）形式と，その構造と整合するように多様な計算機能を記述する仮説的コンポーネント図（HCD）形式によって構成される．

脳情報フロー（BIF）

　脳情報フロー（brain information flow: BIF）は，脳内の解剖学的構造を，様々な粒度の「サーキット」をノードとし，それらの間の軸索投射である「コネクション」をリンクとして表現した有向グラフである（図 7-4）．

　サーキットとは，BIF グラフ構造において，何らかの連結した神経回路に対応づけられるノードである．サーキットは視覚野全体や視野 V1（一次視覚野）などの領域を表す場合もあれば，新皮質―基底核のループに対応する場合もある．また，複数のサーキットがカバーする領域が重複していてもよい．均一サーキットは，第 3 節で説明したように，ある脳領域における特定の細胞タイプからなるニューロン群として設計される．均一サーキットはサーキットの最小単位であり，かつ，それのみが出力コネクション（つまり投射）の始点となれる．したがって，それ以外の他のすべてのサーキットは，一つ以上の均一サーキットを内包する必要がある．BIF データの各サーキットに登録する属性は，サーキット ID（Circuit ID），ID の情報源（Source of ID），サーキット別名（Names），下位のサーキット（Sub-Circuits），上位クラス（Super Class），均

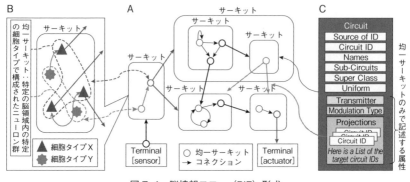

図7-4　脳情報フロー（BIF）形式

A：BIFの概念図，B：Aの一番左のサーキットを拡大し，その中の2種類のニューロンを模式的に描いたもの．
C：BIFデータの各サーキットを表す属性．

一サーキットか否か（Uniform）などがある．ここでは，括弧内にBIFデータ中での属性名を示した．

　コネクションはBIFデータ中のリンクに相当し，図7-4Aのリンクに示すように，脳内のサーキット間で信号を伝達する軸索の束である．コネクションの起点は均一サーキットに限られるため，Uniform属性がTrueに設定されているサーキットのみ，Projections属性にリストとして投射先を記述する．投射先ごとに記述される情報は，投射先のサーキット，軸索の（平均）数，新皮質の間の固有の階層的な方向（フィードフォワード／フィードバック）等である．

　BIFデータに，サーキット中のニューロンのおおよその数（size）やコネクション中の軸索のおおよその数（size）など，定量的な値を記述することは，やや煩雑ではあるが，いくつかのメリットをもたらす．一つ目は，コンポーネント間でやりとりされる信号の量が問題となる計算モデル（Leaky integrated fire モデル，artificial neural network モデルなど）を実装する際の参考となることである．二つ目として，送信する情報量の上限を推定できることは，送信の前後にあるコンポーネントで行われる計算機能を検討する際に，しばしばヒントを与える．

NBP

　NBP（neural behavior and process）は，BIFにおける特定のサーキットに対

して，主に神経活動などのふるまいやプロセスに関する神経科学知見を，テキスト形式で記述したもの，もしくは神経活動のデータである．ここで記述される動的な情報は，ヒトなどの動物がタスクを実行する際に変動する．NBP には，あるサーキットにおいてバースト発火が生じやすいなどといった一般性の高い記述が望まれるが，神経活動はタスクなどに応じて変化するため，完全に一般的なかたちで記述することを期待するわけではない．

HCD

　まず一般に，コンポーネント図とは，ソフトウェアの動作原理の構造的な側面を示す図であり（Bell, 2004），オブジェクト指向ソフトウェアの構造をモデリングするための UML（unified modeling language）に含まれる主要なダイアグラムの一つである．それは，計算機能を担う複数のコンポーネントと，それらのコンポーネント間の依存関係のインタフェースを用いて（図7-5 右参照）表現される．ここで，各コンポーネントは，関連する機能（またはデータ）[4] のセットをカプセル化したモジュールである．

　そして HCD（hypothetical component diagram）とは，BIF 上で興味の対象となる脳領域（ROI）が担うタスクや機能を達成できるように，その BIF の構造に整合するように機能を分解した仮説的なコンポーネント図である．HCD の構造を BIF の構造と整合させるため，HCD は BIF の構造を流用して作成される．具体的には，任意の HCD 上のコンポーネントは BIF 上の特定のサーキットに対応づけられ，任意の HCD 上の依存関係は BIF 上の特定のコネクションに対応づけられる．

　なお，HCD は仮説としての性質が強く，脳の真実と一致しているという保証はしばしば乏しい．そのため，いずれの BIF 上のサーキットに対しても，異なる複数の HCD を割り当てうることを許容することで，互いに矛盾がある仮説を記述できるようにしている．他方で，確実性の高い機能（たとえば，座標系など）を記述するための共通 HCD も設定している．

4）　コンポーネントという言葉は，ソフトウェア工学において，ソフトウェアパッケージ，ウェブサービス，ウェブリソースなどの意味にも用いられるが，本稿では関連する機能（またはデータ）のセットをカプセル化したモジュールという意味で用いる．

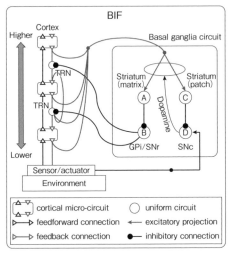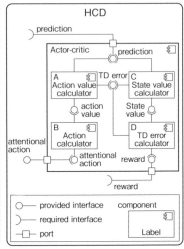

図7-5　BRA の記述例
A, B, C, D がそれぞれに対応している.

BRA の記述例

　BRA の記述例として，よく知られている大脳基底核の Actor-critic 型強化学習の機能の例（Takahashi *et al.*, 2008）について，図 7-5 に BIF と HCD の対応づけを示す．この例では，大脳基底核ループを示す左図の中で，大脳基底核サーキットを ROI とし，そこに対応する強化学習の機能を分解した HCD を右図に示している．BIF 図において記号 A で指示された Striatum（matrix）という均一サーキットが，HCD において記号 A で指示された Action value calculator コンポーネントに対応する．その他の記号 B, C, D で指示された，BIF 中の均一サーキットと HCD 内のコンポーネントも同様に対応づく．以下に，二つのダイアグラム間のリンクをマッピングする例を示す．BIF 中において記号 D で示される SNc（substantia nigra pars compacta: 黒質緻密部）から出力される信号経路（Dopamine とラベルづけされた）は，HCD の記号 D で示される TD エラー計算器コンポーネントから出力される信号経路（TD error とラベルづけされた）にマッピングされる．留意すべき点として，この例では BIF 中の A，B，C，D で示したサーキットがいずれも均一サーキットであった．このため，HCD 中の対応するコンポーネントにつけられたラベル名は，そこ

から出力する引数のラベル名と同一である.

BRA の記述マニュアル

BRA データ作成手順の詳細は，Whole Brain Architecture Initiative のウェブサイトで公開されている，"BRA Data Preparation Manual" に記載されている. 本稿では，2021 年 6 月時点で公開されている同マニュアルに基づいて説明を行った. すでに述べたように，BRA は，対象となる脳領域におけるメゾスコピックレベルの情報の流れを抽出した BIF と，BIF 上に割り当てられた機能メカニズムの仮説である HCD から構成されている.

BRA の各データはプロジェクトとして扱われ，現在は一つの Google Spreadsheet に以下の四つのシートが記述されている. Project シートには，このプロジェクトのメタ情報が記載されている. Reference シートには，このプロジェクトで使用されたすべての書誌情報が 1 行ごとに記載されている. HCD シートには，HCD のシリアル番号で指定されたすべての HCD に関するメタ情報が行ごとに記載されている.

BRA データの中心的なシートが Circuit シートであり，そこには，各行に対応するサーキットごとに，BIF，NBP，HCD の情報が記述される.

BRA データベース

BRA データの蓄積は，神経科学のためのデータ・知識ベースの開発である神経情報学（Neuroinformatics）の一分野としても位置づけられる. 現在，この分野では，解剖学的構造の実験データ（Kuan *et al.*, 2015）や生理学的現象の実験データ（Poldrack & Gorgolewsk, 2017）の登録が盛んに行われている. しかしながら，BRA データのように，認知・行動機能の設計情報にかかわるデータの蓄積を進めた他の先行事例は見つかっていない.

現段階では，特定の脳器官についての BRA データの作成と公開に着手している. それらの BRA データは，それぞれに 50 個程度のサーキットを含む. 今後はそれらのデータを追加していく過程で，利用と運用を行いやすいデータベースの形式を検討していく予定である.

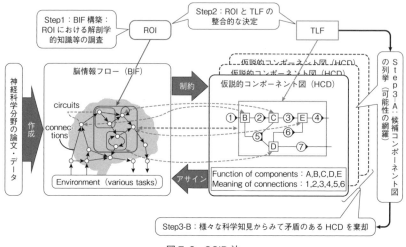

図 7-6　SCID 法

5　BRA およびそれを利用したソフトウェア構築

　本節では，BRA 駆動開発における構築の流れについて，BRA を作成する
SCID 法（前掲コラム 1 の図における B–①）と，BRA に基づく脳型ソフトウェア
の開発（同 B–②）に分けて説明する．

BRA を設計するための SCID 法

　SCID 法は，解剖学的知見に基づいて特定の ROI についての BIF を構築し，
その BIF に整合するように ROI が担う最上位の計算機能（top-level function:
TLF）を達成するように HCD を設計することで，BRA を構築するリバース
エンジニアリング手法である（Yamakawa, 2021）．SCID 法で得られる脳神経
回路に整合した HCD データは，脳型ソフトウェアの設計情報として活用しう
るものである．これまでに，SCID 法により基底核の注意機構（Yamakawa,
2020a），新皮質の領野間接続の機能的意味づけ（Yamakawa, 2020b），海馬体の
経路統合機能（Fukawa *et al.*, 2020）などについて，解剖学的構造に立脚した計
算機能仮説を提案している．

　本手法を用いる BRA 設計者は，基本的には次の 3 ステップに従って，着目する神経回路（ROI）の解剖学的構造と整合しつつ，その ROI が担うトップレベルの機能を達成できる機能階層の体系化を行う（図 7-6）.

　Step1：BIF 構築——ROI における神経科学知見を調査し SHCOM 作成

　Step2：ROI と TLF の整合的決定（provisionary コンポーネント図作成）

　Step3：HCD 作成

　　Step3-A：候補コンポーネント図の列挙（可能性の網羅）

　　Step3-B：諸科学知見から見て矛盾のある HCD を棄却

　以下では各ステップについて述べる.

Step1：BIF 構築　Step1 では，ROI と想定される範囲の周辺でヒトおよびヒト以外の哺乳類のコネクトームなどの解剖学的知見を調査・収集し，SHCOM（supplemented human connectome with other mammals'）を BIF 形式で構築する. ここで SHCOM とは，現状の神経科学知見を総合して得られる，ヒトのメゾスコピックレベルの解剖学的構造として蓋然性の高い仮説である. サーキットの単位は，原則として DHBA（Allen developing human brain atlas ontology）（Ding, 2017）の脳領域を用いるが，均一サーキットとして対応づけるのに適当な要素が DHBA 内に見つからない場合には，新たに追加する.

　SHCOM の構築を脳器官ごとに見ると，大脳新皮質ではヒトと非ヒト類人猿の知見を合成して SHCOM を構築し，皮質下の多くの領域についてはげっ歯類を参考として SHCOM を構築する（コラム 2 参照）.

コラム 2 ◆ なぜ SHCOM を構築するために非ヒト哺乳類を参照するのか

　SHCOM の構築では，ヒトの脳として妥当と推定される解剖学的構造をとらえようとしている. そうであるにもかかわらず，非ヒト哺乳類の情報を利用するが，それには以下のような背景がある.

　まず哺乳類の範囲内では，脳の基本アーキテクチャはよく似ており，ヒトに不足しているヒト以外の哺乳類の知見を参照することは有益である. なお，ヒトにおい

て，脳内の詳細な知見についての蓄積が相対的に貧弱であるのは，多くの情報が得られるが脳にダメージを与える侵襲測定は大きく制限されるためである．

ここで神経科学における代表的な実験動物は，生殖サイクルが速いげっ歯類や，ヒトの近縁に当たる類人猿などである．脳器官ごとに，これら動物とヒトとの差異を見れば，以下のようになる．まず，ヒトへの進化において特に大きく拡大した大脳新皮質の解剖学的構造が，他の哺乳類との差が目立つ部分である．特に，げっ歯類の新皮質はヒトと異なる点が多く，直接的に参考とするには限界がある．これに対して，非ヒト類人猿ならば新皮質についても類似性が高く，有益な情報源となる．

こうした神経科学の実情を踏まえ，新皮質において類人猿の情報を基盤としながらヒトの情報で言語処理などの高次機能の情報を補い，それ以外の脳領域ではげっ歯類における知見を主に活用しながら SHCOM を構築する．

Step2：ROI と TLF の整合的決定　Step2 では，人間と動物の認知行動にかかわる諸科学の知見を調査しながら，設計対象とする脳領域（ROI）と，そこへの入出力信号と整合的な TLF を決定する．この段階で，脳神経回路との整合性を無視すれば，その TFL は実現可能であることを保証する．具体的には，ROI の入出力仕様を満たす，既存の動作可能な計算機構やモデル，もしくは，暫定的なコンポーネント図（provisionary component diagram と呼ぶ）を設計して提示する．

一般的に，ROI の範囲が狭く，そこに含まれる BIF のネットワークが単純であれば，対応づけうる機能仮説の可能性は増え，制約が弱すぎてしまう．よって，続く Step3 において，生物学的に適当でない機能仮説を効果的に棄却するために，ROI をある程度広く確保しておく必要がある．

Step3：HCD 作成　Step3-A では，ROI の BIF に整合する，TLF を達成しうる機構のメカニズムを，設計者が想像しうる限り列挙し，適宜，HCD データとして登録する．TLF を実現するように機能をコンポーネント図として分解するここでの作成プロセスは，ソフトウェア開発において一般的なものであるが，コンポーネントの構成を BIF 上のサーキットがなす構造に対応づけるという制約が付加されている．

なお，コネクションの投射元は均一サーキットに限られるという制約を満た

すため，適切な細胞タイプを選択するなどして，機能仮説を構築するのに都合のよいように均一サーキットを定義する．さらに，均一ではないあるサーキットからの投射を設定する場合に，どうしても適当な細胞タイプからなる神経集団を均一サーキットとして仮定できない場合には，仮の均一サーキットを定義して投射元として用いる．

　Step3-B では，神経科学，認知心理学，進化論，発達論など様々な分野の科学的知見から論理的に矛盾している HCD の候補を棄却する．

　もちろん，これらの検討の結果，ユニークな HCD が決定されることは望ましい．しかし，より重視すべきは，棄却を免れうる HCD 候補を包括的にリストアップすることである．その理由は，様々な科学から得られる知識が不十分であるというだけでなく，脳全体の HCD を構築するための共同作業のために有益だからである．つまり，HCD 候補を複数個用意しておくことで，その後の ROI の拡大や他の HCD との統合（第 5 節の「脳全体の HCD を統合する——WBRA の構築」参照）の段階で，ある ROI についての可能な候補が一つもなくなることが回避しやすくなる．

　言い換えるならば，可能な HCD が十分に網羅されていないために HCD がユニークになっているなら，まだ SCID 法は完了しておらず，Step3-1 が進行中の段階であると見なせる．

SCID 法で得られる機能仮説の優位点

　すでに課題 2 として述べたように，脳型ソフトウェアの仕様を作成するために，脳全体の機能仮説を得たいのである．

　従来の神経科学では，現象の解釈によって計算機能を推定する方法が一般的であった．つまり，「多くの神経活動の中から，何らかの外部刺激と相関がありそうな活動を見つけ出し，その刺激の性質に基づいて神経活動に解釈を与える」のである．たとえば，センサ／アクチュエータに近い脳領域の神経活動は，その刺激／行動から解釈することができる．また，報酬細胞や場所細胞などのように外界の何らかの情報と高い相関のある神経活動については，解釈が可能である．

　一方，リバースエンジニアリングの一種である SCID 法では，すでに述べた

表 7-1　SCID 法とそれで得られる機能仮説の優位点

手　法	SCID 法	現象の解釈による機能推定
主要な手がかり	解剖学的構造に沿うように TLF を分解する （※ 神経現象は適宜利用）	外界と相関を持つ神経活動現象（報酬,場所細胞等）
設計可能領域の広さ	脳のほぼ全域（メゾスコピックな構造が既知な範囲）	現象的な手がかりを得られる範囲に限定されがち
仮説を棄却する能力	解剖学的構造と不一致な構造を持つ機能仮説は棄却される	神経活動の解釈から機能仮説を棄却できることは少ない
実装への親和性	計算機能に即しており開発につなげやすい	周辺脳領域と連携した機能として再検討が必要になりがち

ように，TLF を解剖学的構造に従って分解していく．すなわち，SCID 法は，「ある体系化された機能が脳内に存在するのであれば，それは解剖学的ネットワークの階層と一致するはずである」という前提に立っている（前掲コラム 1 図参照）．もちろん，神経現象からの解釈も行われるが，それは補助的な役割である．

　このような前提で設計される SCID 法で得られる機能仮説は，表 7-1 に示すように，設計可能な脳領域の広さ，仮説を棄却する能力，実装への親和性の 3 点において，従来の方法に比べて優位性を持っている．

設計可能脳領域の広さ　現象の解釈による機能推定によって機能を解釈できるのは，外部刺激に相関しやすい神経活動のみである．そのため適用できる領域は脳内の一部に限定されがちである．これに対して，主に解剖学的構造を手がかりとする SCID 法は，深部脳を含む幅広い脳領域に適用することが可能である．なぜなら，コネクトームなどの研究の進展により，メゾスコピックレベルの解剖学的構造に関する情報が比較的網羅的に把握されつつあるためである．

仮説を棄却する能力　一般に，ある脳領域が特定の外部刺激と強い相関があることがわかっても，その外部刺激に対応する情報に関連する主な計算機能を

その領域が担っていると断定することは難しい．なぜなら，隣接する複数の脳領域において，しばしば類似の神経活動が観察されたり，特定の神経活動は様々な外部情報に影響されたりするからである．よって現象の解釈から機能を推論する手法では，特定の機能仮説を不適切として棄却する能力はあまり高くない．

　対して，SCID 法で得られる機能仮説は明確な階層構造をもって体系化されている．よって，その階層構造が解剖学的階層と整合しなければ，不適切な仮説として棄却できる．こうして，機能仮説に対して強力な棄却能力を持つことで，生物学的に妥当な機能階層の構築をガイドできるのである．

　実装への親和性　脳型ソフトウェアは，コンポーネントのネットワークとして実装されることを想定している．しかし，現象の解釈を通じて特定の神経回路に付与される機能の仮説は，それが機能的なネットワーク構造の中でどのように位置づけられているかという視点が弱い．このためソフトウェアの仕様として用いるためには，直接的に解釈した脳領域だけでなく，その周辺を含めた再検討がしばしば必要になる．

　これに対して SCID 法で設計される HCD は，ソフトウェア開発の設計論と同様のプロセスで得られているため，実装に用いる仕様情報として直接的に利用しやすい．

脳型ソフトウェアの実装に向けて

　ここでは BRA 上の HCD を参照して，実装者が，脳型ソフトウェアを作成する段階（前掲コラム 1 図 B-②）について説明する．ソフトウェアの静的な構造を提示している HCD は，神経科学についての深い知識を持たない実装者が，より脳型として妥当性の高いソフトウェアを作成するために役立つであろう．

　実装されるソフトウェアは，次節で述べるように BRA との整合性を評価することで脳から離れていかないように制約される．こうした制約を課すことは，WBA 開発の後半において，独立して作成された成果物を効率的に統合できるメリットを発揮するために必要である．しかしながらこれらの制約は，性能向上の点からは足かせとなるため，多くの場合に性能面でアピーリングな結果を

出すことを困難にする．したがって，実装者がこうした制約を受け入れて開発
する動機としては，脳そのものに対する構成的な理解，医療への応用への興味，
開発の長期的なメリットへの理解といった理由が必要であろう．

　なお，現時点（2022年2月）において，BRA駆動開発は主にBRAの設計に
注力しており，BRAを利用した実装については試行段階である．

主要な実装形態

　WBAアプローチでは，機械学習を含むコンポーネントのネットワークとし
て脳型ソフトウェアを構築する．そして設計情報とするHCDは複数のコンポ
ーネントからなるネットワークである．

　よって，HCDを実装するのに用いるプログラミング言語や計算モデル等の
実装環境としては多様な選択肢がある．以下では，こうしたネットワーク型の
ソフトウェアを扱うのに適した典型的な実装形態について述べる．

人工ニューラルネットワーク（ANN）

ANN（artificial neural network）は，
脳神経細胞にヒントを得て構築された計算モデルであり，それを脳型ソフトウ
ェアの実装に使うことは自然である．特に，実装の対象となる均一サーキット
はニューロン群であり，ニューロンの集団としてのふるまいを表現するには適
切なモデルである．この分野で研究されてきた様々な構造や仕組み（階層構造，
再帰構造，ゲーティング機構，リザボア，注意機構など）を，脳器官に応じて適用
することができるであろう．また近年の深層学習の発展により，TensorFlow，
PyTorch，Kerasなどといった具体的な実装環境を選択することができる．

確率的生成モデル（PGM）

HCDにおけるコンポーネントを確率変数に対応
づけることで，それは確率変数をノード，条件付確率をリンクとするグラフ表
現と見なせる．そのグラフ表現に沿ったかたちで確率的生成過程を記述するモ
デルがPGM（probabilistic generative models）である．

　基本となるPGMでは，リンクの方向に沿って生成処理が行われ，それとは
逆向きにベイズ推論が行われる．そのため，軸索投射に沿って一方向に情報が
伝わる脳神経回路とは矛盾があった．しかし近年，推論を独立した償却推論リ

ンクとして自由に設定できる償却推論の手法が開発された．よって，生成リンクと償却推論リンクを，異なる軸索投射に担わせることで，脳神経回路に対応させることが可能になった．そして PGM は，領野間の接続に方向性がある大脳新皮質のモデルとして有力であり，そのアイデアはベイジアンブレインとして知られる．

　PGM の実装環境としては，SERKET（Nakamura *et al.*, 2017; Taniguchi *et al.*, 2020）や Pixyz（Suzuki *et al.*, 2021）などが挙げられる．また最近になり脳全体にわたる PGM を構築しようとする全脳確率的生成モデル（WB-PGM）（Taniguchi *et al.*, 2022）という動きも活性化しており，その端緒として海馬体についての PGM（Taniguchi, 2021b）が作成された．なお PGM のモデル化では生成の起点となる確率分布は重要な設計事項である．

積分発火モデル（IFM）　IFM（integrate-and-fire model）は ANN とは異なり，各ニューロンの挙動をスパイク列によって表現する，より実際のニューロンの挙動に近いモデルである．また，膜電位の漏れを含むように拡張したモデルを Leaky integrate-and-fire model という．これらのモデルはいずれも計算論的神経科学で広く用いられており，個々の神経細胞を適度な抽象度で実装するのに適する．しかし，BRA 駆動開発の標準的な記述単位である均一サーキットは，多くの場合にニューロン群に対応する．そうした場合には，IFM のスパイクがどのようにニューロン群の活動に対応するかについて配慮する必要が生じる．

　なお，それ以上に生理学的な詳細なレベルのモデル（たとえば，イオンチャネルの影響による詳細な挙動を扱う Hodgkin-Huxley 方程式など）は，BRA 駆動開発における実装モデルとしては詳細に過ぎると思われる．

BriCA　BriCA（brain-inspired computing architecture）は，機械学習器を含む様々な異なる複数の計算モジュールを多数結合して，一つの認知アーキテクチャとして実行するための，ソフトウェアフレームワークである（Takahashi *et al.*, 2015）．特に，これはモジュールの，実行・学習するための計算資源をスケジュール管理することに特化して設計されている．よって，外部環境におけ

る時間の流れを調整したり，大規模な脳型ソフトウェアにおいて非同期的に動作を行えたりするなどの利点がある．

スタブ駆動開発手法──段階的な機械学習化

各コンポーネントの動作を定義した HCD をベースに，機械学習器を接続したシステムを構築する際に，各コンポーネントが，設計時の想定から乖離した挙動を生ずる事態を避けるために，スタブ駆動開発がためされている．

具体的には，開発の初期段階では，学習機能を持たず，ルールベースの処理で記述されたスタブと呼ばれるコンポーネントを組み合わせてシステムを構築する．そして，各コンポーネントが HCD の記述通りに動作していることを検証しながら（後述する忠実度の評価），徐々に機械学習で置き換えることで，設計通りに動作するシステムを構築しようとする手法である．

脳のアーキテクチャを参照した統合プロセス

本章の始めに述べたように，機械学習をベースとして，一つに統合された AGI システムを構築しようとする際には，広大な設計空間から適切なアーキテクチャを選択することが課題である．そして，その課題に対処するために，ヒトの脳全体のアーキテクチャを参照して設計空間を絞り込むのが WBA アプローチであった．それを体現する BRA 駆動開発では，神経科学知見に基づいて，一元的な BIF を構築し，その上で個別に設計された HCD を統合し，独立に実装したソフトウェアを統合しうることを以下で説明する．

追加的に統合される BIF データ　BIF データは，脳全体で数千個程度の均一サーキットを最小単位として記述される解剖学的知見を蓄積した，一元的なデータである．

神経科学の進展で新たな知見が追加されるにつれて，BIF データは段階的に充実していくが，基本的にはすでにあるデータに対する追加となる．また，同一のサーキットに対するデータが複数存在したとしても，それは内容を吟味してマージすることが可能である．

つまり，BIF データについては，サーキットや投射の情報を追加していく

ことで，脳全体において統合された SCHOM に段階的に接近できる．

脳全体の HCD を統合する——WBRA の構築　HCD の統合とは，一元化された BIF データに整合するように，散在する HCD を統合することで WBRA を構築する作業である．この作業は，基本的には SCID 法における Step2 における ROI の範囲を広げたかたちで Step3 を行う設計プロセスである．よってその作業は，ROI における神経科学知見をある程度理解できる人材によって行われる．

　HCD の統合は，BIF を骨組みとして，機能の仮説を当てはめるクロスワードパズルのような性質を持つ制約充足問題である．このためその統合作業は，その後半で加速度的に完成することが期待されている．

実装したソフトウェアの統合——brain-inspired refactoring　ソフトウェアコンポーネントが BIF 上の何らかの脳器官に対応づけられていれば，解剖学的に同じ位置を占めるべき，独立して実装されたコンポーネントをマージすることで，効率的にソフトウェアの統合を行える．この処理は brain-inspired refactoring と呼ばれ，以下で図 7-7 を用いて説明する．

　脳によって制約されない，通常のソフトウェア開発の例を図 7-7 左に示す．この例では，タスク 1 においては，入力 1 がコンポーネント A に与えられ，それを処理した後，コンポーネント E から出力 1 が得られるようなコンポーネント図が作成され，それに基づいて実装が行われる．タスク 2 においてもほぼ同様に，入力 2 がコンポーネント B に与えられ，それを処理した後，コンポーネント F から出力 2 が得られるようにコンポーネント図が作成され，実装が行われる．こうして独立に実装された二つのソフトウェアは，その中に潜在的には重複する部分が存在していたとしても，それを見出すのは容易ではない．このため，その二つの実装をマージすることは困難である．

　brain-inspired refactoring においては，共有される BIF を構造的な制約として二つのタスクに対するソフトウェアが実装される（図 7-7 右）．すると，中間処理を担当するコンポーネント C とコンポーネント D は，それぞれ BIF 上の同じサーキットに関連づけられているため，それらをマージすればよいこと

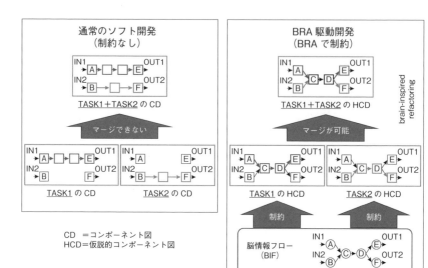

図 7-7　brain-inspired refactoring の仕組み

は直ちに明らかであり，効率的である．

　対応するコンポーネントをマージする方法としては，より忠実度のコンポーネントを選択するか，両者を組み合わせたアルゴリズムを再設計して実装することなどがある．

6　BRA 駆動開発における評価

　BRA 駆動開発では，実装した脳型ソフトウェアが，現状の神経科学がとらえる脳の真実に対して，どの程度近いかを見積もる生物学的妥当性の評価が必要である．評価プロセスは前掲図 7-2 に示すように，BRA が既存の神経科学の知見と整合していることを確認する「適切度評価」と，脳型ソフトウェアが BRA と整合するように実装されているかを評価する「忠実度評価」からなる．それは表 7-2 で一覧されるが，以下において，その内容について順を追って説明する．

表 7-2　適切度評価と忠実度評価

	適切度評価 BRA 評価（登録基準） （すべてを満たす必要がある）			忠実度評価 ソフトウェアテスト （個別に評価すればよい）		
	BIF の信憑性	HCD の BIF への整合性	HCD の機能性	（静的）機能的忠実度	（動的）機能的忠実度	物理的忠実度
プロセス (process: P)	P 信憑性	P 整合性	機能性	—	パフォーマンス	—
構造 (structure: S)	S 信憑性	S 整合性		—	—	構造の類似性
ふるまい (behavior: B)	B 信憑性	B 整合性		コードレビュー	機能類似性	活動再現性

適切度評価——BRA を評価する

BRA の既存の神経科学知見との整合性を見積もる適切度（adequacy）の評価は，BIF の信憑性評価と，HCD に対する整合性評価と機能性評価がある．

BIF と NBP に対する信憑性評価　BIF と NBP に対する信憑性評価は以下である．
- BIF に記述された構造の信憑性（S 信憑性）は，現状のいずれかの解剖学的知見に直接・間接的に支持されていることで評価される．
- NBP に記述された生理学的プロセスや現象の信憑性（P・B 信憑性）は，現状の何れかの生理学的知見に直接・間接的に支持されていることで評価される．

いずれの場合でもそれらは原則として，事実の真正性は，一つ以上の査読つき論文の主張によって保証される．

HCD の BIF に対する整合性評価　HCD の BIF に対する整合性から，評価は以下を含む．

- HCDに記述された依存関係の構造が，BIFのROIに含まれる解剖学的構造に対応づいている（S整合性）.
- HCDの達成プロセスが，NBPに記述された生理学的プロセスと整合している（P整合性）.
- HCDのコンポーネントのふるまいがNBPの生理学的知見に整合する（B整合性）

S整合性については，単にHCDのコンポーネントと依存関係の記述がBIFの記述の一部になっていればよい．P整合性とB整合性についてはHCDがNBPの記述に対して妥当であるか否かを神経科学の専門家が判断するものであるが，その判断の難しさから現状は未使用である．

HCDに対する機能性評価　HCDの機能性の評価は以下であり，その判定には情報処理の専門性を必要とする．
- HCDにおけるコンポーネントのふるまいが，構造を通じて連鎖するプロセスにより，ROIが担う目標を達成できる動作機序を成している．

忠実度評価──脳型ソフトウェアを評価する

忠実度評価では，脳型ソフトウェアの，構造，ふるまい，プロセスが，対応するBRAに含まれるHCDと整合し，NBPを再現するように実装されているかを，以下の五つの観点から見積もる．

構造類似性　・分類：ソフトウェア全体，物理的（BIF），静的
- 説明：ソフトウェア全体のコンポーネント構造が，対応するBRAにおけるBIFの構造を反映している程度の評価.
- 評価方法：脳型ソフトウェアのコードを確認しコンポーネントのなす構造が，HCDの "Projection in Use" 列の記述を介してBIFに対応付けられていることを評価する.

機能類似性　・分類：サーキット単位，機能的（HCD），動的
- 説明：特定のタスクの実行時における，実装された特定のコンポーネント

の挙動が，HCD で設計された挙動（出力する信号の値，コンポーネント自体の活動タイミングを含む）とどのくらい一致しているかという評価．

- 評価方法：何らかのタスク実行中における，脳型ソフトウェアに含まれる機械学習コンポーネントが，HCD を反映したスタブプログラムの挙動と類似しているか否かを評価する．

活動再現性　・分類：サーキット単位，物理的（NBP），動的

- 説明：特定のタスク実行中における，HCD に従って実装されたコンポーネントにおけるある変数の挙動が，対応する脳内の対応する領域における神経活動の特徴（活動タイミング，活動パターンなど）をどの程度再現できているかの評価．
- 評価方法：特定のサーキットに付与された，何らかのタスク実行時における脳神経活動情報（NBP）と，対応するコンポーネント内における挙動が類似した変数との活動相関を評価する．

パフォーマンス　・分類：ソフトウェア全体，機能的（HCD），動的

- 説明：ソフトウェア全体の入出力として性能や能力についての評価である．いわゆるシステムテストに相当する．生物学的妥当性の観点からは，HCD で想定した生体として妥当な性能を得られるかを評価し，必ずしも高性能であればよいとは限らない．
- 評価方法：多様なタスクにおいて，脳型ソフトウェアがシステム全体として，どの程度の問題解決能力を発揮できるかを評価する．

コードレビュー　・分類：サーキット単位，機能的，静的

- 説明：脳型ソフトウェアに含まれる全てのコンポーネントが，対応する HCD の記述と整合したかたちで実装されていることを評価する．
- 評価方法：脳型ソフトウェアの各コンポーネントのソースコードを解読して，それが対応する HCD の記述と整合していることを確かめる．

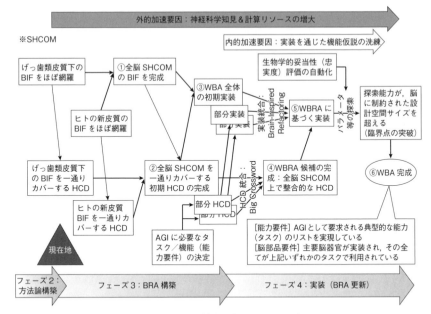

図 7-8　WBA 技術開発ロードマップ

異常系を用いた評価

　脳型ソフトウェアの一部に対して意図的に破壊や変更を行った異常系における挙動が，生体における精神疾患や脳梗塞などの機能不全状態を起こした場合と一致する程度から忠実度を評価する方法もある．その場合に，異常の導入は構造類似性もしくは機能類似性を部分的に破壊することで行われ，異常の評価は活動再現性もしくはパフォーマンスの評価により行われる．

7　技術開発ロードマップ

　脳型 AGI の構築を目指す WBA アプローチでは，継続的に技術開発ロードマップが更新されている．以下では，BRA 駆動開発を前提として，2021 年に作成されたロードマップの改訂版（図 7-8）を説明する．

　ロードマップを概観すると，前半では脳全体の SHCOM についての BIF とそれに対応する HCD を構築する．その後，脳全体を統合した初期ソフトウェ

アを実装する．その後においてソフトウェアの開発と統合および HCD 統合が
並行して進む．最終段階では，仮想環境中で，忠実度を高めるようにパラメー
タやアーキテクチャを探索することで WBA システムが完成される．

WBA が完成したと見なす要件

　脳型 AGI が実現したと見なす要件を設定しておく必要がある．WBAI にお
ける 2019 年の議論を通じ，現在では以下二つの要件を満たすものとしている．

- 能力要件：AGI として要求される典型的な能力（タスク）のリストを実現
  している
- 脳部品要件：主要脳器官が実装され，そのすべてが前述のいずれかのタス
  クで利用されている

　脳型 AGI においては，後者の「脳部品要件」によって，その完成を部分的
に評価できることは大きな利点である．この要件評価については，いずれの脳
領域までを評価の範囲に含めるかという点においては議論が残るものの，その
妥当性については大きな反論はない．

　一方，「能力要件」は一般的な意味での AGI 評価であり，それ自体が研究領
域を形成している（Hernández-Orallo, 2017; Chollet, 2019）．したがって，この要
件については，基本的に世界的に認知された評価手法を適宜採用する予定であ
る．WBA システム内のソフトウェアコンポーネントが，満遍なく，かつ直交
したかたちで組み合わされて利用されるように，タスクセットを設計する可能
性も検討されている．

ロードマップのマイルストーン

　以下では，本技術ロードマップにおける主要な六つのマイルストーンについ
て，順を追って説明する．

　①全脳 SHCOM の BIF を完成　脳器官やタスクごとの SHCOM が BIF 形
式で蓄積され，それがヒトの脳のほぼ全体についてカバーされる段階は一つの
マイルストーンである．SHCOM は第 5 節で述べたように，ヒトとそれ以外
の哺乳類の知見を総合して得られる，ヒトのメゾスコピックレベルの解剖学的

構造として蓋然性の高い仮説である.

②全脳 SHCOM を一通りカバーする初期 HCD の完成　二つ目のマイルストーンは, それらが断片的であったとしても, 脳全体の SHCOM を, 一通りカバーできる HCD 群が構築された段階である. ここに含まれる HCD は, それぞれにはたとえば, げっ歯類でよく行われる報酬に基づくナビゲーション・タスクであったり, 人間特有の言語タスク, 計算・論理タスク, メタ認知タスクなどであったりする.

このマイルストーンに到達後においても, ヒトのような AGI の能力要件にかかわる典型的なタスクや, 機能に対する部分 HCD を追加する作業は継続される.

③ WBA 全体の初期実装　三つ目のマイルストーンは, 脳のほぼすべての領野において, 何らかの HCD に基づいて実装されたソフトウェアが出そろった段階である. この段階では, システム全体としての機能的な一貫性は保たれていない. よって, 有用な認知・行動機能を発揮できたとしても, それは部分的な範囲にとどまる.

このマイルストーンに到達後においても, 部分 HCD に対応する様々な部分実装が追加されていく.

④ WBRA の完成：全脳 SHCOM 上で統合された HCD　四つ目のマイルストーンは, 人間の様々な能力にかかわる HCD を統合させる作業（第 5 節において great crossword パズルとして述べた）を通じて, 脳全体において統合された HCD の候補が構築された段階である. これはすなわち, WBRA の候補が得られたことを意味する.

⑤ WBRA に基づく実装　五つ目のマイルストーンは, いずれかの WBRA を実現するように, 様々な部分実装を brain-inspired refactoring によって結合されたソフトウェアとして, 統合実装を構築できた段階である.

この段階に至れば, 脳部品要件が達成されたソフトウェアが実装されたこと

になる.

⑥ **WBA 完成**　仮想環境中において統合実装を実行し，忠実度評価を行うことで，少なくとも以下の二つの要素を含む探索を行う．一つ目には，特定の統合 HCD に基づくアーキテクチャ内におけるパラメータ探索．二つ目には，異なる統合 HCD やその組み合わせについてのアーキテクチャ探索がある．さらに，学習アルゴリズムの探索などが想定される．なお，こうした探索は環境・実行・評価のすべてが自動化されることにより，効率化されるであろう．

こうした探索を続ける中で，計算機資源に依存した探索能力が，脳に制約された設計空間のサイズを超えるという臨界点を突破した後には，WBA は比較的短期間で完成されるであろう．なお，神経科学の進歩に伴う設計空間の制約の強化と，計算資源の増加による探索能力の向上は，今後も必然的に続き，前述の臨界点の到来を近づけることになるだろう．

8　いくつかの議論

脳型 AGI は AI 研究の終着点ではない

本章で述べてきた方法論を用いれば，ヒトの脳のような AGI を作成することは現実的になる．しかしながら AI の姿として，単独で高度な汎用性を発揮できることを目指すならば，脳型 AGI は単なる通過点に過ぎない．

なぜなら，ヒトのように作れれば，自ずと生物的な制約に囚われるために，機械知能で達成しうる，より高度な知能から見れば劣ることになる．さらに，二つ目の理由として，創造能力などを含めてヒトにおける汎用的な知能の多くは，ヒトが形成した社会を利用して文化や技術を発展させてきたことに負っており，個々人においてはむしろ優秀な他者を模倣することにコストが割かれている．

一度，ヒトのような脳型 AGI のエージェントが完成したならば，複数のエージェントを連携させつつ洗練することで，単独で高度な AGI に近づきうるだろう．そこでは，人類社会のコミュニケーションを参考とするために認知科学における社会学的なアプローチが役立つかもしれない．ただし，いずれにしても，ヒトの個人レベルの知能を再現するソフトウェアは，より高度な AGI

技術を生み出すための，推進力と技術基盤の両者を与えるため，現在の人類にとってはその構築意義は高いと思われる．

脳型ソフトウェアを開発する社会的な意義

　人間の認知機能を脳全体の神経サーキットを参照しながら再現するソフトウェアの構築は，認知科学や神経科学などの人間科学や，人工知能やロボット工学などの工学的応用において高い価値があると考えられる．

　BRA 駆動開発に賛同する協力者が増えれば，BRA 形式のデータの蓄積と共有が速やかに進む．蓄積されたデータは，脳の計算論的理解，認知モデルの開発，脳を利用した人工知能やヒューマノイドロボットの開発，精神医学やヒューマンエージェントインタラクション等への応用などに波及することが期待される．

9　おわりに——第三世代認知科学に向けた WBA アプローチの役割

　認知科学において，その第一世代では心を物理的・記号的な象徴システムと想定した情報処理としてとらえ，第二世代では，生物学的アプローチと社会学的アプローチにまとめられる．

　本章では，WBA アプローチを具現化する BRA 駆動開発を紹介した．これは，脳という巨大なシステムに対して，その知見を制約としながら脳型ソフトウェアを構築する方法論である．しかしそれは結果として，多様な脳領域に対応づく計算機能を統合的に扱うための標準的な方法論を提供している．こうして脳の計算機能に対する理解の共有を促進することは，共同で「心をとらえるフレームワーク」としての役割を果たせるかもしれない．

　また，WBA アプローチはいくつかの点で，過去の認知科学のアプローチを取り込みつつ発展させている側面を持つ．まず，脳の解剖学的構造を用いて設計空間を限定することは，第二世代の認知科学の一翼を担う生物学的アプローチにかかわる．そして，SCID 法において，何らかの目標を達成できるように設計者が機能を体系化することは，心を記号的な情報処理と見なしてきた第一世代の認知科学に通ずる．その上で，機械学習や進化計算のアイデアにあるよ

うにパラメータやアーキテクチャの探索を行う.

　以上のような見方に立てば，BRA 駆動開発は，認知科学と情報科学で蓄積された主要な成果を融合させつつ，学術界において共同で心をとらえるフレームワークを提供しうるかもしれない. そうした点から，ここで紹介した内容が認知科学およびその周辺領域の研究者に示唆を与え，第三世代の認知科学への足がかりとなればうれしい限りである.

引用文献

Albus, J. S. (1991). Outline for a theory of intelligence. *IEEE Trans. Systems, Man and Cybernetics*, *21*(3), 473–509.

Arakawa, N., & Yamakawa, H. (2016). The Whole Brain Architecture Initiative. *Neural Information Processing*, 316–323.

Bell, D. (2004,). *The component diagram*. https://developer.ibm.com/articles/the-component-diagram/

Bohland, J. W., *et al*. (2009). A proposal for a coordinated effort for the determination of brainwide neuroanatomical connectivity in model organisms at a mesoscopic scale. *PLoS Computational Biology*, *5*(3), e1000334.

Chollet, F. (2019). On the Measure of Intelligence. *arXiv* [*cs. AI*], arXiv. http://arxiv.org/abs/1911.01547

Ding, S.-L., *et al*. (2017). Comprehensive cellular-resolution atlas of the adult human brain. *The Journal of Comparative Neurology*, *525*(2), 407.

Fogel, D. B. (1955). Review of computational intelligence: Imitating life. *Proceedings of the IEEE*, *83*(11), 1588–1592.

Fukawa, A., Aizawa, T., Yamakawa, H., & Eguchi-Yairi, I. (2020). Identifying core regions for path integration on medial entorhinal cortex of hippocampal formation. *Brain Sciences*, *10*(1), 28.

Goertzel, B. (2006) *The Hidden Pattern*. Brown Walker Press.

ゲーツェル, B. (2014). 汎用人工知能概観　人工知能, *29*(3), 228–233.

Gudwin, R. R. (2000). Evaluating intelligence: A computational semiotics perspective. *IEEE International conference on systems, man and cybernetics*, 2080–2085.

Hernández-Orallo, J. (2017). *The measure of all minds: Evaluating natural and artificial intelligence*. Cambridge University Press.

Horst., J. (2002). A native intelligence metric for artificial systems. *Proceedings of the Performance Metrics for Intelligent Systems Workshop*.

Kuan, L., *et al*. (2015). Neuroinformatics of the allen mouse brain connectivity atlas. *Methods*, *73*, 4–17.

Kurzweil, R. (2000). *The age of spiritual machines: When computers exceed human intelligence*. Penguin Books.

Legg, S., & Hutter, M. (2007). Universal intelligence: A definition of machine intelligence. *Minds and Machines, 17(4)*, 391–444.

McCarthy, J. (2004). What is artificial intelligence? www-formal.stanford.edu/jmc/whatisai/whatisai.html

Mitra, P. P. (2014). The circuit architecture of whole brains at the mesoscopic scale. *Neuron, 83(6)*, 1273–1283.

Nakamura, T., Nagai, T., & Taniguchi, T. (2017). SERKET: An architecture for connecting stochastic models to realize a large-scale cognitive model. *arXivpreprint* arXiv: 1712. 00929.

Poldrack, R. A., & Gorgolewski, K. J. (2017). OpenfMRI: Open sharing of task fMRI data. *NeuroImage, 144(Pt B)*, 259–261.

Russel, S. (2018). Chapter 3. In Ford, M (Ed.), *Architects of Intelligence: The truth about AI from the people building it* (pp. 39–69). Packt Publishing.

Simon, H. A., & Ando, A. (1961). Aggregation of variables in dynamic systems. *Econometrica: Journal of the Econometric Society, 29(2)*, 111–138.

Suzuki, M., Kaneko, T., & Matsuo, Y. (2021). Pixyz: A library for developing deep generative models. arXiv: 2107. 13109.

Takahashi, Y., Schoenbaum, G., & Niv, Y. (2008). Silencing the critics: Understanding the effects of cocaine sensitization on dorsolateral and ventral striatum in the context of an actor/critic model. *Frontiers in Neuroscience, 2(1)*, 86–99.

Takahashi, K., *et al.* (2015). A generic software platform for brain-inspired cognitive Computing. *Procedia Computer Science, 71*, 31–37.

Taniguchi, A., Fukawa, A., & Yamakawa, H. (2021). Hippocampal formation-inspired probabilistic generative model. *arXiv [cs. AI]*, arXiv. http://arxiv.org/abs/2103.07356

Taniguchi, T., *et al.* (2020). Neuro-serket: Development of integrative cognitive system through the composition of deep probabilistic generative models. *New Generation Computing, 38*, 23–48.

Taniguchi, T., *et al.* (2022). A whole brain probabilistic generative model: Toward realizing cognitive architectures for developmental robots. *Neural Networks: The Official Journal of the International Neural Network Society, 150*, 293–312.

田和辻可昌・布川絢子・山川宏 (2021). 合目的自然物の機能を多元的に解釈する枠組みの提案 人工知能学会全国大会論文集 2H1GS3a02–2H1GS3a02.

Tegmark, M. (2017). *Life 3. 0: Being human in the age of artificial intelligence.* Knopf Doubleday Publishing Group.

Triplett, J. W., *et al.* (2009). Retinal input instructs alignment of visual topographic maps. *Cell, 139(1)*, 175–185.

Williams, M. E., de Wit, J., & Ghosh, A. (2010). Molecular mechanisms of synaptic specificity in developing neural circuits. *Neuron, 68(1)*, 9–18.

de Wit, J., & Ghosh, A. (2016). Specification of synaptic connectivity by cell surface interactions. *Nature Reviews. Neuroscience, 17(1)*, 22–35.

Yamakawa, H. (2020a). Revealing the computational meaning of neocortical interarea signals. *Frontiers in Computational Neuroscience, 14*, 74.

Yamakawa, H.（2020b）. Attentional reinforcement learning in the brain. *New Generation Computing 38*, 49–64.

Yamakawa, H.（2021）. The whole brain architecture approach: Accelerating the development of artificial general intelligence by referring to the brain. *Neural Networks: The Official Journal of the International Neural Network Society.* https://doi.org/10.1016/j.neunet.2021.09.004

山川宏（2022）. Entification の理論を目指して　世界から存在を取り出す一般的な原理とは　人工知能学会研究会資料　人工知能基本問題研究会, *120*, 30.

人名索引

あ行

アリストテレス（Aristotle）　1
ウォルパート，ダニエル（Wolpert, D.
　M.）　72
大森荘蔵　50

か行

カント，イマヌエル（Kant, I.）　1
ギブソン，ジェームズ（Gibson, J. J.）
　38

さ行

シーナー，イブン（Avicenna）　2
ジェームズ，ウィリアム（James, W.）
　69
シェリントン，チャールズ（Sher-
　rington, C.）　69
シュレーディンガー，エルヴィン
　（Schrödinger, E.）　135

た行

ダマシオ，アントニオ（Damasio, A.
　R.）　70

は行

ピアジェ，ジャン（Piaget, J.）　175
ヒルベルト，ダフィット（Hilbert, D.）
　143
フリストン，カール（Friston, K. J.）
　70, 109
フロイト，ジークムント（Freud, S.）
　71
ヘルムホルツ，ヘルマン・フォン
　（Helmholtz, H. L. F.）　110
ポランニー，マイケル（Polanyi, M.）
　38

ま行

メルロ＝ポンティ，モーリス（Mer-
　leau-Ponty, M.）　63

や・ら・わ行

ユクスキュル，ヤーコプ・フォン
　（Uexküll, J. v.）　176
ライル，ギルバート（Ryle, G.）　57

事項索引

あ行

アイオワギャンブル課題　129
後づけ再構成　5
アロスタシス　77, 130
医学典範　2
域　144
入れ子ピットマン・ヨー言語モデル
　190
インプリシット結合　7
運動主体感　55
HCD　225
エコニッチ　109
SCID法　228
エナクティヴィズム　39
NBP　224
遠隔項　38
遠心性コピー　72
Entification　210
オートポイエーシス論　176

か行

階層ディリクレ過程隠れ言語モデル
　192
確率推論としての制御　196
確率的構造　169
確率的生成モデル　234

隠れ状態　117
カニッツァの三角形　38
顆粒皮質　85
感覚減衰　125
感覚遮断実験　49
関手　149
　──圏　152
　随伴──　153
環世界　176
記号接地問題　39
記号的相互作用　181, 182, 201
機能的意味づけ　228
機能類似性　240
嗅内皮質─海馬系　37
強化学習　78, 196
　Actor-critic 型──　226
共感覚　12, 48
　色字──　12
　色聴──　12
　多重──　24
共通感覚　2
恐怖条件づけ　88
均一サーキット　220
近接項　38
空想上の友達　48
グローバル・ワークスペース理論
　210

群の（線型）表現　150
計算機機能仮説　212
計算論的アプローチ　28
ゲイン制御　123
圏
　　──同値　152
　　──の公理　144
　　顕在──　157
　　コスライス──　154
　　コンマ──　154
　　潜在──　158
　　密着──　148
　　離散──　148
圏論　142
　　──的動物　146
構成主義　175
構成論的アプローチ　173
構造写像理論　157
構造類似性　240
ゴーストエンジニアリング　57
呼吸学習課題　90
黒質緻密部　226
個人差　7
コヒーレンス理論　28

さ行

最後通牒ゲーム　56
サイモン効果　17
　　直交型──　16
サッカード抑制　126
三元ニッチ構築　58
シェマモデル　176
ジオン理論　1
視覚的記憶理論　28
軸索誘導　222

刺激反応適合性　15
自己
　　──主体感　73
　　──受容感覚　124
　　──証明する脳　119
　　──対象化　59
事後信念　118
事後モデル　74
事前信念　118
事前分布　183
　　選好──　126
　　適応的──　131
自然変換　151
　　不定──理論　156
事前モデル　74
視点依存効果　8
自閉症スペクトラム障害　122
射　144
　　逆──　146
　　恒等──　146
　　自己──　145
　　同型──　147
自由エネルギー
　　──原理　53, 109, 210
　　──最小化　111, 182
　　期待──　126
　　変分──　110
趣味判断　2
償却推論リンク　234
状態空間モデル　99
序数擬人化　24
神経回路に対応する機能仮説　215
神経経路
　　遠心性──　84
　　求心性──　84

神経修飾物質　121
神経情報学　227
人工ニューラルネットワーク　234
深層生成モデル　185
身体
　──近傍空間　18
　──所有感　55
　──性認知科学　39
　──的相互作用　201
　──予算（body budget）の管理
　　77
随伴性　117
推論　185
　クロスモーダル──　188
　対称性──　59
　能動的──　111, 124
数量判断　27
スタブ駆動開発手法　236
SMARC 効果　17
整合性効果　21
生態学的誘発性理論　25
精度制御　119
セカンドオーバーサイバネティクス
　175
脊髄─脳幹─視床経路　83
積分発火モデル　235
選好注視　10
潜在ディリクレ配分法　98
マルチモーダル──　186
前順序集合　147
全脳アーキテクチャ　209
全脳確率的生成モデル　199, 235
創発システム　181
創発的記号系　180
側頭頭頂接合部　49

素朴実在論　38
ソマティック・マーカー　70

た行

体外離脱体験　55
大脳基底核ループ　226
多感覚促進効果　19
単語発見　190
知能　209
注意（機能）　121
忠実度評価　219, 240
直接知覚説　38
デ・アニマ　2
DREADD　88
適切度評価　239
手のアバター　18
島　87
動因　76
道具の身体化　58
瞳孔間距離　18
投射　42
　──型共感覚者　22
　異──　42, 56
　虚──　42, 48
　軸索──　222
特徴統合理論　1
独立性テーゼ　37
トレードオフ関係　7

な行

内言　50
内受容感覚　69, 132
　──の自己主体感　80
二重分節構造　190
認知的分岐　133

ネッカーキューブ　38, 163
脳
　——型 AGI　245
　——型ソフトウェア　215
　——参照アーキテクチャ　200, 219
　——シミュレータ　215
　——情報フロー　223
　——部品要件　243
能力要件　243

は行

場所概念形成　195
発生的認識論　176
汎用人工知能　209
BRA 駆動開発　212
非可換確率論　169
光遺伝学　88
ヒューマン・エージェント・インタラク
　ション　47
比喩理解　157
表象複合　71
ヒルベルト空間　170
フェティシズム　46
腹話術効果　20
腐女子　61
負のエントロピー　135
BriCA　235
不良設定問題　164
フルボディ錯覚　55
brain-inspired refactoring　237
フレーム問題　39
プロジェクション　35, 210
　——科学　35
　セルフ・——　60
ベイジアン・サプライズ　76, 123

ベイズ推論　6, 111, 193
ヘッブ学習　118
変分推論　185
紡錘状回顔領域　72
ホメオスタシス　109, 130
　——異常　132
　——反射弓　131
ポリシー選択　127

ま行

マインドフルネス瞑想　100
マガーク効果　20
マルコフ決定過程　196
　部分観測——　98, 193
マルコフ連鎖モンテカルロ法　185
見え
　偶然的——　8
　典型的——　8
見落とし
　選択の——　5
　反応適合刺激の——　17
ミクロマクロループ　181
ミラーニューロン　126
無意識的推論　110
無顆粒皮質　86
メタアウェアネス層　134
メタ認知　101
メディア・イクエーション　46
メンタル・タイムトラベル　60
モデル証拠　118
モノイド　148
物語的自己　57

や・ら・わ行

UML　225

尤度　　74, 118, 184
余域　　144
予測誤差　　70
　──最小化　　53
予測的処理　　70
予測的符号化　　182

ラバーハンド錯覚　　11, 19, 44
リバースエンジニアリング　　214
量子ウォーク　　170
連想型共感覚者　　22
ロボット　　173

執筆者一覧（執筆順・＊は編者）

横澤一彦＊（よこさわかずひこ）　東京大学名誉教授・筑波学院大学経営情報学部教授

鈴木宏昭（すずきひろあき）　青山学院大学教育人間科学部教授

大平英樹（おおひらひでき）　名古屋大学大学院情報学研究科教授

乾　敏郎（いぬいとしお）　京都大学名誉教授・追手門学院大学特別顧問

布山美慕（ふやまみほ）　立命館大学文学部准教授

西郷甲矢人（さいごうはやと）　長浜バイオ大学バイオサイエンス学部教授

谷口忠大（たにぐちただひろ）　立命館大学情報理工学部教授

山川　宏（やまかわひろし）　全脳アーキテクチャ・イニシアティブ代表・東京大学大学院工学系研究科特任研究員

認知科学講座 4　心をとらえるフレームワークの展開

2022 年 9 月 16 日　初　版

［検印廃止］

編　者　横澤一彦

発行所　一般財団法人　東京大学出版会

代表者　吉見俊哉

153-0041 東京都目黒区駒場 4-5-29
http://www.utp.or.jp/
電話　03-6407-1069　Fax 03-6407-1991
振替　00160-6-59964

印刷所　株式会社理想社
製本所　牧製本印刷株式会社

記号・情報処理から，身体・脳・社会，そしてその先へ

認知科学講座［全4巻］

A5判・平均272頁　各巻定価（本体3200円＋税）

認知革命の起源から現在までの動向を総覧し，次世代の認知科学の進む道筋を示す

○現在の認知科学の理論的基盤（身体・脳・社会）を明示した上で，新たな枠組みを紹介
○AI，ロボットなど情報科学との接点を明らかにするとともに，心の哲学との対話を展開
○認知科学の歴史を体系的に理解でき，研究射程を広げる手がかりともなる必携のシリーズ

1　心と身体　　嶋田総太郎（編）

自己認識からロボット・VR研究まで，身体の処理に根差しつつ，それをはるかに超える抽象的な知性が獲得されるメカニズムに迫る

〈執筆者〉嶋田総太郎・佐治伸郎・阿部慶賀・寺澤悠理・宮崎美智子・長井隆行・鳴海拓志・畑田裕二・田中彰吾

2　心と脳　　川合伸幸（編）

知覚・多感覚統合，深層学習，社会性や行動の進化，意識，心の自然化といった多様な側面から，実体としての脳に迫る

〈執筆者〉川合伸幸・楊嘉楽・山口真美・林隆介・平井真洋・入來篤史・山﨑由美子・土谷尚嗣・鈴木貴之

3　心と社会　　鈴木宏昭（編）

発達，文化，状況論，エスノメソドロジー，学習，HAIなど，多角的アプローチで社会的存在としての人間の姿を描き出す

〈執筆者〉鈴木宏昭・千住淳・石井敬子・香川秀太・高梨克也・坂井田瑠衣・益川弘如・小野哲雄・長滝祥司

4　心をとらえるフレームワークの展開　　横澤一彦（編）

統合的認知，プロジェクション，予測的符号化，圏論，記号創発システム，脳型AI開発など，認知の本質に迫る新たな潮流を示す

〈執筆者〉横澤一彦・鈴木宏昭・大平英樹・乾敏郎・布山美慕・西郷甲矢人・谷口忠大・山川宏